马克思主义文论教程

Makesi Zhuyi
Wenlun Jiaocheng

董学文 著

北京大学出版社
PEKING UNIVERSITY PRESS

图书在版编目(CIP)数据

马克思主义文论教程/董学文著.—北京:北京大学出版社,2015.3
(博雅大学堂·文学)
ISBN 978-7-301-25463-9

Ⅰ.①马… Ⅱ.①董… Ⅲ.①马克思主义—文学理论—高等学校—教材 Ⅳ.①A811.691

中国版本图书馆CIP数据核字(2015)第023430号

书　　　名	马克思主义文论教程
著作责任者	董学文　著
责 任 编 辑	张雅秋
标 准 书 号	ISBN 978-7-301-25463-9
出 版 发 行	北京大学出版社
地　　　址	北京市海淀区成府路205号　100871
网　　　址	http://cbs.pku.edu.cn　　新浪微博:@北京大学出版社
电 子 信 箱	zbing@pup.pku.edu.cn
电　　　话	邮购部 62752015　发行部 62750672　编辑部 62745307
印 刷 者	三河市北燕印装有限公司
经 销 者	新华书店
	965毫米×1300毫米　16开本　14.75印张　242千字
	2015年3月第1版　2021年12月第4次印刷
定　　　价	45.00元

未经许可,不得以任何方式复制或抄袭本书之部分或全部内容。
版权所有,翻版必究
举报电话:010-62752024　电子信箱:fd@pup.pku.edu.cn
图书如有印装质量问题,请与出版部联系,电话:010-62756370

目录

绪　　论 /1
　一　马克思主义文艺理论的历史发展进程 /1
　二　马克思主义文艺理论研究现状与发展思路 /5
　三　学习马克思主义文艺理论应有的方法和态度 /12

第一章　文艺在社会结构中的位置 /16
　第一节　文艺是一种社会意识形式 /17
　　1. 意识形式与意识形态的区别 /17
　　2. 文艺同其他上层建筑的相互作用 /24
　第二节　艺术与社会生活的关系 /28
　　1. 关于"反映"问题 /28
　　2. 文艺与生活关系中的"主体"因素 /33
　第三节　艺术的社会功能和价值 /35
　　1. 文艺是促成社会变革的力量 /36
　　2. 具有强烈的精神感染力 /38
　　3. 文艺作品的价值基础 /40

第二章　文艺活动是一种精神生产 /44
　第一节　"艺术生产"的一般性和特殊性 /44
　　1. "艺术生产"理论的提出 /44
　　2. 一般劳动过程的特点 /47
　　3. "艺术生产"的过程 /51
　第二节　关于"艺术生产力" /58
　　1. 文艺的生产性 /58
　　2. 文艺"精神方面的"生产力 /63
　第三节　文艺的社会和阶级属性 /65
　　1. 对文艺社会和阶级属性的理解 /66
　　2. 生产性与意识形态性的相互渗透 /69
　　3. "艺术生产"理论的方法论意义 /74

第三章　艺术是掌握世界的专有方式/78

第一节　什么是"艺术精神的"掌握/78
1. 对"掌握世界方式"的理解/80
2. 艺术精神掌握世界方式的作用/84

第二节　"艺术精神的"掌握特征/85
1. 思维不脱离感性和形象/86
2. 真实性与倾向性的统一/88
3. 典型性格和典型环境/94

第二节　"艺术精神的"掌握对象与主体/98
1. 艺术精神掌握的对象/98
2. 悲剧性和喜剧性/99
3. 艺术精神掌握的主体和主体性/102

第四章　文艺作品的形式和技巧/107

第一节　形式与内容的同一性/108
1. 形式是一定内容的形式/109
2. 形式的相对独立性/111

第二节　关于艺术性问题/112
1. 判别作品艺术性的方法/113
2. 反对"玩弄美学技巧"/114

第三节　艺术形式的诸要素/116
1. 关于语言/116
2. 关于表现手法/127
3. 关于情节/133

第四节　艺术风格问题/136
1. "风格即其人"/136
2. 艺术风格的特点/138
3. 关于文字风格/141

第五章　文艺批评标准与方法/145

第一节　文艺学说的批判精神/145
1. 批判精神的表现/147
2. 批判精神的成因/153

第二节 文艺批评的标准/156
  1. 文艺批评"最高的标准"/156
  2. 批评的美学观点和史学观点/157
  3. 美学观点和史学观点的关系/163
第三节 文艺批评方法/166
  1. 比较批评方法/166
  2. 综合批评方法/170
  3. 分析批评方法/171
第四节 文艺批评方法的本质特征/172
  1. 自觉的辩证法基础/172
  2. 文艺批评方法的最高境界/174
  3. 文艺批评实践举例/176

第六章 艺术的历史演化规律/181
第一节 文艺发生的根源/181
  1. "不自觉"艺术的实质/182
  2. 人与现实审美关系的确立/183
  3. 想象与实践能力的作用/185
第二节 文艺演变的社会条件/189
  1. 分工与艺术的发展/190
  2. 资本主义时代的艺术状况/193
第三节 物质生产与艺术发展的"不平衡关系"/197
  1. "不平衡关系"的规定/198
  2. "不平衡关系"的理论意义/202

第七章 人的解放与艺术理想/205
第一节 文艺与人性、人道主义/205
  1. 对人和人性的理解/205
  2. 人道主义的逻辑基础/211
  3. 文艺表现怎样的人性/213
第二节 文艺的审美和社会理想/217
  1. 文艺理想及其实现条件/217
  2. 未来时代艺术设想/219

第三节　文艺学说的核心与实质/222
　　1. 理论"内核"的思想脉络/223
　　2. 批评实践中的"内核"凝聚/226
　　3. "内核"思想的理论延伸/230

绪　　论

马克思主义文艺思想是马克思主义整个学说体系的一个重要组成部分。自从马克思主义文艺观诞生以来，世界上还没有哪一种文艺理论产生过如此巨大而深远的影响和作用。它极大地改变了人类文学艺术的面貌，改变了人类文艺理论基本格局的版图。

文艺理论发展史表明，马克思主义文艺理论是一门不断进取的关于文艺发展及其演化规律的学说，其历史功绩和理论价值是有目共睹的，其方法和灵魂也是有着恒久生命力的。从当今世界范围内来看，如果不含偏见地放开视野，实事求是地进行比较，那么应该说马克思主义文艺理论对文艺学科的总体把握和宏观认识，它的历史态度和辩证精神，依然是最完整、最透辟、最科学、最有分量、最经得起历史和实践检验的。马克思主义文艺观依然是现时代文艺学说的旗帜。

一　马克思主义文艺理论的历史发展进程

马克思主义文艺理论有一个发生、发展、演化及与时俱进的变革过程。这个过程，至今已经有一百七十多年的历史了。马克思主义文艺理论滥觞于19世纪40年代初，从诞生伊始，马克思主义文艺观就同各种封建主义的、资产阶级和小资产阶级的文艺观展开了剧烈交锋，它每前进一步，都面临着巨大的碰撞和挑战。但是，历经无数次的理论较量与时代环境的变迁，它不仅经受住了严峻的考验，而且获得了蓬勃的发展，焕发出强大的生命力。如今，马克思主义文艺理论的影响已遍布全球，深具世界性的特征。

如果说马克思主义文艺理论是一条奔流不息的长河，那么其源头肯定就在马克思、恩格斯那里。马克思、恩格斯是马克思主义文艺理论的创始人，从发生学的意义上讲，马克思、恩格斯的文艺思想也有一个从转变期到确立期、再到成熟期和总结期的发展过程。在马克思和恩格斯阶段,他们文艺理论学说的主要任务,就是根据时代的需要,批判继承一切优秀的遗产,努力表达无产阶级和劳动群众的文艺观念和美学愿望,力求将对文艺本质、发展规律及资本主义文艺的特征等重大问题的解释,稳实地安放在唯物史观和唯物辩证法的基础之上。因之,马克思、恩格斯破天荒地树立起一个全新的无产阶级文艺观——马克思主义文艺理论。

马克思、恩格斯的同时代或稍后的一批无产阶级理论家,例如拉法格、梅林、李卜克内西、卢森堡、蔡特金等人,则以友人、学生和维护者的身份,重点运用、阐释和回顾马克思主义创始人的文艺思想,努力坚持阶级分析方法和历史唯物主义立场,使文艺理论和文艺批评上的马克思主义观点得到贯彻和发扬。

到了19世纪末20世纪初,把马克思主义文艺理论推进到一个新阶段的是列宁。当然,在此之前,作为俄国最早把马克思主义运用到文艺理论和美学研究领域的先驱普列汉诺夫,在马克思主义文艺理论史上也占有重要地位。作为理论家的普列汉诺夫,可以说是马克思主义文艺学说承上启下的一位开拓者。他在艺术起源及其艺术发展、"艺术的社会心理中介"、审美意识本质与特征、艺术创作中的现实主义和社会学批评等方面,都有独特的理论贡献。但是,相比较而言,列宁的文艺思想则更具有帝国主义与无产阶级革命时代的特点,并且包含着十月革命后领导社会主义文艺运动六年多的宝贵经验,因而在体现马克思主义文艺批评的辩证精神和唯物史观方面更加出色和纯熟。列宁的"两种民族文化"理论、文艺方向和文艺党性原则理论、能动反映论理论、对托尔斯泰等作家的评价理论、无产阶级文艺队伍建设的理论,以及同激进的"无产阶级文化派"斗争的理论,都极大地丰富了马克思主义文艺理论的宝库,就是在今天仍有明显的现实意义。更为耀眼的是,在列宁的周围形成了一批杰出的马克思文论家,例如卢那察尔斯基、沃罗夫斯基、奥里明斯墓、托洛茨基、布哈林、斯大林、高尔基等,加上一些潜心研究马克思主义文艺理论的学者,可谓群星灿烂,以新的实践和智慧给马克思主义文艺理论增添了财富和光彩。

马克思主义文艺理论在20世纪初传入中国后,与中国革命和文艺实践相结合,开启了马克思主义文艺理论中国化的进程。这个进程至今已经有了近百年的历史,如今仍在途中。早期的中国共产党人是马克思主义文艺观在中国传播的先驱,李大钊、邓中夏、恽代英、萧楚女、沈雁冰等人为此做了前期的工作。到了30年代"左联"时期，瞿秋白、鲁迅、冯雪峰等人以及多位左翼文艺批评家，对马克思主义文艺理论的译介和建设投入了大量的心血，取得许多成果，实现了马克思主义文艺学说与中国文艺实际初步结合的局面。

在马克思主义文艺理论与中国革命文艺实践结合的过程中，真正使马克思主义文艺理论中国化，真正使马克思主义文艺理论提升到新高度、新境界的是毛泽东。毛泽东不仅是马克思主义文艺理论中国化的集大成者，而且使马克思主义文艺学说发生了一次飞跃。以《在延安文艺座谈会上的讲话》及一系列文艺论述为标志的毛泽东文艺思想，不仅揭示和阐明了新民主主义革命时期、社会主义革命和建设时期的许多重大的文艺理论问题，而且彻底体现了马克思主义文艺理论的中国作风与中国气派。和列宁一样，在毛泽东的周围，也聚集着一批马克思主义文艺理论的行家，如周恩来、刘少奇、陈云、陈毅、胡乔木、郭沫若、茅盾、周扬等，这些人以各自的理论贡献，使得中国化的马克思主义文艺理论既血肉饱满，又通俗亲切。进入改革开放时期，以邓小平在第四次文代会上的《祝词》以及后来党中央的多篇讲话、指示、文件为标志，中国共产党人结合国际国内的新形势新变化和现代化建设的新任务，坚持发展马列主义文艺观和毛泽东文艺思想，以中国特色社会主义文艺理论的新阐发和新创造，为马克思主义文艺学说注入了新的血液和活力。

2014年10月15日，习近平总书记主持召开文艺工作座谈会并发表重要讲话。他强调文艺是时代前进的号角，最能代表一个时代的风貌，最能引领一个时代的风气。实现"两个一百年"奋斗目标、实现中华民族伟大复兴的中国梦，文艺的作用不可替代，文艺工作者大有可为。他号召广大文艺工作者要从这样的高度认识文艺的地位和作用，认识自己所担负的历史使命和责任，坚持以人民为中心的创作导向，努力创作更为无愧于时代的优秀作品，弘扬中国精神，凝聚中国力量，鼓舞全国各族人民朝气蓬勃迈向未来。习近平的文艺工作座谈会讲话，集中回答了什么是中国特色社会主义文艺、如何繁荣发展中国特色社会主义文艺这一根本性、全局性的重大问题，深刻阐述了有关文艺工作的理论、方针、政策，提出了一系列新思想、新观点、新判断。这是马克思主义文艺理论中国化的新表述，是马克思主义文艺思想的新发展。

在考察马克思主义文艺理论的历史进程的时候，还有一条20世纪以来具有特殊参照意义的线索不能忽略,那就是所谓的"西方马克思主义"文艺理论,以及其后出现的所谓"新马克思主义"、"后马克思主义"文艺理论。这些文艺理论,严格说来仍然属于西方文艺理论的范畴,只不过它们与马克思主义的文艺学说之间存在着某种瓜葛、勾连、碰撞和互动的关系。

"西方马克思主义"(包括"新马克思主义"、"后马克思主义"),其称谓的由来比较复杂,有人用它来指称不同于社会主义国家的西方发达资本主义国家的马克思主义思潮,有人用它来指称与传统的或经典的马克思主义不同的学说,还有人把它指称为20世纪60年代以来在西方开始复兴的马克思主义思潮、马克思主义之后的马克思主义思潮。比较而言,从文艺理论发展进程的角度来讲,把"西方马克思主义"文艺理论界定为产生于20世纪20年代德、意、奥、法等国,其后于60年代遍及欧美的不同于传统和经典马克思主义的西方文艺或文化思潮,相对要妥当一些。"西方马克思主义"文艺理论的代表人物,主要有葛兰西、卢卡契、柯尔施、本雅明、霍克海默、马舍雷、布莱希特、布洛赫、阿多诺、阿尔都塞、马尔库塞、弗洛姆、萨特、威廉姆斯、伊格尔顿、海登·怀特、莫雷蒂、杰姆逊等。

"西方马克思主义"文艺理论并没有统一的学说,也没有共同的理论主张,其内部在话语配置、理论场地和方法策略上呈现出纷繁庞杂的面貌,派系纷呈,观点林立,彼此之间也多有冲突甚或针锋相对。"西方马克思主义"文艺理论,在学理上多是揶揄唯物史观,反对唯物主义反映论,多是张扬抽象人道主义和人性论,主张文化至上、形式至上、审美拯救一切,并且喜欢把马克思主义文艺理论同其他某种时兴的文艺学说相组合、嫁接、拼凑起来,例如制造出"批判的社会理论"文艺观、"文化唯物主义"文艺观、"形式主义马克思主义"文艺观、"人道主义马克思主义"文艺观、"弗洛伊德主义马克思主义"文艺观、"存在主义马克思主义"文艺观、"结构主义马克思主义"文艺观、"实践本体论"文艺观、"生态主义马克思主义"文艺观等等,可谓五花八门。

如果说"西方马克思主义"文艺理论之间多少还有一点共性的话,那么这个共性就是都或多或少地与马克思主义有着某种一丝半缕的联系,同时又都或多或少地"反基础主义",对经典的和传统的马克思主义文艺观采取质疑、抨击、颠覆、驳难、修补、改造和修正是其特殊的理论旨趣。"西方马克思主义"文艺理论是在特定的历史文化条件和时代环境下产生的,是处于现代或后现代主义大背景下,西方学者研究和对待马克思主义文艺理论的独特产物。它让人们从多个侧面看到了马克思主义文艺理论发展面临的新的课题,同时也看到了马克思主义文艺理论发展面临的挑战性、曲折性和起伏性。

梳理和总结马克思主义文艺理论发展的历程及其经验教训,是"马克思主义文艺理论发展史"这门学科的任务。本教材主要是阐述马克思主义文艺理论学说的基本观点。由于马克思主义文艺理论涵盖着该学科整个发展进程中的所有部分,内容十分丰瞻,因此,本教材决定把马克思主义经典作家的文艺理论思想作为主要的阐述对象。"源头是最清澈的。"只要把马克思、恩格斯、列宁的文艺思想解释清楚,认识其后的马克思主义文艺理论,认识马克思主义文艺理论的当代意义也就好办了。

二 马克思主义文艺理论研究现状与发展思路

我国马克思主义文艺理论研究,如果从20世纪20年代中叶算起,已经有了近90年的历史。作为一门学科,它进教材、进课堂,则主要是70年代初的事情。这期间,经历了某些曲折和困难,也取得了很大的功劳和成绩。尤其是80年代以后,我国在马列文论研究方面所获得的成果,是有目共睹的。从世界范围来看,我国马克思主义文艺理论研究能保持今天这样的局面,的确令人欣慰。不少学术研究成果,具有较高的思想水准和理论价值,产生了广泛的影响。

但是,一段时间来,理论界有些论者采取虚无主义态度,把中国的马克思主义文艺理论研究说得一无是处;在总结马克思主义文艺学发展的历史和它对中国的影响时,把它说成好像是没有人文气质和学理色彩的政治附属物。这种说法是有悖于事实的。在自由主义和新自由主义思潮盛行的情况下,马克思主义文艺理论研究遭到贬损、排斥、否定和攻击,这是可以想见的。而一些人甚至连马克思主义文艺学是什么都没有闹清楚,就摆出一副激进的拒绝姿态,表现出相当大的盲目性和狭隘性。这种情况产生的原因很多,也很复杂。实践表明,要想获得马克思主义文论研究在激烈的挑战与竞争中的旺盛生命力,要想获得它的有力对话与交流活力,我们所能做的比较有效的工作,就是把马克思主义文艺理论研究的水准提高到一个新的层次。

那么,如何在现有的基础上纠正研究中的偏差,加强薄弱环节,不断推进马克思主义文艺理论的研究水准呢?我们认为,其一,面对当前研究中存在着某种"离开"马克思——这里指马克思主义文艺理论精神与方法——把马克思主义文艺学说人为地体系化、概论化的现象,应当提倡"回到马克思"。因为理论研究水平的提高,除了现实社会力量的推动之外,很重要的还是要从对理论本身的开掘与创造性阐发上寻找潜能。

马克思主义文艺观产生的思想史意义,在于它宣告了以往形形色色"终极真理"形态的文艺学体系的终结,使文艺理论成为一种随着时代和文艺实践不断向前发展的思想运动,成为科学观察文艺问题和现象的"方法论"和"出发点"。马克思主义创始人反复说过:我们的理论不是教条,而是对包含着一连串互相衔接的阶段的发展过程的阐明。① 这就告诉我们,他们的文艺理论不是一个凝定的体系,而是以一种方法、一种对"过程"的阐明而存在的学说。或者说,它的真理性表现在"阐明"的"过程"当中。这样,我们就应该把马克思主义经典作家的文艺观放在特定的历史框架中去理解,从事物的"暂时性"方面去理解,把它当作研究不断变化的文艺发展现实的指南,通过对大量历史现实的考察,从中得出科学的结论。而如果只是把马克思主义经典作家的文艺学说当成标签、套语或现成的公式、原理,不去作进一步的研究,只拿它来剪裁各种历史事实,或以此来构筑自己的细大不捐、说明一切的文艺学理论"系统",或者把马克思主义文艺学组织成一个无所不包,词条、词典式的著作,这种做法显然是与马克思主义文艺学应有的思想和方法不一致的。我们知道,任何一种社会科学,只要它还把某几个论点奉为最后的结论,只会开出一些包治百病的药方,它就走到了科学的反面。我们最需要的不是干巴巴的几条结论,而是研究。结论要是没有成为结论的发展,就毫不足取,这一点从黑格尔那里就尽人皆知了;结论如果变成一种故步自封的东西,不再成为继续发展的前提,它就毫无用处。② 人们常常忘记马克思主义文艺学产生于一个融于历史和文艺史的实践活动,忘记它是一种指导人们认识和解决文艺问题的思想工具和理论武器,往往自觉不自觉地把它变成仅仅存在于书本上的教条,甚至还要让它为某些人对其学说所作的"引申"背黑锅。这会窒息马克思主义文艺学的理论活力和生命力,此种做法是很容易败坏马克思主义文艺学的声誉的。

从某种意义上说,在特定的历史条件下,在宣传、传播和研究马克思主

---

① 《马克思恩格斯文集》第10卷,北京:人民出版社2009年版,第560页。
② 《马克思恩格斯全集》第1卷,北京:人民出版社1956年版,第642页。

义文艺思想的初期,把马克思主义文艺学说装入一定的常规的阐释体系和框架之内,是可以理解的,也是有着某种合理性的。但是,这种方法毕竟不是科学的马克思主义的研究方法,难以体现该学说的理论本质,也有悖于经典作家本人的初衷。因此,研究不能停留于此。真正需要的则是努力恢复并体现以经典文论作为研究"出发点"和"方法论"的本来面目。这里,首先要做的就是认真地"回到马克思",或者叫"重读马克思"。当然,"回到"和"重读"是有区别的。"回到"具有纠偏的性质,"重读"则强调温故而知新。不过,"回到"其实也是倚重"重读"的,是一种"重读"性的"回到",两者是可以通用的。

不论是"回到"也好,"重读"也好,这一过程必然会有新颖的、特殊的体味,会有让人意想不到的惊喜和收获。这是因为在马克思主义原典中,还有许多宝贵的矿藏,还有不少长期以来被忽略和被遮蔽的地方。尤其是通过"回到"和"重读",我们会发现以往的某些做法实际上同马克思主义的精神和原则不一致。应该承认,我们研究现在所掌握和利用的第一手资料还相当有限。充分地占有、利用和理解第一手材料,进一步进行开掘、梳理和阐发,依然是重要的任务。

从现有的一些研究著述看,对原始资料重视仍很不够,以文释文、大衍发微、望文生义或者方枘圆凿的现象,仍较普遍地存在。比如,一些著述抓住经典原著中的个别词句,作普遍引申,寻找其微言大义,脱离了历史背景和原著语境,把只言片语无限拔高,虽有皇皇大论,却很容易导致先入为主或以偏概全的倾向,这很影响研究结论和理论阐述的可信性。眼下强调材料,可能会被认为是过分"传统"、过分"老套"的方法。但是,倘若我们承认马克思主义文论研究目前还存在着某种"假大空"(或曰"干大空")的现象,承认有些研究还只是在那几句耳熟能详的话语上打转转,不能在广博的范围内、在跟其他学科融会联系的思想材料中提出问题和探讨问题,那么,重申充分占有第一手材料对提高研究质量的重要性,就是显而易见的了。

如果我们不只把熟悉的那几篇文章、几封书信看成是马克思文艺思想的基本库存,不是局限于马克思主义经典作家用过的一小部分概念和语汇,而是从他们的全部著作着手,从马克思主义的整个思想体系出发,那么,就有可能摆脱曾经支配过我们的一些缺乏科学性的传统观念,比较清晰地看到马克思主义宏大而深邃的文艺思想体系的本来面貌。倘若缺乏在总体观念中的思考,一知半解,总有点像从旅行指南或中学生课本上了解一个地区的风土人情、历史文化一样,就会令人感到粗疏与隔膜。

我们若能面对马克思主义经典作家的大量著作,作实事求是的深入研究,境界就会大不一样。马克思主义经典作家没有给我们准备现成的答案,马克思主义文艺理论必须通过自己的探求来寻找答案,根据马克思主义经典作家的大量著述和方法论,创造性地描述马克思主义文艺学的本来面目,这是完全可以做到的。关键是不能贪便宜,"走捷径",要下苦功夫,认真、系统地钻研马克思主义经典作家的著作。在这里,"谁害怕那围绕着思想宫殿的密林,谁不用利剑去开辟道路和不去吻醒那睡着的公主,谁就不配得到公主和她的王国"①。

我们主张"回到"和"重读"马克思,还有一个缘由:当前,普遍存在着一种"话语焦虑",对令人目不暇接的中国的生活世界和文学世界,研究者常常表现出一种"饥不择食"的浮躁。在无休止的对新奇话语的追求中,基本理论研究的匮乏逐渐成为制约文学理论研究继续前进的"瓶颈"。这个时候,强调"回到马克思",重新从开掘经典著作的思想之源中得到启迪,肯定是大有裨益的。科学的方法是常用常新的法宝;科学的学说是思想智慧的渊薮。"回到"和"重读"马克思,当然不单单是回到书本,也不是简单地重复马克思的原话,而是要我们背负着当代一切优秀的思想成果,使之与马克思主义的逻辑视界历史地融合在一起。"回到"马克思是要找寻更切实的理论入口和起点,纠正以往研究中的失误,以新的科学和实践成果丰富和发展马克思主义,创造马克思主义文艺学的新境界。"回到"马克思,是要超越"材料的堆积"阶段,循着科学的方向,提出"自己的问题"和表述这一问题的"自己的方式",提出有原创意味的思想和理论,这就是所谓"回到"和"重读"马克思的本意。

其二,加强马克思主义文论史的研究。

为了增强马克思主义文论研究的学术性和学理性,加强史的研究,确实是紧要的一环。我们不能真正地超越历史性。我们只有置身于历史性之中,并且对于这种历史性有自觉的意识,我们的理论才不会混沌一片。我们不是没有认识的历史,不是没有阅读的历史,不是没有前进的历史,也不是没有面临挑战、错误、困顿、危机的历史。这段历史说来已经不短了,可我们缺少的是反思的历史、比较的历史、总结的历史。

---

① 《马克思恩格斯论艺术》第四册,北京:人民文学出版社1966年版,第341页。

马克思主义文艺理论研究从总体上说是两个方面：一个是史，一个是论。史的研究是论的研究的基础，论的研究是史的研究的主导。没有史的研究，对马克思主义文艺科学的把握往往是空泛的、断裂的、片面的，缺乏动态的历史感。反之，没有论的研究，对马克思主义文艺科学的把握也往往是表面的、肤浅的、局限的，缺乏体系观念和范畴网结。所以，严格说来，史和论的研究是相互促进、相辅相成的。这其中，史的研究更为根本，或者说更为重要。

马克思主义文艺理论同其他哲学社会科学一样，其本质是一门历史科学。它所涉及的是历史性的即经常变化的材料。每位马克思主义文艺理论家和批评家，所研究的都是特定时期的文艺现象和文艺规律，人们只有在完成对这一发展变化过程具体问题的研究之后，才有可能将其上升为理论系统，即确立那些为数不多的适用于普遍艺术创作和艺术运动的东西。就是说，系统的马克思主义文艺理论是在历史性的研究中生成的。一般的所谓"马克思主义文艺原理"之类的规定，往往缺少实证根基。可以说，马克思主义文艺理论是先有史后有论，史是论的链条，论是史的结果，它们有机地存在于一体。

恩格斯说过："我们根本没有想到要怀疑或轻视'历史的启示'；历史就是我们的一切，我们比任何一个哲学学派，甚至比黑格尔，都更重视历史。"① 在经典作家看来，历史和逻辑应该是统一的，"真理是在认识过程本身中，在科学的长期的历史发展中"。② 要想科学地看待某一问题，至少要对该问题的产生和发展情况作概括的历史考察。分析一个文艺现象，绝对的要求就是要把它放到一定的历史范围之内。如果一门文艺学说不能证明它在历史上有一种发展，有一种内在的联系，不能历史地、在同历史的一定联系中来处理材料，那么，它就违背了"真理是过程"的原则，其科学性是要受到怀疑的。

"历史就是我们的一切。"马克思主义文艺学说对我们来说，就是它的理论思想的产生、发展和传播的历史。后人可以书写各式各样号称"马克思主义文艺学""原理""教程""概论"和"体系"之类的书，这是人们阐释和理解的结果。但是，马克思主义经典作家的著作里并没有这种形态，那里有的只是

---

① 《马克思恩格斯全集》第1卷，北京：人民出版社1956年版，第650页。
② 《马克思恩格斯文集》第4卷，北京：人民出版社2009年版，第216页。

客观地、历史地存在着的马克思主义文艺思想的文本原貌,人们对它可以有不同的理解和看法,但这不妨碍它作为历史存在的客观性。人们从中得到的无非是各种各样的历史的启示,甚至可以从这个历史的启示中透视现在、发现未来。深入研究发展史,在发展史中研究马克思主义文艺理论,其价值和意义就在于此。

应当承认,在相当长的时间里,马克思主义文艺学说史的研究和教学工作并没有受到足够的重视,经典作家及其后继者创立、继承、运用和丰富发展马克思主义文艺学说的面貌至今还若明若暗,整个体系本身发展进程的线条还不甚清楚。这其间存在的经验和教训、贡献与失误,也缺少有深度的学理性的思考和梳理。这种局面是到了该扭转的时候了。

马克思主义文艺理论的发展,同其他社会科学的理论和现象一样,是一种自然的历史过程,我们应该把它"看作处在不断发展中的活的机体(而不是机械地结合起来因而可以把各种社会要素随便搭配起来的一种什么东西)"①。发展史研究的职责表现在对事物真实过程及其内在规律的揭示上。它要对研究对象的思想理论变化、变异及发展给以真实的、运动的、有机的、一环扣一环的、有完整过程的描述和展开。它要努力展示对象的实际面貌,要表明它每一阶段演化的必然性和可能性,而且,它还要揭示这种必然性和可能性又都是在前一阶段的形式范围内被创造出来的。

在马克思主义文艺学说发展的历史长河中,每个特定的时代甚至时期,都有代表该时代或时期的特定的理论体系或理论成果。它们从理论上代表了当时文艺理论发展的要求,是那个时代的产物,是时代的指针和理论旗帜,是该时代精神的集中表现。因此,我们完全可以从时代特征和发展进程上来认识和把握马克思主义文艺学说。

但思想和理论的发展,不是真理加真理的过程。马克思主义文论家们的言论都是在一定历史条件下提出来的,总有功过是非问题,总有正确还是错误的问题,总有对了多少还是错了多少的问题,总有一个修正过去的观点、丰富过去的观点的问题。绝对适应一切时代和时期的不变的结论和公式是不存在的。这是个真实的状况,也是个发展的问题。如果我们承认马克思主义文艺理论是一个历史的过程,承认其原著是历史的产物,那么就必须对人物、事件、观点和过程作精彩透辟的分析、评价和判断。这种评价和

---

① 《列宁全集》第1卷,北京:人民出版社1984年版,第135页。

判断直接关涉着我们所总结出来的文艺理论的准确性和科学性。譬如,《1844年经济学哲学手稿》,到底是马克思的成熟著作还是过渡性著作?换句话说,它是马克思的思想巅峰时期的一部著作,还是马克思从空想社会主义者向科学社会主义者、从人道主义历史观向唯物主义历史观过渡时期的一份笔记,这种认识,是很影响着对马克思主义文艺观的理解的,是很关乎马克思主义文艺思想发展史的整体面貌的。又如,一个半世纪多马克思主义文艺理论发展进程的分期问题,某些有争议的人物可不可以进入发展史的序列,对个别人物思想遗产的公允评价及贡献定位,整个历史是马克思主义前进的历史还是倒退的历史的问题……所有这些,都要依据确凿的思想材料,作出判断,实事求是地给予回答。

其三,要扩大马克思主义文艺理论研究的视角和领域。作为一门科学,马克思主义文艺理论永远是现时代的,永远有对新情况、新问题发言的能力。世界在变化,历史在运动。随着时间的推移,人们也许会越来越发现,我们正面临着与"西方马克思主义"理论家相似或相同的文化、艺术处境和问题;会越来越发现,我们的文艺理论正与"西方马克思主义"文论之间产生和渗透着某种或明显或潜隐的联系。探讨"西方马克思主义"文论的某些方法、研究视角、观念和思想背景及其存在的缘由与利弊得失,这对马克思主义文论研究的进展,也就具有了借鉴作用。

20世纪90年代以来,我国在研究和发展马克思主义文艺学的路径上与"西方马克思主义"理论家的某些思路有着某种层次的相似性。不难看到,"西马"文论的许多命题,如人性、人道主义在文学艺术中的作用和地位,个体感悟生命存活的实在性及其人生意蕴,现实主义和现代主义、后现代主义之争,艺术的人文精神和文化价值重构,市场经济与当代高科技条件下的"大众文化"(或"文化工业"),文艺与道德、政治的关系,文化转向与文化政治诗学,意识形态的变种与转型,等等,都有在我国目前特定历史语境和文化语境里进行研讨的必要和可能。

事实上,也不仅仅是"西方马克思主义"文论,研究任何一种现代西方文论或中国古代和现代文论,只要能深入,能比较,有清醒的"问题意识",对推进马克思主义文论研究都是有直接或间接的帮助的。马克思主义文论研究在对经典著作进行重点开掘的基础上,有必要扩大探讨领域。这种"扩大"和提倡"回到马克思"并不矛盾,这是一个问题的两个角度。

在扩大探讨领域的时候,越是和马克思主义文艺学相对立的学说,越是应该加以关注。规律告诉我们,事物与事物之间是相比较而存在、相斗争而发展的。马克思主义文艺理论同样是在跟其相对立的文艺学说的比较和较量中前行的。毫无疑问,真金不怕火炼,真理越辩越明,科学的东西是打不倒的。任何对马克思主义文艺理论的"围剿"和一次次为此结成的"神圣同盟",都只会使这一学说——这一"幽灵"般的精神本身——以可见性或不可见的可见性形式再次复活或显形。有些人一次又一次地发难,其实只是在否定一个不可否定之物。一些人为马克思主义文艺理论举行的一次又一次的"哀悼"活动,其实正是在为它的重新返回和未来复兴作准备。任何想解决问题的思想界,都是绕不开马克思主义这个不可否定之物的。当代西方文论的进化、演变过程中呈现出来的迹象,相当清晰地说明了这一点。

人们常说,目前发展马克思主义文艺学是挑战和机遇并存。扩大马克思主义文论研究领域,无疑是面对挑战和捕捉机遇过程中不可或缺的方面。

三 学习马克思主义文艺理论应有的方法和态度

马克思主义文艺理论有不同于其他文艺理论的许多个性和特点。只有了解这些个性和特点,我们才能对它有充分而准确的把握。

前面我们实际上已经说到了一些学习马克思主义文论的态度和方法问题,比如要努力"回到马克思",要重视占有和阅读"第一手材料",要注意与其他学科之间的"融会贯通",等等。为了加深印象,这里再集中谈一谈学习马克思主义文艺理论的态度和方法。

应该看到,马克思主义文论是整个马克思主义理论体系的一个有机组成部分,它的观点和内容都不是孤立存在的,相当一部分是融合在其他论述之中的。因此,在学习的时候,我们要关注和探讨它同马克思主义哲学、经济学、伦理学、历史学、科学社会主义理论等学说之间的关系,不能将它们完全割裂开来。只有这样,我们才能看到马克思主义文论的真实面貌,才能找到规定其性质特征、制约其发展变化的根本动因。

马克思主义文艺理论是发展变化的,因此要从发展和变化上来认识和把握马克思主义文艺学说,研究它的理论史和思想史,探究它的拓进和变迁的轨迹,考察它的曲折历程和历史命运。这也是学好马克思主义文艺学说的重要条件。马克思主义文艺学说具有伴随时代前进并始终站在时代前列,根据文艺发展的客观规律不断行进的机制。它是一种批判地继承一切文艺学说精华,在科学地开拓、变革、充实、完善、创新中不断发展的学说。

因之,脱离发展史的理论研究往往会把马克思主义文艺观变成僵死的教条。

马克思主义文艺观是一个整体,虽然可以从多个侧面作专题的研究,但更需要的是从整体上去把握这一理论的科学体系与方法论特质。当然,对马克思主义文艺观简单地下一个定义,尽管力求完整而严密,其做法也未必可取。我们应该从不同的角度,尤其从立场和方法的角度,比较系统地了解马克思主义文艺观的主要内容、理论特性、功能价值、发展历程以及历史命运等,这样,才能把它看成一个活的东西,学成一个活的东西。强调整体研究,并不是搞大而全的体系构建。把马克思主义文艺观拆解成细大不捐、无所不包的一个理论体系,像开中药铺似的把经典作家的思想装进人为编造的一个网眼儿很密的"鸽子笼"里,甚至微言大义地生发、引申出经典作家著作中未必有的思想,以为越全越好,越细越好,忽略经典作家思想在原则意义上的方法论性质,这是有悖于马克思主义文艺学说的精神实质的。

我们应当努力做到从本来面目出发去认识和把握马克思主义文艺观,努力按照马克思主义文艺论著的本性来学习和研究马克思主义文艺论著。为此,本教材尽量引述经典作家的原文。毫无疑问,同人类思想史上任何一个影响深远且内容丰富的理论体系和思潮一样,马克思主义文艺学说在其生命的途中,也发生了本来面目被这样那样地扭曲、修改或遮蔽的问题。有时候,它被虔诚的尊奉者夸大、美化、神化了;有时候,它又被自觉的反对者贬斥、丑化、魔化了。有的人把它变成僵硬的教条,有的人把它当作权宜之计,有的人把它当作贩卖私货的外包装,有的人甚或把它当作思想解放的活靶子。总之,马克思主义文艺学说一直是在曲折中前行的。这一情况,就更加说明,努力恢复马克思主义文艺观的本来面目,按照其本性来认识它,对于我们学习马克思主义文艺理论是极为必要的。

我们在阐述马克思主义文论的理论内容时,不仅要注重它最后形成的观点和结论,而且要注重其思想的形成过程。马克思主义文论教程如果突出的只是具体的观点,以及这种观点的普遍性,那么,对诸多领域之间的内在联系、中介环节和过渡形式,就会缺乏深入系统的把握,缺乏有根据的科学陈述。如果这类教材要么是单篇讲解,要么是原理式板块组合,甚至把它变成一个词典式的东西,这样一来,马克思主义文艺理论的有机、严密的整体性就会受到破坏,其真实面貌也无法呈现出来。

正确判明马克思主义文艺学的根基,这是确立科学的马克思主义文艺观的立足点。它直接关系对马克思主义文艺学说本质特征、理论品格和学风特点的认识。在文艺理论领域,可以说,正是马克思主义文艺学说最为内在、最为彻底地要求人们"从既有的事实出发",正是马克思主义文艺学说强调并善于把握每一个特定时刻起决定作用的、最主要的文艺事实,从而保证了它的论断的科学性。马克思主义文艺观与文艺事实之间的关系,就像安泰同大地母亲之间的关系一样,须臾不能分离。因此,我们有理由说,从事实出发,实事求是,这就是马克思主义文艺学的根基。正是这种不断地从联系中去掌握文艺运动变化中的事实并从中得出规律性的新认识的品格,使她永葆理论青春。

马克思主义经典作家并没有结束也不可能结束对文学艺术的真理性的认识。严格地说,他们只是为不断加深和拓展这种认识开辟了道路,也就是说,提供了方法论的指南。而这一指南,就是辩证唯物论和历史唯物论的自然观和历史观。我们应以此为基本原则,联系新的时代条件和新的艺术实践,结合新的经验和新的问题,检验经典作家的既有结论,补充其不足,发展其未有,借鉴和吸收一切有价值的资源,使其学说不断得到充实、推进和创新,保持阐释功能和理论生命力,这才是我们应取的态度。

至于在学习中具体注意些什么,这里提出以下几点供参考:

其一,要清醒地意识到马克思主义文艺理论学说不是一堆死的知识,一堆教条,而是马克思主义经典作家留供后人观察、研究和解决文艺问题的出发点和方法。这是马克思主义文艺理论最突出的特征,是马克思主义文艺理论的活的灵魂。如果把经典作家的文艺论述当成像《文学原理》《文学概论》似的东西,当成概念和条文,那么马克思主义文艺理论的科学方法论的价值也就消失殆尽了。

其二,要注意把马克思主义文艺理论当成一门学科来对待。也就是说,要领会和把握作为方法论系统的马克思主义文艺理论,本身具有明显的内在逻辑性和体系性。它作为一种文艺科学的方法论是严整的,在发展过程中形成了自己特殊的理论形态,同时,它也是有着自己独特的论域、视角和理论范畴的。这是它与其他文艺学说无法混淆的一个重要方面。

其三,要自觉地把马克思主义文艺理论的学习同一般的"文学原理""文学基本知识""文学概论"等的学习区别开了。诚然,它们两者之间是有联系的,但彼此的差异也是很明显的。如果说"概论""原理"类教材是力图用马克思主义立场、观点、方法去阐释和归纳文学的基本问题,那么马克思主义文论则主要是集中揭示和阐发这一立场、观点和方法本身。

其四，要训练和培育一种哲学的思考精神。马克思主义文艺理论从诞生之日起，就同马克思主义哲学、马克思主义政治经济学和科学社会主义理论有着密不可分的联系。要想学好马克思主义文艺理论，需要上述的马克思主义理论基础。但是，马克思主义文艺理论毕竟是文艺理论，所以，我们又不能把它哲学化。因之，最好的办法就是既要有哲学的头脑，又要能够从文艺学的角度来思索问题。这样就可以把马克思主义的文艺理论学透、学深。

其五，要注意多在马克思主义经典作家文艺论述"文本"的阅读上下功夫。这是学好这个学科的关键。马克思主义文论教材是经典作家思想"文本"的介绍与讲解，已经是"嚼过的馍"，无论如何是比不上经典作家论述的第一手材料重要的。正因如此，学习时倘若把精力只放在教材上，那就舍本求末了。原原本本、认认真真地读些经典作家文论原著，这是学好马克思主义文艺理论最有效的办法。

其六，要学以致用，举一反三，联系实际。马克思主义文艺理论本是帮助我们认识文艺这个特殊事物的工具。只有运用它，它才会发挥出巨大的威力。怎么运用呢？简单地说，就是要把马克思主义文艺理论当作观察和分析文艺现实与文艺问题的"显微镜"和"望远镜"，不把它当成空中楼阁。实践表明，只要理论联系实际了，那么学习马克思主义文艺理论的动力和活力就会呈现出来。

第一章 文艺在社会结构中的位置

揭示文艺在社会文化中的位置,揭示文艺与社会文化中其他诸要素联系的真相,是马克思主义对文艺问题的突出贡献之一。黑格尔说过:"凡一切实存的事物都存在于关系中,而这种关系乃是每一实存的真实性质。因此实际存在着的东西不是抽象的孤立的,而只是在一个他物之内的。唯因其在一个他物之内与他物相联系,它才是自身联系;而关系就是自身联系与他物联系的统一。"①文艺存在于社会文化之中并与其他要素相联系。搞清楚其位置与联系,是正确认识文艺本质及其起源、发展和职能作用的基础与根本所在。文艺在社会结构中的位置是马克思主义文艺学说的根本依据和出发点,是理解文艺与社会其他构成要素之关系的基础。简单说来,马克思认为文艺是一种社会意识形式,往往具有意识形态性。马克思在《〈政治经济学批判〉序言》中指出:

> 人们在自己生活的社会生产中发生一定的、必然的、不以他们的意志为转移的关系,即同他们的物质生产力的一定发展阶段相适合的生产关系。这些生产关系的总和构成社会的经济结构,即有法律的和政治的上层建筑竖立其上并有一定的社会意识形式与之相适应的现实基础。物质生活的生产方式制约着整个社会生活、政治生活和精神生活的过程。不是人们的意识决定人们的存在,相反,是人们的社会存在决定人们的意识。社会的物质生产力发展到一定阶段,便同它们一直在其中运动的现存生产关系或财产关系(这只是生产关系的法律用语)发生矛盾。于是这些关系便由生产力的发展形式变成生产力的桎梏。那

---

① [德]黑格尔:《小逻辑》,北京:商务印书馆1980年版,第281页。

时社会革命的时代就到来了。随着经济基础的变更,全部庞大的上层建筑也或快或慢地发生变革。在考察这些变革时,必须时刻把下面两者区别开来:一种是生产的经济条件方面所发生的物质的、可以用自然科学的精确性指明的变革;一种是人们借以意识到这个冲突并力求把它克服的那些法律的、政治的、宗教的、艺术的或哲学的,简言之,意识形态的形式。我们判断一个人不能以他对自己的看法为依据,同样,我们判断这样一个变革时代也不能以它的意识为根据;相反,这个意识必须从物质生活的矛盾中,从社会生产力和生产关系之间的现存冲突中去解释。①

马克思称这段话是他"所得到的,并且一经得到就用于指导"他的"研究工作的总的结果"的简要表述。这无疑显示出这段话所包含的内容与原则在其研究工作中的基础性地位和方法论意义。对于文学艺术而言,它在历史上第一次科学地确定了文艺作为社会的要素在社会结构中的位置:首先是作为现实基础的经济结构;在经济结构之上,"竖立"着的是"法律的和政治的上层建筑";在这些实体的上层建筑之上,漂浮着的是"与之相适应的"社会意识形式——观念的上层建筑,艺术就是这些社会意识形式之一种。这里就出现了一个曾经不断地引起人们争论的问题:马克思的话里有"……那些法律的、政治的、宗教的、艺术的或哲学的,简言之,意识形态的形式",那是否就可以据此说:艺术是一种意识形态呢?

第一节　文艺是一种社会意识形式

1. 意识形式与意识形态的区别

文艺是一种可以具有意识形态的社会意识形式。因此,我们要认识意识形式与意识形态的区别。意识形态(die Ideologe)一词的本义是指思想体系或学说。在马克思、恩格斯那里,意识形态概念有许多规定。我们先来看他们关于意识形态的一些论述:

> 如果在全部意识形态中,人们和他们的关系就像在照相机中一样

---

① 《马克思恩格斯文集》第 2 卷,北京:人民出版社 2009 年版,第 591—592 页。

是倒立成像的,那么这种现象也是从人们生活的历史过程中产生的,正如物体在视网膜上的倒影是直接从人们生活的生理过程中产生的一样。

……我们的出发点是从事实际活动的人,而且从他们的现实生活过程中还可以描绘出这一生活过程在意识形态上的反射和反响的发展。甚至人们头脑中的模糊幻象也是他们的可以通过经验来确认的、与物质前提相联系的物质生活过程的必然升华物。因此,道德、宗教、形而上学和其他意识形态,以及与它们相适应的意识形式便不再保留独立性的外观了。它们没有历史,没有发展,而发展着自己的物质生产和物质交往的人们,在改变自己的这个现实的同时也改变着自己的思维和思维的产物。不是意识决定生活,而是生活决定意识。①

在第三类科学中,即在按历史顺序和现今结果来研究人的生活条件、社会关系、法的形式和国家形式及其由哲学、宗教、艺术等等组成的观念上层建筑的历史科学中,永恒真理的情况还更糟。②

因而每一时代的社会经济结构形成现实基础,每一个历史时期的由法的设施和政治设施以及宗教的、哲学的和其他的观念形式所构成的全部上层建筑,归根到底都应由这个基础来说明。③

由以上论述可以看出,在马克思、恩格斯看来,意识形态属于"观念的上层建筑",是为一定的经济基础所支撑和决定,与作为设施的上层建筑彼此相适应且共同适应经济基础,作为物质生活过程的反射、反响和"必然升华物"的理论观念或观念体系。这里的"意识形态"可以是对物质生活过程"倒立成像"的一种"虚假意识",也可能是对这一过程的客观的、"完全"的意识反射和反响。以康德哲学为例,一方面,18世纪末德国的状况完全反映在康德的"实践理性批判"中,康德的"善良意志"完全符合于德国市民的软弱、

---

① 《马克思恩格斯文集》第1卷,北京:人民出版社2009年版,第525页。
② 《马克思恩格斯文集》第9卷,北京:人民出版社2009年版,第94页。
③ 《马克思恩格斯选集》第3卷,北京:人民出版社1995年版,第739页。

受压迫和贫乏的情况——这是客观的意识。① 另一方面,康德哲学还体现了以现实的阶级利益为基础的法国自由主义在德国所采取的特有形式。不管是康德或德国市民(康德是他们的利益的粉饰者),都没有觉察到,资产阶级的这些理论思想是以物质利益和由物质生产关系所决定的意志为基础的。因此,康德把这种理论的表达与它所表达的利益割裂开来,并把法国资产阶级意志的有物质动机的规定变为"自由意志"、自在和自为意志、人类意志的纯粹自我规定,从而把这种意志变成纯粹思想上的概念规定与道德假设——虚假意识。②

当特定的社会集团、阶级或阶层的思想家们不能以唯物史观来观照、认识现实时,他们的思想、观念所建构起来的意识形态就必然会成为"虚假意识"。所以,恩格斯在1893年7月14日写给弗·梅林的信中说:"意识形态是由所谓的思想家通过意识,但是通过虚假的意识完成的过程。推动他的真正动力始终是他所不知道的,否则这就不是意识形态的过程了。因此,他想像出虚假的或表面的动力。因为这是思维过程,所以它的内容和形式都是他从纯粹的思维中——或者从他自己的思维中,或者从他的先辈的思维中引出的。他只和思想材料打交道,他毫不迟疑地认为这种材料是由思维产生的,而不去进一步研究这些材料的较远的、不从属于思维的根源。而且他认为这是不言而喻的,因为在他看来,一切行动既然都以思维为中介,最终似乎都以思维为基础。"而要纠正这一点就必须"首先是把重点放在从基本经济事实中引出政治的、法的和其他意识形态的观念以及以这些观念为中介的行动,而且必须这样做"。③

由此出发,那么文学艺术究竟是不是属于意识形态呢?正如艺术(指艺术活动、艺术作品)包蕴观点、观念的要素但不惟是体系化的观点、观念一样,艺术也可以说是包含有意识形态的要素,但不就是意识形态本身。这正如鲁迅在谈文学的阶级性时指出文学"'都带',而非'只有'"阶级性一样④,文学艺术也是"都带"而非"只有"意识形态性的。诚然,文学艺术是上层建筑,但是上层建筑并不意味着就一定是意识形态本身,因为在马克思那里即

---

① 《马克思恩格斯全集》第3卷,北京:人民出版社1960年版,第211—212页。
② 参见《马克思恩格斯全集》第3卷,北京:人民出版社1960年版,第213页。
③ 《马克思恩格斯文集》第10卷,北京:人民出版社2009年版,第657—658页。
④ 《鲁迅全集》第4卷,北京:人民文学出版社2005年版,第128页。

便是"观念的上层建筑",其范围也比意识形态宽泛得多。马克思在写于1851年12月至1852年3月的《路易·波拿巴的雾月十八日》中所说的"在不同的占有形式上,在社会生存条件上,耸立着由各种不同的、表现独特的情感、幻想、思想方式和人生观构成的整个上层建筑"①的说法,就证明了这一点。"情感、幻想、思想方式和人生观"均属上层建筑,但显然不能全部归于作为理论、观念体系的意识形态之中。其实,在马克思主义创始人那里,比较严格属于意识形态形式的只有宗教、哲学、政治、法学四种。这是恩格斯在写于1886年初的《路德维希·费尔巴哈和德国古典哲学的终结》中指出的。他说:"中世纪把意识形态的其他一切形式——哲学、政治、法学,都合并到神学中,使它们成为神学中的科目。"②这里的"一切形式",并未把文学艺术包括在内。

以往有些研究者在把文学艺术一般地归于意识形态之一种时,常常用上面提及的马克思的这句话来做依据:"……一种是人们借以意识到这个冲突并力求把它克服的那些法律的、政治的、宗教的、艺术的或哲学的,简言之,意识形态的形式。"这里他们显然忽视了法律、政治、宗教、艺术或哲学前面的限制语,即"人们借以意识到这个冲突并力求把它克服的那些"。在这里,马克思显然是从具体限定功能的意义上来进行判断的,也就是说,是有所指而发的,并非一般抽象的泛指。比如就麦粒(或麦籽)来说,在功能的意义上我们除了把它称为"种子"之外,还可称之为"粮食";草,除了叫作"草"之外,还可叫作"饲料"。所以,这里的"艺术"其实是指艺术所具有的某种功能,或者说是某种功能意义上的艺术,而非艺术作为艺术本身。可以看到,每当马克思、恩格斯谈及现在人们认为可以从中挖掘出意识形态和艺术之间关系的话题时,都是在政治经济学领域中对唯物史观的宏观阐述与分析中提出来的,他们的全部注意力都集中在对人类历史的发展规律的发现与说明上:

> 人们首先必须吃、喝、住、穿,然后才能从事政治、科学、艺术、宗教等等;所以,直接的物质的生活资料的生产,从而一个民族或一个时代的一定的经济发展阶段,便构成基础,人们的国家设施、法的观点、艺术

---

① 《马克思恩格斯选集》第1卷,北京:人民出版社1995年版,第611页。
② 《马克思恩格斯文集》第4卷,北京:人民出版社2009年版,第310页。

以至宗教观念,就是从这个基础上发展起来的,因而,也必须由这个基础来解释,而不是像过去那样做得相反。①

这个任务在当时思想界是那样的重要和紧迫,以至于他们针对艺术作为艺术的特性没有作或顾不上作更多的考虑。如果我们不考虑到这些,就在普遍的意义上说艺术是意识形态,会像人们在普遍的意义上说麦粒是粮食、草是饲料一样不确切。

德国美学家和艺术理论家埃哈德·约翰在其著作《马克思列宁主义美学诸问题》中,介绍并评价一本哲学书时说:"这本教科书其中这样写道:'我们把表达一定阶级利益的政治观点、经济学观点、法律观点、哲学观点、道德观点等等这类社会观点的体系称为意识形态。'在这里'相应的观点以什么样的形式存在着,是以理论形式、道德形式还是以美学艺术形式存在着?'这个问题尚悬而未决。"②我们发现马克思、恩格斯在上面引文中的论述,似乎为这一问题的解决提供了某些启示。他们说:道德、宗教、形而上学和其他意识形态,以及与它们相适应的意识形式可能不再保留独立性的外观。可以由此推论,文学艺术(指文艺活动和文艺作品)就是一种与意识形态相适应的社会意识形式。文学艺术不仅可以表达艺术见解,同样可以表达哲学、宗教、道德等等作为意识形态的观点。意识形态性是这些社会意识形式的重要特性。当然,"意识形态的形式"也是一种"意识形式",意识形式包含并大于意识形态的形式是显而易见的。这也许在某种程度上解释了马克思为什么说"这些生产关系的总和构成社会的经济结构,即有法律的和政治的上层建筑竖立其上并有一定的社会意识形式与之相适应的现实基础",而不是说有一定的意识形态与之相适应。

因此,对于文艺在社会结构中的定位,我们可以做如下说明:经济结构是基础,在这个基础之上耸立着的是"庞大的上层建筑",上层建筑包含作为设施的上层建筑和"观念的上层建筑",在观念的上层建筑里面既有以理论、观念体系形态存在的社会意识形式即意识形态,也有以其他形态存在的与某种意识形态相适应的社会意识形式。这些作为上层建筑的要素与意识形

---

① 《马克思恩格斯文集》第3卷,北京:人民出版社2009年版,第601页。
② [德]埃哈德·约翰:《马克思列宁主义美学诸问题》,昆明:云南教育出版社1999年版,第367页。

态相适应并因而间接地与经济基础相适应的社会意识形式之中,就包含文学艺术活动及其作品在内。

上面这个结论,还解决了一个与文学艺术在社会结构中的位置相关、却又有时被某些研究者误解的问题,即文艺是否属于恩格斯所说的"更高地悬浮于空中的意识形态领域"。恩格斯的相关论述是这样的:

> 更高的即更远离物质经济基础的意识形态,采取了哲学和宗教的形式。在这里,观念同自己的物质存在条件的联系,越来越错综复杂,越来越被一些中间环节弄模糊了。但是这一联系是存在着的。……宗教离开物质生活最远,而且好像同物质生活最不相干。①

> 至于那些更高地悬浮于空中的意识形态的领域,即宗教、哲学等等,它们都有一种被历史时期所发现和接受的史前的东西,这种东西我们今天不免要称之为愚昧。②

> 我们所研究的领域越是远离经济,越是接近于纯粹抽象的意识形态,我们就越是发现它在自己的发展中表现为偶然现象,它的曲线就越是曲折。③

有一种意见认为,这里虽然没有提及文学艺术,但实际上包括文学艺术在内,文学艺术也是"更高地悬浮在空中的意识形态"。这显然离开了恩格斯的原意。因为根据恩格斯上面的第三段话可以看出,"越是远离"或"更高"的评判是依据意识形态形式的抽象度的,抽象度愈高,则离经济基础就愈远。对文学艺术谈论"抽象度"问题,显然是与文艺的总体特征相背谬的。如果退一步说文学艺术真的属于"更高地悬浮于空中的意识形态的领域",那么,显然比文学艺术有着更高抽象度的政治、法律又怎么样呢?是不是它们也都是"更高"的悬浮领域呢?在观念的上层建筑中,如果从抽象度来考虑,文艺大概处于物质基础和整体意识形态之间,当然,说文学艺术观点,比

---

① 《马克思恩格斯文集》第 4 卷,北京:人民出版社 2009 年版,第 308—309 页。
② 《马克思恩格斯文集》第 10 卷,北京:人民出版社 2009 年版,第 598—599 页。
③ 《马克思恩格斯文集》第 10 卷,北京:人民出版社 2009 年版,第 669 页。

如艺术哲学、文学理论、文学批评等等处于意识形态中的较高层次,应该是没有什么问题的。

将文学艺术定位于"意识形式"比定位于"意识形态",不仅更加符合经典作家的原意,而且也更加贴合文学艺术的本性,因而有着更大的理论优越性。意识形态强调的往往是意识形式相对于经济基础的性质与功能,对这种性质与功能的过分强调,可能会导致文艺依附性的产生和独立性的迷失。而定位于意识形式,就会避免文艺本性的直接功能化,增强文艺自身的独特性,人们对文学艺术的意识形态功能也就会有比较正常的看法。

值得一提的一个有趣现象是,在文艺理论界,且不只是在中国,都有坚持拿马克思主义创始人关于艺术在社会结构中位置的论述为核心内容来给艺术下定义的事实。姑且不说有些人在这个问题上的相当程度的误解和曲解,单是这种做法,也是与马克思主义精神不相符合的。法国"结构主义的马克思主义"代表人物路易·阿尔都塞(Louis Althusser)在其《读〈资本论〉》一书中指出:"恩格斯一再重复说,马克思在他的理论中不可能得出真正的科学的定义,这是由他的现实对象的特性以及历史现实的运动的和变化的性质决定的。历史现实就其本质来说反对任何定义式的处理方法,而定义的固定的、'永恒的'形式只能葬送历史生成的不断地变动的性质。"①他还举出了恩格斯的两段论述,其一是恩格斯在《资本论》第三卷序言中评论法尔曼对马克思的论述时说的:

> 这是出自他的误解,即认为马克思进行阐述的地方,就是马克思要下的定义,并认为人们可以到马克思的著作中去找一些不变的、现成的、永远适用的定义。但是,不言而喻,在事物及其互相关系不是被看做固定的东西,而是被看做可变的东西的时候,它们在思想上的反映,概念,会同样发生变化和变形;它们不能被限定在僵硬的定义中,而是要在它们的历史的或逻辑的形成过程中来加以阐明。这样,我们就会明白,为什么马克思在第一册的开头从被他当做历史前提的简单商品生产出发,然后从这个基础进到资本……②

---

① [法]路易·阿尔都塞、艾蒂安·巴里巴尔:《读〈资本论〉》,北京:中央编译出版社2001年版,第128页。

② 《马克思恩格斯文集》第7卷,北京,人民出版社2009年版,第17页。

另一段表述了同样思想的话是在《反杜林论》的准备材料中:

> 定义对于科学来说是没有价值的,因为它们总是不充分的。唯一真实的定义是事物本身的发展,而这已不再是定义了。为了知道和指出什么是生命,我们必须研究生命的一切形式,并从它们的联系中加以阐述。可是对日常的运用来说,在所谓的定义中对最一般的同时也是最有特色的性质所作的简短解释,常常是有用的,甚至是必需的;只要不要求它表达比它所能表达的更多的东西,它也不会造成什么损害。①

这些论述显然会动摇某些人的想法。

理解马克思、恩格斯关于文艺在社会结构中的位置这一问题上的观点和看法,首先要注意到他们是在何种语境中来谈论与这个问题相关的话题的。其次,要全面考虑到马克思、恩格斯在多种著作中对这一相关话题的谈论,分析其中的逻辑联系,根据他们一贯的认识,而不是只根据他们的某一句话甚至是某半句话的断章取义来进行判断和解释。

2. 文艺同其他上层建筑的相互作用

确定文艺在社会结构中的位置,如果不同时在动态中考察它们与其他社会构成要素之间的关系,那就是机械的和庸俗的做法。马克思、恩格斯从来就是在关系中来论及艺术在社会结构中的定位的。因此,我们也只有在关系中才能更清晰、更客观地把握他们所论及的艺术在社会结构中所处的位置。马克思、恩格斯在《德意志意识形态》中指出:要从直接生活的物质生产出发来考察现实的生产过程,并把与该生产方式相联系的、它所产生的交往形式,即各个不同阶段上的市民社会,理解为整个历史的基础;然后必须在国家生活的范围内描述市民社会的活动,同时从市民社会出发来阐明各种不同的理论产物和意识形式,并在这个基础上追溯它们产生的过程。这样,也就能够全面地描述全部过程,因而也就能够描述这个过程的各个不同方面之间的相互作用。② 文学艺术当然应该包含在意识形式之中,如果我们单独把文学艺术拿出来的话,那么就意味着在马克思、恩格斯看来,文学艺术作为一种意识形式是以物质生产以及由物质生产产生出来的社会为基础

---

① 《马克思恩格斯文集》第9卷,北京:人民出版社2009年版,第351页。
② 参见《马克思恩格斯全集》第3卷,北京:人民出版社1960年版,第42—43页。

的,"不是人们的意识决定人们的存在,相反,是人们的社会存在决定人们的意识",经济基础、社会存在从根本上决定着文学艺术的生产,文学艺术对经济基础来说也主要或最终是适应关系。但是,文学艺术在经济基础面前并非是纯粹的被动性存在。柏拉威尔在其著作《马克思和世界文学》中引述上面那段话时指出,"'全面'包括'相互作用'(Wechselwirkung)。相互作用这个概念有效地缓和了单方面依赖的概念"。① 恩格斯在1894年1月25日致瓦·博尔吉乌斯的信中也认为:

> 政治、法、哲学、宗教、文学、艺术等等的发展是以经济发展为基础的。但是,它们又都互相作用并对经济基础发生作用。这并不是说,只有经济状况才是原因,才是积极的,其余一切都不过是消极的结果,而是说,这是在归根到底不断为自己开辟道路的经济必然性的基础上的互相作用。例如,国家就是通过保护关税、自由贸易、好的或者坏的财政制度发生作用的,甚至德国庸人的那种从1648—1830年德国经济的可怜状况中产生的致命的疲惫和软弱(最初表现于虔诚主义,尔后表现为多愁善感和对诸侯贵族的奴颜婢膝),也不是没有对经济起过作用。这曾是重新振兴的最大障碍之一,而这一障碍只是由于革命战争和拿破仑战争把慢性的贫困变成了急性的贫困才动摇了。所以,并不像人们有时不加思考地想象的那样是经济状况自动发生作用,而是人们自己创造自己的历史,但他们是在既定的、制约着他们的环境中,是在现有现实关系的基础上进行创造的,在这些现实关系中,经济关系不管受到其他关系——政治的和意识形态的——多大影响,归根到底还是具有决定意义的,它构成一条贯穿始终的、唯一有助于理解的红线。②

这表明,文学艺术作为上层建筑不仅受经济基础的支配,而且还反作用于经济基础。不过,这种反作用是在经济基础对之进行制约的环境中发生的,经济基础"归根到底"还是对文艺的发展"具有决定意义的"。但是,艺术除了在起源和功能的意义上具有这些特征外,显然还有属于它自己的独特本质,有自己特殊的运动规律。马克思从来没有忽视过这一点,他对艺术发

---

① [英]柏拉威尔:《马克思和世界文学》,北京:三联书店1980年版,第144页。
② 《马克思恩格斯文集》第10卷,北京:人民出版社2009年版,第668页。

展与物质生产发展的不平衡关系的论述就是一个明证。马克思之所以在某个场合否认艺术有自己的历史，"他的意思无疑是指那没有把产生艺术的国家和时代的社会经济史考虑进去的纯艺术史"①。"马克思在与文学的实际接触中，从来没有机械地、一成不变地搬用'基础和上层建筑'这个模式，而且事实上，在他的对当时文学作品的评论中，这个模式也从来没有占过突出的地位。"②确是如此。经济基础对文学艺术的决定从来就不是"完全"的，它们之间的关系也决不会仅限于此。马克思、恩格斯曾断言："人们的观念、观点和概念，一句话，人们的意识，随着人们的生活条件、人们的社会关系、人们的社会存在的改变而改变，这难道需要经过深思才能了解吗？思想的历史除了证明精神生产随着物质生产的改造而改造，还证明了什么呢？任何一个时代的统治思想始终都不过是统治阶级的思想。"③这里他们所说的"随着"这一措辞，正如 R. 韦勒克所理解的："如果人们自由地解释'随着'一词，那就还不会宣布任何完全的经济决定论；人的精神生活随着经济制度的转变而转变。这里教给人们的是一种平行论，一种类推法，而不是单方面的依赖。"④

马克思早在 1842 年的《第六届莱茵省议会的辩论（第一篇论文）》中就指出："在宇宙系统中，每一个单独的行星一面自转，同时又围绕太阳运转，同样，在自由的系统中，它的每个领域也是一面自转，同时又围绕自由这一太阳中心运转。"⑤马克思以这一形象说法所描述出的"自由系统"的运动规律，同样也适用于文学艺术。我国老一辈文艺理论家杨晦（1899—1983）在《论文艺运动与社会运动》一文中，就是以地球的"公转律"和"自转律"作比况来论述文艺的运动规律及其与社会基础的关系的，他说：

> 要是打个比喻来说，文艺好比是地球，社会好比是太阳。我们现在都知道地球有随太阳的公转，也有地球的自转。其实，就是文艺也有公转律和自转律的。文艺发展受社会发展限定，文艺不能不受社会的支

---

① [英]柏拉威尔：《马克思和世界文学》，第 546 页。
② [英]柏拉威尔：《马克思和世界文学》，第 551 页。
③ 《马克思恩格斯文集》第 2 卷，北京：人民出版社 2009 年版，第 50—51 页。
④ [美]R. 韦勒克：《现代批评史（1750—1950）》，英文版第 3 卷第 235 页。转引自[英]柏拉威尔：《马克思和世界文学》，第 191 页。
⑤ 《马克思恩格斯全集》第 1 卷，北京：人民出版社 1995 年版，第 191 页。

配,这中间是有一种文艺跟社会间的公转律存在;同时,文艺本身也有自己的一种发展法则,这就是文艺自转律。

大概在一个社会正在发展,走着上升路线的时候,文艺活动也就最为活跃;而且是,虽以文艺活动的姿态出现在社会活动里边,实际上,也就等于是一种社会活动。自然,也跟地球的同时有向心力和离心力一样,在文艺活动里,文艺工作者也因为社会关系的不同,有着彼此甚至相反的倾向,同时都在活跃着。不过,这时候的文艺发展和社会发展却是相应的。在一个社会正在急剧变革的时期,文艺活动往往为社会活动所淹没或者掩蔽,只剩下一些搁浅在沙滩上的离伍人物,才在那里自弹自唱,或是自鸣得意,或是顾影自怜。

至于社会发展一时停滞起来,或是在一种社会形态停滞过久了的那种社会里,文艺自然跟社会有了距离,成为一种游离的状态,文艺只是在一种习惯或是传统的支配下,继续它的存在与活动,于是,自然就陷在一种所谓形式主义的框里边去,也就跟哲学上的唯心论结下了不解之缘。就社会说,这是一种危害;就文艺本身说,难免要由空洞而走入枯竭,成为一种衰落的现象。①

文艺在社会和经济基础的支配下的运动是"公转",而自己的独特(注意是"独特"而非"独立")发展则是"自转";地球可以自转,但离开公转它将不复作为地球存在;而公转当然也不能代替自转。文学艺术亦然,离开了社会和经济发展的基础,它也将不可能作为文学艺术而存在;文学自身的运动也决不能够被其对社会和经济基础的某种依赖关系所遮蔽或替换。同地球的运动类似,文艺的运动也有"向心力"和"离心力",这也同样解释了柏拉威尔指出的马克思的观点:"马克思认为,虽然许多作家是一个占支配地位的阶级的代言人,但是伟大的文学是能够超越某一流行的意识形态之上的。"②不同的作家是如此,对同一个作家来说,这种现象也常常是存在的,他对于当时的主流社会来说可能同时具有"向心力"和"离心力"。譬如歌德,他"在自己的作品中,对当时德国社会的态度是带有两重性的。有时他对它是敌视

---

① 《杨晦文学论集》,北京:北京大学出版社 1985 年版,第 248—249 页。
② [英]柏拉威尔:《马克思和世界文学》,第 542 页。

的;……有时又相反……"①列宁就曾指出托尔斯泰其"作品、观点、学说、学派中的矛盾的确是显著的"②。为什么会出现这种情形？原因就在于文学艺术活动是有其自己的特色、原则和精神追求的。

经典作家论文学艺术和意识形态的关系，上面已有所说明，即文学艺术这种社会意识形式具有意识形态属性，与意识形态相适应，同文学艺术关系密切的文学艺术批评、文学艺术理论和美学等也都属于意识形态范围。但是，文学艺术本身却不能说就是意识形态。文学艺术和意识形态之间可以说也有"公转律"和"自转律"的关系，文学艺术既有绕着意识形态的"公转"，也有"自转"，并且在其运动过程中也同样具有"向心力"和"离心力"。与对经济基础的反作用力相比，文学艺术对意识形态的反作用力是明显的。甚至有的时候在文学艺术的某些形式中，尤其在那些把文学视为宣传手段或单纯功利目的的作品中，其本身就直接实现着意识形态的功能和作用。文学艺术与道德、哲学、宗教等意识形态形式之间的交错影响关系，使文艺不仅具有着对意识形态的某种程度的肯定性，而且具有着某种程度的否定性。

以上是在一般的情形中对文艺在社会结构中的位置的考察，如果历时地看，具体情形可能会有所不同，特别是在不同的经济基础起决定作用的环境中，文学自身的发生、发展具体是怎样的，我们将在其后的相关章节中较为详细地论及。

第二节　艺术与社会生活的关系

马克思主义经典作家论述艺术与社会生活的关系，是理解文艺在社会结构中位置一个相对比较具体、现实的层面。经典作家关于艺术与社会生活关系的观点，既有直接的论述，也有由哲学层面的观念中和具体的文艺批评中推论出来的比较间接的说明。

1. 关于"反映"问题

马克思指出："我的辩证方法，从根本上来说，不仅和黑格尔的辩证方法不同，而且和它截然相反。在黑格尔看来，思维过程，即甚至被他在观念这一名称下转化为独立主体的思维过程，是现实事物的创造主，而现实事物只

---

① 《马克思恩格斯全集》第 4 卷，北京：人民出版社 1958 年版，第 256 页。
② 《列宁全集》第 17 卷，北京：人民出版社 1988 年版，第 182 页。

是思维过程的外部表现。我的看法则相反,观念的东西不外是移入人的头脑并在人的头脑中改造过的物质的东西而已。"[1]作为具有"观念的东西"的特性的文学艺术,当然也是如此。这里的最后一句话,可以看作是对文艺与社会生活之间关系的唯物而辩证的论述,是对这一关系的科学认知。

这里,一方面说文学艺术是"移入人的头脑"的"物质的东西"(社会生活),表明文学艺术并非空穴来风,它根本离不开社会生活。离开社会生活,文学艺术也就成了无本之木、无源之水。因为按照列宁的说法:"我们的感觉,我们的意识只是外部世界的映象;不言而喻,没有被反映者,就不能有反映,但是被反映者是不依赖于反映者而存在的"[2]。经典作家在很多地方强调文艺的真实性,就是对文艺是现实社会生活的反映这一原则的肯定与坚持。另一方面,马克思还说"物质的东西"在移入人的头脑并成为"观念的东西"的过程中,经过了"人的头脑"的"改造"。就是说,艺术家对社会生活的反映从来就不是或不应是机械的、消极的,而是充分体现了人的作为主体特性的能动反映。列宁在《亚里士多德〈形而上学〉一书摘要》中指出:"智慧(人的)对待个别事物,对个别事物的复制(=概念),不是简单的、直接的、照镜子那样死板的行为,而是复杂的、二重化的、曲折的、有可能使幻想脱离生活的行为;不仅如此,它还有可能使抽象概念、观念向幻想(最后=上帝)转变(而且是不知不觉的、人所意识不到的转变)。因为即使在最简单的概括中,在最基本的一般观念(一般'桌子')中,都有一定成分的幻想。"[3]而这正是意识的能动反映的体现,文学艺术对社会生活的反映也是如此。

恩格斯在《家庭、私有制和国家的起源》中论及当时资产阶级天主教国家与新教国家存在两种不同的缔结婚姻的方式时说:"小说就是这两种婚姻方式的最好的镜子:法国的小说是天主教婚姻的镜子;德国的小说是新教婚姻的镜子。"[4]列宁在评论托尔斯泰时也说:"列夫·托尔斯泰是俄国革命的镜子";"托尔斯泰观点中的矛盾,的确是一面反映农民在我国革命中的历史活动所处的矛盾条件的镜子"[5]。托尔斯泰的思想是我国农民起义的弱点和缺陷的一面镜子,是宗法式农村的软弱和"善于经营的农夫"迟钝胆小的反

---

[1] 《马克思恩格斯文集》第5卷,北京:人民出版社2009年版,第22页。
[2] 《列宁全集》第18卷,北京:人民出版社1988年版,第65页。
[3] 《列宁全集》第55卷,北京:人民出版社1990年版,第317页。
[4] 《马克思恩格斯选集》第4卷,北京:人民出版社1995年版,第69页。
[5] 《列宁全集》第17卷,北京:人民出版社1988年版,第181—185页。

映。在这里,显然"镜子"就是指反映来说的,是一个形象的比喻,并非指文学艺术是社会生活的"简单的镜面形象"的反映。列宁就在上面引述的那篇文章的开首说道:"如果我们看到的是一位真正伟大的艺术家,那么他在自己的作品中至少会反映出革命的某些本质的方面。"① 可以看出,列宁正是在这个意义上把托尔斯泰比作"俄国革命的镜子"的。而能够反映出社会生活的"某些本质的方面",显然不是"简单的镜面形象"所能及。"反映"是从哲学意义而非日常意义上来谈的,它除了具有"映"的层面,还具有"思"的层面,它需要对社会生活映象的思考、选择、揭示和挖掘。其实,这也正是"反映"的真正含义之所在,它从来不像人们日常简单理解的,是对现实的直观。

其二,马克思、恩格斯、列宁都是在哲学语境或哲学层面上使用"反映"这个概念的,对它的思考离开哲学语境或偏离哲学层面都必然会导致理解的盲点或误区。黑格尔在《小逻辑》中早就指出:"本质的观点一般地讲来即是反思的观点。反映或反思(Reflexion)这个词本来是用来讲光的,当光直线式地射出,碰在一个镜面上时,又从这镜面上反射回来,便叫做反映。在这个现象里有两方面,第一方面是一个直接的存在,第二方面同一存在是作为一间接性的或设定起来的东西。当我们反映或(像大家通常说的)反思一个对象时,情形亦复如此。因此这里我们所要认识的对象,不是它的直接性,而是它的间接的反映过来的现象。"②

由此可见,"反映"的含义有两个层面:"映"和"思"。"反映"的更为重要的内容是本质性的、超越直接性的东西。我们下面来看对"反映"理论作出杰出贡献的列宁的相关论述:

> 实质上,黑格尔对康德的驳斥是完全正确的……一切科学的(正确的、郑重的、不是荒唐的)抽象,都更深刻、更正确、更完全地反映自然。③

"科学的抽象……反映着自然。"从这里,我们能说"反映"只是直观吗?"反映"对物的世界有着"思"的扬弃与超越。

---

① 《列宁全集》第17卷,北京:人民出版社1988年版,第181页。
② [德]黑格尔:《小逻辑》,北京:商务印书馆1980年版,第242页。
③ 《列宁全集》第55卷,北京:人民出版社1990年版,第142页。

> 逻辑学是关于认识的学说。它是认识论。认识是人对自然界的反映。但是……人不能完全地把握＝反映＝描绘整个自然界……人只能通过创立抽象、概念、规律、科学的世界图画等等永远地接近于这一点。①

"认识是……反映。""认识"有简单认识和复杂认识,"认识是……反映"显示了"反映"的丰富内涵和途径。"把握＝反映"和马克思的精神掌握世界的提法相近,把反映自然界和把握自然界等同起来,表明列宁对思维中的主体性和实践性意义的强调。

> 自然界在人的思想中的反映,要理解为不是"僵死的",不是"抽象的",不是没有运动的,不是没有矛盾的,而是处在运动的永恒过程中,处在矛盾的发生和解决的永恒过程中。②

"反映"是思维的辩证运动过程,是一个不断否定、超越而抵达一个又一个新质的过程。这种运动性、否定性和超越性都是"反映"的基本性质。

> 从客观世界在人的意识(最初是个体的意识)中的反映过程和实践对这个意识(反映)的检验这一角度来看,把生命纳入逻辑的思想是可以理解的——并且是天才的。③

逻辑是认识,也是反映,"生命包括在逻辑中"也就是生命包括在反映中。这里的说明,显示了反映过程除了是一种认识过程,它还是一种生命过程;并且认识过程本身其实也就是生命过程。把生命的因素融入到"反映"范畴,是对"反映"主体性的最高尊重。忘却"反映"是一生命过程,"反映"也就将失去生命。

可以看出,列宁关于"反映"观念的阐释与论述,全面地揭示了哲学语境中"反映"的深层次内涵,并且这一揭示是在辩证法的高度上完成的。基于

---

① 《列宁全集》第55卷,北京:人民出版社1990年版,第153页。
② 《列宁全集》第55卷,北京:人民出版社1990年版,第165页。
③ 《列宁全集》第55卷,北京:人民出版社1990年版,第171页。

这些论述,我们只有从三个方面对"反映"范畴进行把握,才能真正理解其哲学内涵:其一,"反映"既是"映",也是"思",并且主要是"思";其二,"反映"是一个不断地超越与扬弃的思维运动过程;其三,"反映"还是作为主体的人的生命活动、生命过程。

从上述意义来说,学界许多对"反映"的理解也是感性的、肤浅的。特里·伊格尔顿(Terry Eagleton)在《马克思主义与文学批评》一书中,曾对"反映论"进行过严厉的批评,他说"我们可以说,文学与客观对象不是那种反映式的、对称的、一对一的关系。对象变形了,经过折光反映出来,解体了——这种再创造与其说是镜子再现物体,不如说像舞台演出再现剧本内容,或者,我打一个更大胆的比方,好比汽车再现构成汽车的那些材料。演出显然不止是剧本的'反映';相反(尤其是布莱希特的戏剧中),它是从剧本变化为一种独特的成品,即根据舞台演出的要求和条件对剧本进行加工。同样,说汽车'反映了'构成汽车的材料也是荒谬的。材料与成品之间不再是一对一的关系,其中参与了导致变化的劳动。这种类比自然是不确切的,艺术有它的特点,它变材料为成品的时候,揭示了材料,又超出了材料,显然不同于汽车生产。但为了纠正艺术再现现实如同镜子照世界这种说法,打汽车的比方有它部分的道理"①。这里,伊格尔顿的出发点是对那些对"反映"的庸俗化理解的批评,其动机当然是有一定道理的,但他把"反映"理解为日常思维或机械思维中的"对称的、一对一的",却是远离了"反映"的哲学意义层面,由庸俗化走向了简单化、表层化,同样也是肤浅的。

马克思在著作中曾多次使用过"反映"这个概念,他说:"罪犯的巢穴和他们的言谈反映罪犯的性格。"②"18世纪末德国的状况完全反映在康德的'实践理性批判'中。"③"同一个对象在不同的个人身上会获得不同的反映,并使自己的各个不同方面变成同样多的不同的精神性质。"④"我们的生产同样是反映我们本质的镜子。"⑤这些论述虽然不是在谈文学艺术时提及的,但大体上不会影响把这些说法移用到文学艺术上去。因为文学艺术也要对环

---

① [英]特里·伊格尔顿:《马克思主义与文学批评》,北京:人民文学出版社1980年版,第56—57页。
② 《马克思恩格斯全集》第2卷,北京:人民出版社1957年版,第71页。
③ 《马克思恩格斯全集》第3卷,北京:人民出版社1960年版,第211页。
④ 《马克思恩格斯全集》第1卷,北京:人民出版社1995年版,第112页。
⑤ 《马克思恩格斯全集》第42卷,北京:人民出版社1979年版,第37页。

境进行描写,也要有人物的语言,它是意识形式中的一种,有一个主体,并且其创作也可以视为一种生产。其实,正如我们还要谈到的,马克思几乎没有专门为谈文学而谈文学,即便是那些谈到文学的地方,同样需要我们的挖掘与引申。当然,正像列宁在"把文学比作螺丝钉,把生气勃勃的运动比作机器"时所想到的那句德国俗语一样,在把文学艺术对社会生活的反映关系比作日常生活中的"镜子"的时候,也应想到那句俗语,即"任何比喻都是有缺陷的"。[①]"镜子"一词在日常的意义(或日常思维)上所揭示的反映方式与文学艺术对社会生活的多姿多彩的反映方式相比,显然是有距离的。

2. 文艺与生活关系中的"主体"因素

从文艺作为艺术的特殊意义上来看,与社会生活之间主要应是审美关系。它对社会生活的反映方式主要应该是审美的,在这个层面上生成所谓的"象征作用"等。这在经典作家对艺术形式问题的论述上可以更清楚地见出,我们准备在下面专门论述这一问题。当然,在很多时候可以发现,与形式问题相比,他们似乎更强调文学艺术的内容方面,马克思甚至认为拉萨尔在韵文剧本《弗兰茨·冯·济金根》里对韵律安排的"疏忽"是一个"长处"[②]。但这并不意味着他对艺术形式的不重视。马克思只是对于那些知道怎样使用缰绳但是却没有马匹的艺术家,对于那些形式主义和唯美主义,对于那些用华丽的辞藻掩盖陈腐的思想、感情甚至纯粹无知的"美文学"感到厌烦。[③]经典作家在文学艺术与社会生活的审美关系中最基本的观点,还是像车尔尼雪夫斯基说的那样,认为"艺术的审美要素是现实的审美要素的反映"[④],是艺术家对世界的审美掌握过程。这些内容我们将在论"艺术掌握"的第五章进一步展开。

在阐述马克思主义关于文艺与社会生活之间的关系时,还有一个不可或缺的要素,那就是"主体",即人。这一主体既是文学艺术的创作主体,也是社会生活的反映主体。文艺反映社会生活的能动性,包括以审美的方式来反映,都是由于主体的或隐或显的存在。从某种意义上说,文艺作品就是主体对社会生活反映的一种外化或物化,是主体意识这面潜在的"镜子"的

[①] 《列宁全集》第 12 卷,北京:人民出版社 1987 年版,第 93 页。
[②] 《马克思恩格斯选集》第 4 卷,北京:人民出版社 1995 年版,第 553 页。
[③] [英]柏拉威尔:《马克思和世界文学》,第 552 页。
[④] [苏]M·C.卡冈主编《马克思主义美学史》,北京:北京大学出版社 1987 年版,第 29 页。

外化;同时主体还是创作者或生产者,由于经过了主体的创作或生产过程,使文艺作品对现实社会生活的反映变得间接而曲折,因为文学艺术的形象化语言往往具有含蓄、婉曲的特征。有学者指出:"列宁既对艺术受社会制约问题给予应有的论证,同时又毫不缩小作为艺术创作之主体的艺术家个人的意义。他表明,在托尔斯泰的天才著作中,对客观事物的反映之所以有可能,只是由于作家的主观认识。托尔斯泰的创作个性的力量也使他成为'俄国革命的镜子'。""他认为艺术不仅是对现实的认识,而且也是艺术家对待现实的态度的表现,是从一定社会理想的立场对现实的评价。""在托尔斯泰的作品中,对俄国现实的了解跟对它的评价,即作家的思想情绪态度的表现,是有机地结合在一起的。"[①]

经典作家从来没有以文艺自身为中心来考虑过文学艺术问题,即便是在那些为数不多的看来似乎是专门为文学作品所做的评论文章和书信也是如此。马克思、恩格斯在考虑文艺问题时,所思考的是通过对这个问题的分析可以说明更为重要和迫切的其他问题。比如,马克思对欧仁·苏的长篇小说《巴黎的秘密》的评论,其主要目的还是为了揭露、批判施里加和布鲁诺·鲍威尔等"青年黑格尔"分子。诚如保尔·拉法格在谈到马克思时所说的:"书籍是他的思想工具,不是奢侈品。他常常说,'它们是我的奴隶,必须按我的意志为我服务。'"[②]文艺作品也不例外。另一方面,从马克思从事研究的"实际方法"也可以证明这一点。马克思在《资本论》第一卷第二版的"跋"中,引述了他的批评者伊·伊·考夫曼的一段话,认为考夫曼在那段话里对他的"实际方法"描述得非常恰当:

> 马克思把社会运动看作受一定规律支配的自然史过程,这些规律不仅不以人的意志、意识和意图为转移,反而决定人的意志、意识和意图……既然意识要素在文化史上只起着这种从属作用,那么不言而喻,以文化本身为对象的批判,比任何事情更不能以意识的某种形式或某种结果为依据。这就是说,作为这种批判的出发点的不能是观念,而只能是外部的现象。批判将不是把事实和观念比较对照,而是把一种事

[①] [苏]M·C.卡冈主编《马克思主义美学史》,北京:北京大学出版社1987年版,第65页。
[②] 转引自[英]柏拉威尔《马克思和世界文学》,第537页。

实同另一种事实比较对照。①

马克思的方法的基础是彻底唯物主义的,意识要素虽然也有能动作用,但居于从属地位。在更多的时候,他把文学艺术作为一种社会意识形式来看待。

第三节　艺术的社会功能和价值

在马克思主义经典作家那里,艺术的功能与价值问题,是探讨文艺在社会结构中位置以及与社会生活关系问题的一个合理延伸。意识是有能动性的,这种能动性的最重要方面,就表现在文学艺术的社会作用和价值上。

恩格斯在《路德维希·费尔巴哈和德国古典哲学的终结》中这样说道:

> 正像在18世纪的法国一样,在19世纪的德国,哲学革命也作了政治变革的前导。但是这两个哲学革命看起来是多么不同啊!法国人同整个官方科学,同教会,常常也同国家进行公开的斗争;他们的著作在国外,在荷兰或英国印刷,而他们本人则随时都可能进巴士底狱。相反,德国人是一些教授,一些由国家任命的青年的导师,他们的著作是公认的教科书,而全部发展的最终体系,即黑格尔的体系,甚至在某种程度上已经被推崇为普鲁士王国的国家哲学!在这些教授后面,在他们的迂腐晦涩的言词后面,在他们的笨拙枯燥的语句里面竟能隐藏着革命吗?那时被认为是革命代表人物的自由派,不正是最激烈地反对这种使头脑混乱的哲学吗?但是,不论政府或自由派都没有看到的东西,至少有一个人在1833年已经看到了,这个人就是亨利希·海涅。②

恩格斯这里提及海涅,是指他"关于德国哲学革命的言论,这些言论包含在海涅的著作《论德国宗教和哲学的历史》中。这部著作发表于1834年,它是对德国精神生活中所发生的事件进行评论(一部分发表于1833年)的继续。海涅的这些言论贯彻了这样的思想:当时由黑格尔哲学总其成的德

---

① 《马克思恩格斯选集》第2卷,北京:人民出版社1995年版,第110—111页。
② 《马克思恩格斯文集》第4卷,北京:人民出版社2009年版,第267—268页。

国哲学革命,是德国即将到来的民主革命的序幕"①。其实,这里谈到的正是意识对经济基础、对社会的巨大的反作用力——它或是显在的,例如18世纪的法国哲学革命;或是潜在的,像19世纪的德国哲学那样。因为人的意识不仅反映客观世界,而且创造客观世界。

1. 文艺是促成社会变革的力量

优秀的文艺作品,显然体现着一种关于社会或人的美好理想的现实性趋向。它必然会通过对人的启蒙、鼓舞和激发,而变成一种创造客观世界的物质力量。在这里,文学艺术把它的读者当作自己的物质武器,同样地,读者也把文学艺术当作自己的精神武器。恩格斯在为《共产党宣言》意大利文版写的序言中说:

> 意大利是第一个资本主义民族。封建的中世纪的终结和现代资本主义纪元的开端,是以一位大人物为标志的。这位人物就是意大利人但丁,他是中世纪的最后一位诗人,同时又是新时代的最初一位诗人。②

显然,恩格斯在此认为但丁是以其文学创作在当时参与了资本主义新纪元的开创的。在《自然辩证法》中,恩格斯还指出:达·芬奇、阿·丢勒、马基雅弗利等文艺复兴时期的文学艺术家是"给资产阶级的现代统治打下基础的人物"③。在《大陆上的运动》一文中,他通过实例揭示了文学艺术对于社会的巨大影响。

文艺作品影响一代人并进而影响一个时代和社会的例子是不胜枚举的。美国当代文论家乔纳森·卡勒说:"从历史的角度看,文学作品就享有促成变革的名誉,比如哈丽特·比彻·斯托的《汤姆叔叔的小屋》,在那个时代就是一本畅销书,它促成了一场反对奴隶制的革命,这场革命又引发了美国的内战。"④这种看法可以看作是对马克思主义经典作家在这方面论述的一个佐证。

那么,是什么原因和力量使优秀文学作品对社会现实具有如此巨大的

---

① 《马克思恩格斯选集》第4卷,北京:人民出版社1995年版,第776页注释第165条。
② 《马克思恩格斯文集》第2卷,北京:人民出版社2009年版,第26页。
③ 《马克思恩格斯文集》第9卷,北京:人民出版社2009年版,第409页。
④ [美]乔纳森·卡勒:《文学理论》,辽宁教育出版社、牛津大学出版社1998年版,第42页。

作用力呢？保尔·拉法格在一篇回忆文章中写道："马克思认为巴尔扎克不仅是当代的社会生活的历史家,而且是一个创造者,他预先创造了许多在路易·菲力浦王朝时还不过处于萌芽状态,而直到拿破仑第三时代即巴尔扎克死了以后才发展成熟的典型人物。"①这表明文学艺术作品之所以有力量,是由于它具有预言性、预先创造性。艺术家通过自己对社会生活的深刻洞察和极为敏锐的感受,能够正确地预见出未来可能出现的象征和预示社会发展趋向的艺术形象。可以肯定地说,那些对社会生活具有强烈推动力和变革力的艺术作品,其预见性都是极为强烈的。列宁在谈及车尔尼雪夫斯基的长篇小说《怎么办?》对自己的影响时说："这才是真正的文学,这种文学能教导人,引导人,鼓舞人。我在一个夏天里把'怎么办?'读了五遍,每一次都在这个作品里发现一些新的令人激动的思想。"②正是因为有了预先创造,才可能从根本上使文学产生教导人、引导人、鼓舞人的功能。

马克思主义经典作家认为,文艺作品的这种预言性或者说预先创造性比较集中地体现在文艺的倾向性上。我们知道："马克思主义宣布的客观性并不意味着对社会现象采取不偏不倚的态度。……伟大的艺术家并不描写静物静态,而总是探索过程的方向和速度,所以作为艺术家他必须去理解这过程的性质;而正是在进行这样一种认识过程中就已经包含着某种立场了。""没有一个伟大的艺术家在描写现实的同时不流露他自己的看法、渴望和追求。"③显然,文学艺术的倾向性,就是指渗透于文艺作品中的文艺家在创作过程中所流露的理性或感性的立场、看法、渴望与追求。它一般体现为一种人文理想和社会理想,体现为一种朝向或达致"人和自然界之间、人和人之间的矛盾的真正解决"与"存在和本质、对象化和自我确证、自由和必然、个体和类之间的斗争的真正解决"的进程或趋势。马克思主义经典作家对文学艺术的倾向性是高度重视的,恩格斯在《共产主义在德国的迅速进展》一文中,就高度评价了诗人亨利希·海涅的具有社会主义倾向的诗作,认为他的著名的《西里西亚织工之歌》的"德文原文"是他"所知道的最有力的诗歌之一"④。在1885年11月26日致敏·考茨基的信中,恩格斯写道：

---

① 中央编译局编译：《摩尔和将军——回忆马克思恩格斯》,北京：人民出版社1982年版,第94页。
② 《列宁论文学与艺术》(二),北京：人民文学出版社1960年版,第897页。
③ [匈]卢卡契：《卢卡契文学论文集》第1卷,北京：人民文学出版社1986版,第294页。
④ 《马克思恩格斯全集》第2卷,北京：人民出版社1957年版,第592页。

悲剧之父埃斯库罗斯和喜剧之父阿里斯托芬都是有强烈倾向的诗人,但丁和塞万提斯也不逊色;而席勒的《阴谋与爱情》的主要价值就在于它是德国第一部有政治倾向的戏剧。现代的那些写出优秀小说的俄国人和挪威人全是有倾向的作家。①

从这些由衷的赞赏中,可以看出恩格斯对文学艺术倾向性的肯定的态度。

正如上面提及的,文学艺术对社会生活的影响,主要表现在它们所具有的预言性、倾向性上面。马克思、恩格斯对文学艺术的预言性和倾向性的赞赏,也主要在于这两者所能起到的特殊的宣传启蒙的效果,从而使文学艺术通过作用于社会生活的主体而作用于社会生活,并最终成为改变世界的物质力量。恩格斯曾称赞德国画家许布纳尔的一幅油画作品:"它画的是一群向厂主交亚麻布的西里西亚织工","这幅画在德国好几个城市里展览过","给不少人灌输了社会主义思想","从宣传社会主义这个角度来看,这幅画所起的作用要比一百本小册子大得多"②。这里的一个问题是,为什么文学艺术的宣传启蒙效果比"一百本小册子大得多呢"? 这表明了文学艺术的社会价值的特殊性,即它在认识价值基础上的高度的审美价值。

2. 具有强烈的精神感染力

文艺的审美价值对人的效果就是艺术感染力,这种感染力就是马克思在致斐·拉萨尔的信中所说的能给人以"强烈的感动",就是恩格斯致斐·拉萨尔信中所说的"能够引起"读者的强烈的"兴趣"。恩格斯在谈到许布纳尔的一幅画时说:

> 画面异常有力地把冷酷的富有和绝望的贫困作了鲜明的对比。厂主胖得像一只猪,红铜色的脸上露出一幅冷酷相,他轻蔑地把一个妇人的一块麻布抛在一边,那妇人眼看出售无望,便昏倒了;她旁边围着两个小孩,一个老头吃力地扶着她;管事的在检验另外一块麻布,这块布的主人正在焦灼地等候检验的结果;一个青年正在把自己的劳动换来的可怜的收入给失望的母亲看;在石头的长凳上坐着一个老头、一个姑

---

① 《马克思恩格斯文集》第4卷,北京:人民出版社2009年版,第545页。
② 《马克思恩格斯全集》第2卷,北京:人民出版社1957年版,第589—590页。

娘和一个男孩,他们在等着轮到自己;两个男人,一个人背着一块没有验上的麻布,正从房子里出来,其中一个怒气冲冲地摇晃着拳头,另一个把手搁在他的同伴的肩上,指着天,好像在说:别生气,自有老天爷来惩罚他。所有这些情景都出现在一间冷冷清清的、像是没有人住的外厅中,外厅的地面是石头铺的,只有厂主一个人是站在一块小毡垫上。在画面的远处,在柜台后面展现出来的是一个陈设极其讲究的账房,华丽的窗帘,明亮的镜子;几个办事员正在那里写什么,丝毫没有注意他们背后所发生的事情;老板的儿子,一个年轻的花花公子斜倚着柜台,手里拿着马鞭,嘴里叼着雪茄,冷眉冷眼地瞧着这些不幸的织工。①

通过恩格斯对这幅画面的生动描述,我们可以感觉到,这幅画之所以比一百本小册子力量大,就在于它通过作用于人们的感官而给予人们的"强烈的感动",而这正是文学艺术的审美价值之所在。当然,这里支撑起审美性或审美价值的内在质素,是文学艺术的真实性或由此衍生的认识价值,以及文学艺术由于表达人文社会理想和追求自由特性而使自身所具有的对束缚和奴役的否定性或由此衍生的批判功能。

恩格斯关于文艺的审美价值的论述,还表现在他早年谈论《德国民间故事书》一书时说过的一段话:

> 民间故事书的使命是使农民在繁重的劳动之余,傍晚疲惫地回到家里时消遣解闷,振奋精神,得到慰藉,使他忘却劳累,把他那块贫瘠的田地变成芳香馥郁的花园;它的使命是把工匠的作坊和可怜的徒工的简陋阁楼变幻成诗的世界和金碧辉煌的宫殿,把他那身体粗壮的情人变成体态优美的公主。但是民间故事书还有一个使命,这就是同《圣经》一样使农民有明确的道德感,使他意识到自己的力量、自己的权利和自己的自由,激发他的勇气并唤起他对祖国的热爱。②

显然,透过民间故事书的这两种使命,恩格斯要传达的是文艺审美性或审美价值的两个层面:其一是感性的、实用性的、和日常生活融在一起的层

---

① 《马克思恩格斯全集》第2卷,北京:人民出版社1957年版,第589—590页。
② 《马克思恩格斯全集》第41卷,北京:人民出版社1982年版,第14页。

面,其二是理性的、超越性的、与日常生活相分离的层面。第一个层面常常被人们称为娱乐价值(因为艺术生产是"生产娱乐的劳动"①),第二个层面则被叫作教育价值。我们不应该把文学艺术的认识、审美、教育、娱乐等价值并置在一个层面上。实际的情况是,以社会认识价值和社会批判价值为核心,与教育、宣传、娱乐、宣泄等其他价值或价值层面一起共同结构着文艺的审美价值。正因为如此,或者说正是在这个意义上,我们说文艺的认识、教育等价值都是以审美的方式来实现的。审美价值是一种综合价值。

"价值"概念本身表示的是一种关系。马克思说:"'价值'这个普遍的概念是从人们对待满足他们需要的外界物的关系中产生的。"②他曾经追溯过"价值"一词在本源上的含义是"使用价值",指出:"的确,它们最初无非是表示物对人的使用价值,表示物对人的有用或使人愉快等等的属性……使用价值表示物和人之间的自然关系,实际上是表示物为人而存在。"③文学艺术的审美价值也是如此。正因为它为人而存在,所以人也就成了它实现对社会的作用的必要的中介。另一方面,作为关系的价值,其得以存在的基础还是在于物的属性。马克思说:"使用价值对人来说是财富,但是一物之所以是使用价值,因而对人来说是财富的要素,正是由于它**本身的属性**。如果去掉使葡萄成为葡萄的那些属性,那么它作为葡萄对人的使用价值就消灭了;它就不再(作为葡萄)是财富的要素了。"④"珍珠或金刚石所以有价值,是因为它们是珍珠或金刚石,也就是由于它们的属性,由于对人有使用价值——也就是由于它们是财富。"⑤

3. 文艺作品的价值基础

对于文艺而言,其价值基础必然是文艺"本身的属性"。离开文艺"本身的属性"的作品,就不再是文艺作品,其作为文艺的价值自然也就不会生成和实现。可以说,"像从鲍姆加登起的德国美学家一样,马克思把艺术看作是意识的一种感官上的形式,不同于抽象的思维——最使他感到好笑的,莫过于听到像卢格那样的批评家推崇他们所喜爱的作家时说,因为他们的作品产生了一

---

① 《马克思恩格斯全集》第 26 卷第 1 册,北京:人民出版社 1972 年版,第 209 页。
② 《马克思恩格斯全集》第 19 卷,北京:人民出版社 1963 年版,第 406 页。
③ 《马克思恩格斯全集》第 26 卷第 3 册,北京:人民出版社 1974 年版,第 326 页。
④ 《马克思恩格斯全集》第 26 卷第 3 册,北京:人民出版社 1974 年版,第 138—139 页。
⑤ 《马克思恩格斯全集》第 26 卷第 3 册,北京:人民出版社 1974 年版,第 176 页。

种充分成形的、明白的哲学体系"①。马克思"不赞成这样的主张,即文学作品的价值与它所包含的抽象思想或成套说教成正比例"②。这表明马克思对艺术之为艺术的属性是重视的。马克思指出斐·拉萨尔的"最大缺点就是席勒式地把个人变成时代精神的单纯的传声筒"③。恩格斯也说,"我们不应该为了观念的东西而忘掉现实主义的东西,为了席勒而忘掉莎士比亚"④。恩格斯在批评敏·考茨基小说《旧与新》的人物描写时说:"爱莎尽管已经被理想化了,但还保有一定的个性描写,而在阿尔诺德身上,个性就更多地消融到原则里去了。"⑤他们之所以对文学作品中的"席勒式"、个性"消融到原则里去"的现象持批评态度,就是因为这些现象会导致文学离开自己"本身的属性"的危险,从而取消文学对人和社会的积极独特的价值。

在商品时代或资本社会里,以马克思的意见,文学艺术作为"非物质生产"的价值特点,表现为二重性。"当这种生产纯粹为交换而进行,因而纯粹生产商品的时候",就会出现两种情况:

> (1)生产的结果是商品,是使用价值,它们具有离开生产者和消费者而独立的形式,因而能在生产和消费之间的一段时间内存在,并能在这段时间内作为可以出卖的商品而流通,如书、画以及一切脱离艺术家的艺术活动而单独存在的艺术品。……(2)产品同生产行为不能脱离,如一切表演艺术家、演说家、演员、教员、医生、牧师等等的情况。……在这里,演员对观众说来,是艺术家,但是对自己的企业主来说,是生产工人。⑥

由此,显然可以推论出,文艺在商品时代是不可能逃脱其作为一种一般商品形态的命运的,这就势必影响到它们的价值体现。"它们所以是商品,只因为它们是二重物,既是使用物品又是价值承担者"⑦,即既具有使用价

---

① [英]柏拉威尔:《马克思和世界文学》,第553页。
② [英]柏拉威尔:《马克思和世界文学》,第554—555页。
③ 《马克思恩格斯文集》第10卷,北京:人民出版社2009年版,第171页。
④ 《马克思恩格斯文集》第10卷,北京:人民出版社2009年版,第176页。
⑤ 《马克思恩格斯文集》第10卷,北京:人民出版社2009年版,第545页。
⑥ 《马克思恩格斯全集》第26卷第1册,北京:人民出版社1972年版,第442—443页。
⑦ 《马克思恩格斯文集》第5卷,北京:人民出版社2009年版,第61页。

值,又有交换价值,马克思称这为"商品取得了二重存在"①。关于使用价值和交换价值的关系,马克思指出:"商品在一个规定上被否定,总是在另一个规定上得到实现。商品作为价格,已经在观念上作为使用价值被否定,并作为交换价值被肯定;商品作为已实现的货币,即作为被扬弃的购买手段,是被否定的交换价值,是已实现的使用价值。"②"交换价值只有同它本身的对立物使用价值相对立,才能作为交换价值而独立化;交换价值只有在这种关系中才能作为交换价值而独立化;才能作为交换价值被确定下来和发挥职能。"③因此,文学艺术的交换价值的确立,也就是对其使用价值的否定立场的确立,对文学艺术自身价值的实现必然有所伤害或阻碍。使用价值的起源是劳动的质,劳动的具体的确定的本质;交换价值的起源是劳动的量,即劳动的一般的抽象的性质。在商品经济社会,交换价值彻底完成了对使用价值的支配,从而进入了量对质的支配的时代。文学艺术作为商品的价值,在那个时代当然也遭遇同样的命运。

在这种境况中,文学艺术作为艺术的质显然被遮蔽了,量的价值掩埋或削弱了质的价值。商品经济时代很多文艺家为生活、为金钱而写作,把写作当作谋生手段的现象就是一个明证。那些为"私利贪欲"、为"名誉地位"的写作,那些"为饱食终日的贵妇人服务""为百无聊赖、胖得发愁的'一万个上层分子'服务"④的写作,则是另一个明证。这种作品明显地会打上资本豢养的烙印。当然,还有那些专事"迎合"的艺术,在《德意志意识形态》中,马克思、恩格斯就曾以讽刺的笔调批评那些"适合小市民和村民口胃的、'笨拙的'美文学家"⑤。鲁迅在谈文艺的大众化时也说过:"若文艺设法俯就,就很容易流为迎合大众,媚悦大众。迎合和媚悦,是不会于大众有益的"⑥。这类作家站在迎合立场上创作出来的迎合性作品,也会使文艺失去固有的质。而他们的作品的价值也就体现或局限于此——对个人的片面的、消极的需要的满足和发展。这也就是人们常说的某些文艺作品的负面价值。产生这样价值的文艺是不自由的文艺。马克思指出:"为了维护甚至仅仅是为了理

---

① 《马克思恩格斯全集》第46卷上册,北京:人民出版社1979年版,第85页。
② 《马克思恩格斯全集》第46卷下册,北京:人民出版社1980年版,第487-488页。
③ 《马克思恩格斯全集》第46卷下册,北京:人民出版社1980年版,第510页。
④ 《列宁全集》第12卷,北京:人民出版社1987年版,第97页。
⑤ 《马克思恩格斯全集》第3卷,北京:人民出版社1960年版,第343页。
⑥ 《鲁迅全集》第7卷,北京:人民文学出版社2005年版,第367页。

解某个领域的自由,我也必须从这一领域的主要特征出发,而不应当从它的外部关系出发。难道被贬低到行业水平的新闻出版能忠于自己的特征,按照自己的高贵天性去活动吗?难道这样的新闻出版是自由的吗?"[1]文学艺术要忠于自己的特征、符合自己的高贵天性,就必须拥有自由,就必须是自由的文学艺术,只有做到这一点,它的质的价值才能真正实现。

然而,不管量的价值对人和社会的占领到了多么广泛和深入的程度,在马克思主义经典作家看来,真正的文学艺术家还是会坚守艺术的质的价值的。这是人的自由本质发展的必然要求。当然,这是以社会的进一步发展,以对私有制和商品经济的彻底扬弃,以需要和享受失去自己的利己主义性质作为前提的。

复习思考题:

1. 艺术在社会结构中的位置是怎样的?
2. 如何理解经典作家的"意识形态"概念?
3. 为什么说文学艺术不是经典作家所说的"更高地悬浮在空中的意识形态"?
4. 谈谈你对文艺与意识形态关系的理解。
5. 试述文艺与经济基础之间的动态关系。
6. 你对文艺理论中的"反映"概念是怎样理解的?
7. 谈谈你对艺术的"自转律"和"公转律"的看法。
8. 经典作家主要是从哪些方面谈论艺术的社会作用与价值的?
9. 艺术作品的价值基础是什么?

---

[1] 《马克思恩格斯全集》第1卷,北京:人民出版社1995年版,第192页。

第二章　文艺活动是一种精神生产

马克思、恩格斯把人的一切活动都归入"物质生产""精神生产"和"人对人自身的生产"这三大类。艺术活动——艺术生产是人的"精神生产"的一部分。"艺术生产"是马克思主义文艺学说中特有的概念,"艺术生产"理论,是马克思主义文艺思想体系中特有的理论。它不仅体现了马克思主义经典作家从唯物史观和剩余价值学说出发考察艺术问题的重大变革,同时也形成了马克思主义文艺思想别具一格的特色。

第一节　"艺术生产"的一般性和特殊性

1."艺术生产"理论的提出

马克思的"艺术生产"概念,不是一个多义性、含混性的日常用语,而是有严格规定的科学语言。这个文艺学新名词,今天看来似乎有些司空见惯,但它的产生和发展,它的真实含义和基本内容,在文艺理论发展史上具有革命的意义。

"艺术生产"概念的提出,有一个不断演化的过程。马克思最早明确提出"艺术生产"这个概念,是在1857年8月底写的《〈政治经济学批判〉导言》中。但这个概念的萌芽,它的基本思想,早在马克思世界观从唯心主义向唯物主义转变的初期就出现了。马克思在《1844年经济学哲学手稿》里讲,由于人的需要的丰富性,从而生产的某种新的方式和生产的某种新的对象就会产生,并指出:"全部人的活动迄今为止都是劳动","宗教、家庭、国家、法、道德、科学、艺术等等,都不过是生产的一些特殊的方式,并且受生产的普遍规律的支配"①。这里讲的艺术是生产的特殊方式,指的是艺术是在物质生产发展的一定条件下产生出来的;"受生产的普遍规律的支配",则是进一步指明艺术活动受物质生产力发展的影响、制约和决定。这时马克思还没有建立经济基础和上层建筑关系的理论模式,还没有完成对人类历史发展规律的考察,他只是用"生产的特殊方式"的提法,来表示上层建筑范畴的东西与物质生产之间的辩证关系。

19世纪40年代中期,马克思的《关于费尔巴哈的提纲》和《德意志意识形态》(与恩格斯合著),完成了对唯心主义和旧唯物史观的清算,提出了"支配着物质生产资料的阶级,同时也支配着精神生产的资料"②的思想,指出了"全部社会生活在本质上是实践的"③思想。《德意志意识形态》在讲到一般意识形态时,专有《关于意识的生产》一节,把精神活动称作"生产",其中说:

> 思想、观念、意识的生产最初是直接与人们的物质活动,与人们的物质交往,与现实生活的语言交织在一起的。人们的想像、思维、精神交往在这里还是人们物质行动的直接产物。表现在某一民族的政治、法律、道德、宗教、形而上学等的语言中的精神生产也是这样。人们是自己的观念、思想等等的生产者……④

这里,马克思主义创始人不但强调了意识形态与物质活动的相关性,而且把前者作为一种生产来肯定,明确提出了"意识的生产""精神生产"的概念,虽然没有明确提"艺术生产",但"语言中的精神生产"之说,实际包含艺术生产的思想。在同一部书里,他们在讲到社会分工时,明确地把艺术创作称为"艺术劳动"。1845年前后,是马克思向唯物主义世界观过渡的完成时期。这时马克思已经建立了经济基础与上层建筑的学说。他非但没有抛弃艺术"生产"的观念,反而在唯物史观的基础上给以新的确立。在《共产党宣言》中,马克思、恩格斯又提到精神生产,说"精神生产随着物质生产的改造而改造"。⑤

---

① 《马克思恩格斯文集》第1卷,北京:人民出版社2009年版,第193页、第186页。
② 《马克思恩格斯全集》第3卷,北京:人民出版社1960年版,第52页。
③ 《马克思恩格斯选集》第1卷,北京:人民出版社1995年版,第56页。
④ 《马克思恩格斯选集》第1卷,北京:人民出版社1995年版,第72页。
⑤ 《马克思恩格斯选集》第1卷,北京:人民出版社1995年版,第292页。

19世纪40年代末,马克思潜心于研究政治经济学,特别是考察资本主义社会的运行规律。正是在这个过程中,人类艺术活动的规律得到了高屋建瓴的揭示,"艺术生产"的概念也在这一背景下正式提了出来。1859年《政治经济学批判》的问世,标志着马克思政治经济学理论发展的重要阶段。在它的《序言》中,马克思对运用到人类社会和人类社会史的唯物主义基本原理作了周密的说明,并对历史唯物主义的实质下了准确的定义,指出"物质生活的生产方式制约着整个社会生活、政治生活和精神生活的过程"①,艺术是一种"社会意识形式"。在《导言》中,马克思全面阐述了"社会意识形式""意识形态的形式"同生产关系、交往关系的关系,并在谈到两种生产的不平衡现象时,首次提出"艺术生产"的概念:

> 就某些艺术形式,例如史诗来说,甚至谁都承认:当艺术生产一旦作为艺术生产出现,它们就再不能以那种在世界史上划时代的、古典的形式创造出来……②

此外,在《政治经济学批判大纲》中,也有多处从生产角度来说明艺术问题。诚然,马克思的文艺和美学思想的发展并不总是同他的政治经济学思想的发展同步的,但在马克思经济学思想完全成熟的情况下,"艺术生产"概念的提出,无疑表明他的艺术和美学思想也已经成熟。

在《导言》中,"艺术生产"概念还只是在论述整个精神生产时举例提到的。到了《资本论》中,使用"艺术生产"的概念、论述"艺术生产"的内容就更多了。"艺术生产"已经成为研究生产规律必须探讨和阐发的问题之一。马克思研究了人类一般劳动过程的特点,研究了艺术生产中生产劳动与非生产劳动的区别,研究了商品制度下艺术生产者的状况和艺术生产本身的状况,研究了资本主义生产关系与真正的艺术生产的对立。特别是在《剩余价值理论》中,有关艺术生产问题的探讨更加具体。《剩余价值理论》"附录"有一节的标题就是"关于一切职业都具有生产性的辩护论见解"。总之,"艺术生产"的概念在《资本论》和《剩余价值理论》中有了更丰富的内容,更明确的含义,更系统的构成,更透彻的界说。

---

① 《马克思恩格斯选集》第2卷,北京:人民出版社1995年版,第32页。
② 《马克思恩格斯文集》第8卷,北京:人民出版1995年版,第34页。

这个简单的回顾说明,"艺术生产"概念是与马克思的整个理论体系紧紧联系在一起的。既然经济是人类社会一切活动的最终的决定因素,那么,艺术受物质生产普遍规律的制约则是不可避免的。"艺术生产"的概念及其理论,恰是马克思主义创始人在文艺学和美学上的一个发现,是经典作家文艺学、美学旗帜上的重要标志。把"艺术"与"生产"两个概念联系起来,从"生产"这种社会存在出发,将艺术生产与物质生产相比较作为考察艺术和美的方法,是超越前人的理论创举。

马克思、恩格斯以前的德国古典思想家和文论家,在探讨艺术问题时,都是从两个途径入手:或者从客体的、直观的形式去理解,把艺术机械地看成是事物、现实、生活、感性的简单摹拟、反射和复写;或者从主观、心灵和情感方面去理解,把艺术单纯地归结为自我舒展、情绪释放、人性表现等等。

马克思、恩格斯就根本不同了。他们既排斥了康德、黑格尔的思辨性、抽象性,又杜绝了费尔巴哈的机械性、直观性;既汲取旧唯物主义文论中的反映论思想,又批判继承了主、客观唯心主义文论中的能动论、实践论营养。经典作家从人的社会本质出发,把艺术当作人的一种特殊的生产实践来把握,对艺术问题不仅从客体的、直观的外在形式方面去理解,而且也"从主观方面去理解",在实践的基础上,把人的主观活动与客观存在高度统一起来。撇开他们对古典经济学中的艺术理论批判不谈,仅就"艺术生产"概念产生这一点,也可以说是对德国古典文艺思想批判改造的必然结果,是文艺思想的巨大革新。

2. 一般劳动过程的特点

在《德意志意识形态》中,马克思认为,"思想、观念、意识的生产"以及"语言中的精神生产","最初是直接与人们的物质活动,与人们物质交往,与现实生活的语言交织在一起的"①。在《〈政治经济学批判〉序言》中,他更明确地指出,"物质生活的生产方式"制约着"精神生活的过程"。而且,马克思、恩格斯并没有直接把文学艺术称为"意识形态"或"特殊的意识形态",而是把它说成是一种"社会意识形式"或"意识形态的形式"(请注意"形式"两个字,着重号为引者所加)。既然是一种"形式",它就必然有一个表达的过程、物化的过程,亦即它要体现为一种"生产",要在生产过程中实现塑形。由此可以看出,作为一种"社会意识形式""意识形态的形式",艺术与物质生

---

① 《马克思恩格斯选集》第 1 卷,北京:人民出版社 1995 年版,第 72 页。

产密切相关。甚或可以说,马克思正是在研究政治经济学,研究物质生产中,附带地形成了"艺术生产"的概念的。因此,要研究艺术生产就必须了解支配它的"生产的普遍规律"。只有考察人类的生产过程这个基础性、本源性的人类实践活动,才能寻找到一般劳动过程的特点,找到艺术生产的最一般的规定性。那么,生产的普遍规律是什么?它有什么特点?它又是怎样支配艺术生产的呢?

马克思、恩格斯从来就认为,人的劳动创造对象就是劳动的对象化,一切经过人创造的对象都渗透着人的劳动的性质,体现着主体的本质。马克思强调人通过劳动实践创造对象,并在劳动过程中把自己的理想、意志、愿望、目的、激情、热情、才能、心智等人的内在的属于本质力量的东西外化到客体中去。这一过程,对客体而言称之为"对象的人化"或"自然的人化";对主体而言,就是"人的对象化"。而人可以"在他创造的世界中直观自身",从而能确证自己本质力量的存在。主体与对象在劳动实践中相互转化,实现互证与同一,这是生产实践中主体与客体、人与环境的一种基本关系。马克思说:

> 在实践上,人的普遍性正是表现为这样的普遍性,它把整个自然界——首先作为人的直接的生活资料,其次作为人的生命活动的对象(材料)和工具——变成人的无机的身体。[①]

那么,人作为人的本质是什么呢?人的生产实践活动的本质特征是什么呢?马克思发现了人类历史发展过程的一个简单的事实:"人们首先必须吃、喝、住、穿,然后才能从事政治、科学、艺术、宗教等等;所以,直接的物质的生活资料的生产,从而一个民族或一个时代的一定的经济发展阶段,便构成基础。"[②]就是说,维持人自身肉体需要的物质生产是基础,因而,劳动这种生命活动,这种生产生活本身对人说来不过是满足他的需要即维持肉体生存的需要的手段。

既然生产活动就是人类所具有的本质性活动,那么人的生产活动与动物生命活动有何不同?首先,"动物和自己的生命活动是直接同一的。动物

[①] 《马克思恩格斯文集》第1卷,北京:人民出版社2009年版,第161页。
[②] 《马克思恩格斯选集》第3卷,北京:人民出版社1995年版,第776页。

不把自己同自己的生命活动区别开来。它就是自己的生命活动。人则使自己的生命活动本身变成自己意志的和自己意识的对象。他具有有意识的生命活动。""有意识的生命活动把人同动物的生命活动直接区别开来。"①

马克思在考察人类劳动过程的特征时,曾多次强调:人的"劳动过程结束时得到的结果,在这个过程开始时就已经在劳动者的表象中存在着,即已经观念地存在着"②。这个特征并不只是表现在一些劳动的零散动作上,而是贯穿整个劳动过程始终。就是说,人作为类存在物,是自觉的、有意识的、有着明确的观念和目的的,而且"这个目的是他所知道的,是作为规律决定着他的活动的方式和方法的,他必须使他的意志服从这个目的"③。恩格斯也指出:人离开动物愈远,他们对自然界的作用就愈带有思考的、有计划的、向着一定的和事先知道的目标前进的特征。④ 马克思在论述生产与消费的关系时还说:

> 生产在外部提供消费的对象是显而易见的,那么,同样显而易见的是,消费在观念上提出生产的对象,把它作为内心的图像、作为需要、作为动力和目的提出来。消费创造出还是在主观形式上的生产对象。没有需要,就没有生产。而消费则把需要再生产出来。⑤

马克思举例说,如果我们要考察的是专属于人的劳动,那么就会发现,"最蹩脚的建筑师从一开始就比最灵巧的蜜蜂高明的地方,是他在用蜂蜡建筑蜂房以前,已经在自己的头脑中把它建成了"⑥。这里可以见出,人类把自我与自己的活动区别开来,通过实践创造对象世界,即改造无机界,证明自己是有意识的类存在物。

也正是由于人类能将自己与外在世界及自己的实践活动区分开来,所以,他的活动才是自由的活动,他的生产才是全面的,才可能不受肉体需要的支配进行真正的生产,才会再生产整个自然界,才懂得按照任何一个物种

---

① 《马克思恩格斯文集》第1卷,北京:人民出版社2009年版,第162页。
② 《马克思恩格斯文集》第5卷,北京:人民出版社2009年版,第208页。
③ 《马克思恩格斯文集》第5卷北京:人民出版社2009年版,第208页。
④ 《马克思恩格斯选集》第4卷,北京:人民出版社1995年版,第382页。
⑤ 《马克思恩格斯文集》第8卷,北京:人民出版社2009年版,第15页。
⑥ 《马克思恩格斯文集》第5卷,北京:人民出版社2009年版,第208页。

的尺度和内在的尺度进行生产,才能按照美的规律来构造。

众所周知,动物的生产是狭隘的、无意识的、受制于本能的,因而是不自觉、不自由的。而人却由于有意识,能够掌握规律,能达到对对象世界有目的的改造,所以,人的生产是自由、自觉的活动,是"人的能动的类生活"。马克思说:

> 一个种的整体特性、种的类特性就在于生命活动的性质,而自由的有意识的活动恰恰就是人的类特性。①

这里,我们考察了经典作家将人作为类存在物,或者说人把类看作自己的本质时所具有的特征,就在于说明其生产的自由自觉性。正是通过这种生产,自然界才表现为他的作品和他的现实。因此,劳动的对象是人的类生活的对象化,人不仅像在意识中那样理智地复现自己,而且能动地、现实地复现自己,从而在他所创造的世界中直观自身。人在这种自由自觉的生产劳动中,把自己对环境的改造通过物化劳动体现出来,在这当中确证自己的思维、感情、能力等本质力量,证明自己是类存在物,获得自己的类本质。可见,人的本质不是静止的、先天存在的,而是存在于自由、自觉的实践活动中,通过生产实践改造对象世界,并能自由地对待自己的劳动成果,这时的人才是类的存在物,才获得自己的类本质。

人的生产实践从来都不是单个人孤立的活动,人们在生产过程中结成各种各样的关系,人类的生产永远都是社会性的。那么,在适合人类本性的理想生产方式中,人类的社会生产是怎样的呢?一般劳动过程中人与人之间的关系又是怎样的呢?

马克思曾做过这样的描写:

> 假定我们作为人进行生产。在这种情况下,我们每个人在自己的生产过程中就双重地肯定了自己和另一个人:(1)我在我的生产中物化了我的个性和我的个性的特点,因此我既在活动时享受了个人的生命表现,又在对产品的直观中由于认识到我的个性是物质的、可以直观地感知的因而是毫无疑问的权力而感受到个人的乐趣。(2)在你享受或

---

① 《马克思恩格斯文集》第1卷,北京:人民出版社2009年版,第162页。

使用我的产品时,我直接享受到的是:既意识到我的劳动满足了人的需要,从而物化了人的本质,又创造了与另一个人的本质的需要相符合的物品。(3)对你来说,我是你与类之间的中介人,你自己意识到或感觉到我是你自己本质的补充,是你自己不可分割的一部分,从而我认识到我自己被你的思想和你的爱所证实。(4)在我个人的生命表现中,我直接创造了你的生命表现,因而在我个人的活动中,我直接证实和实现了我的真正的本质,即我的人的本质,我的社会的本质。

我们的生产同样是反映我们本质的镜子。①

这里,马克思详细分析了人的本质或者确切说人作为社会人的本质是如何产生的,在理想状态中又是怎样的。

人不是与世隔绝的孤立的个体,人的生产也不只是单个人的事情,它必然关涉其他人。一方面,"我"的生产物化了"我"作为自由的人的本质,满足了"我"作为人的需要;另方面,这种产品又可以满足他人作为人的本质的需要。因为作为类存在物,人的本质就与其类本质有关。作为生产者,由于"我"物化了人的类本质,"你"也就可以通过"我"的生产和产品寻找到自己和人的本质,"我"从而成为沟通"你"与类之间的中介人;而且,"我"也通过自己的媒介作用看到自己成为"你"的一部分,因为"我"的存在可以为"你"寻找并确证"你"自己作为类的存在,"我"成为"你"的本质的补充。因此,"我"在自由地进行生命表现的过程中也使"你"的生命得以表现。通过"我"个人的自由实践活动,"我"形成了"我"与别人之间的各种关系,"我"也就证实和实现了"我"的双重属性,即作为类存在物的人的本质和作为社会存在物的社会的本质。

由此可见,从人的最根本的实践活动出发,马克思主义创始人既考察了人同自然界的关系,又考察了人的社会关系,把人作为类的存在物和作为社会存在物统一起来,不仅揭示了人的初级本质——人与动物的根本区别——生产性,又进一步揭示了人的深层本质——在其现实性上,人是一切社会关系的总和。

3. "艺术生产"的过程

经典作家在考察人类一般劳动的同时,还看到了艺术生产的特殊性和

---

① 《马克思恩格斯全集》第42卷,北京:人民出版社1979年版,第37页。

具体特征。艺术生产受生产的普遍规律支配,体现了一般实践活动的特点,即由实践主体通过劳动把自己的个性等本质物化到对象上去,改造一定的物质材料而创造一个新的存在物,因此,艺术生产的过程也表现为一个本质力量的物化过程。而且,这种劳动本身是人的自由自觉的活动,人通过这种活动及产品确认了自己作为人的双重本质,并且以自己全部器官自由地占有对象、享受对象,以全部感觉在对象世界中肯定自己。但艺术生产决非一般的物质生产。艺术生产过程中不论生产的对象、产品的属性,还是生产中主客体及其相互关系,都有自己鲜明的特点。因此,艺术生产的物化不同于物质生产的物化,它要比物质生产丰富得多,也复杂得多。

其一,关于艺术生产的客体与对象。

在马克思看来,对象如何对人说来成为他的对象,这取决于对象的性质以及与之相适应的本质力量的性质;因为正是这种关系的规定性形成一种特殊的、现实的肯定方式。眼睛对对象的感觉不同于耳朵,眼睛的对象不同于耳朵的对象。每一种本质力量的独特性,恰好就是这种本质力量的独特的本质,因而也是它的对象化的独特方式,它的对象性的、现实的、活生生的存在的独特方式。

这就是说,作为艺术客体的人类生活是丰富多彩的,是一个无限广阔的宇宙。但并不是任何东西都能成为艺术的有用成分,艺术对生活有自己的要求和选择,只有生活中那些特定的因素才会成为艺术的对象。对象的形成是对象的性质与主体本质力量性质相契合的结果。在这种关系的规定性中,主体是更为积极的、主动的、活跃的因素。本质力量的独特性会成为本质力量对象化的独特方式,亦即成为对象形成的独特方式,或形成独特对象的现实方式。譬如,月亮这一客体,就其自身而言,不过是天体中客观存在的物体,但是它在不同作家那里,由于作家主体的意志、才智、气质、情感、思绪等本质力量及其对象化方式的各自独特性,月亮进入艺术世界,就成为艺术不同的表现对象。它或者成为浪漫爱情的象征,或者成为离乱后凄凉心境的写照。在这里,不同的本质力量是与不同的对象同时存在的,特殊的关系规定性产生特殊的肯定方式,生产对象的本质与人的本质力量特点相适应。并且,在这个人的本质力量对象化的过程中,人改造了对象,在对象上打上主体的烙印,人的本质力量、人的感觉在其中也获得不断的丰富和发展。马克思说:

>　　只是由于人的本质客观地展开的丰富性，主体的、人的感性的丰富性，如有音乐感的耳朵、能感受形式美的眼睛，总之，那些能成为人的享受的感觉，即确证自己是人的本质力量的感觉，才一部分发展起来，一部分产生出来。①

可见，艺术生产对象的形成是主客体的互动过程，是两者通过实践活动不断寻找契合点的过程。

艺术生产的对象与自然科学及其他人文社会科学生产的对象相比，也有着鲜明的特性。科学可以抽象事物，可以把它的对象从世界的整体中剥离出来，进行冷静、客观的分析。譬如，"经济学家的材料是人的生动活泼的生活"②，这与艺术生产对象很相似，但经济学家"最终目的就是揭示现代社会的经济运动规律"③，即从丰富多样的生活里，剥离出各种经济现象，从中分析寻找经济发展的规律，而对与经济学无关的生活内容则予以滤除。这里排除了对象个体的独特性和现象的琐碎性。而艺术不是一般地探讨规律与共性，其表现对象是共性与个性、必然与偶然、特殊与一般的有机统一体。它不但不会摒除个别与偶然，而且还会在许多时候强化它们。也就是说，艺术生产对象是整体化的，其中多种因素相互依存，形成动态的有机整体，显示出与本来生活相似的生动性与丰富性。这种整体化的生活，是指既不局限于某一方面，也不局限于某一层次，而是多方面生活内容的交融、渗透，并达到现象与本质、具体与一般的统一。

人类的社会生活丰富而复杂，就其表面而言，给人一种分散杂乱的感觉。如果像机械唯物论者那样，拘泥于生活的表象，只看到一个个静止孤立的生活现象，我们便无从把握生活的整体性。如果站在人类实践的基点上来考察艺术生产对象，就可以发现，艺术所表现的世界是人化的自然，是人的生活。而人是社会化的存在，个体的人（包括艺术家）的喜、怒、哀、乐等一切情感和思想，必然来自于人的对象化和自然的人化。人在这一改造世界、改造自我的生命过程中生存并受其影响，而且他同时又映照着这个充满变化的动态世界的各个不同方面。也就是说，一个个体的生活中既有其独特

---

① 《马克思恩格斯文集》第1卷，北京：人民出版社2009年版，第191页。
② 《马克思恩格斯选集》第1卷，北京：人民出版社1995年版，第138页。
③ 《马克思恩格斯文集》第5卷，北京：人民出版社2009年版，第10页。

性,也蕴涵了人类生活的复杂性与整体性,艺术家透过这一局部就可以发现他与人类生活整体的动态的有机的联系,从而发现生活的本质特征。譬如一首诗,无法囊括纷繁的世界,但可以透过这首诗所反映的生活片段,寻找到生活的意味与真谛。因此,艺术生产对象的这种整体性是一种内涵的整体性,而不是涵盖所有杂乱生活表象的外延的整体性。① 由此决定了一部作品不可能也不必要反映人类生活的全部内容和所有方面,而是要截取生活的一角,这一角既呈现出生活的丰富性,又透射出生活的某方面本质特征。可以说,这是在一滴水中见世界。从这种意义上说,艺术是"通过一个完整体向世界说话"②。

其二,从艺术生产的"对象化"过程来看艺术生产特征。

任何生产都是生产主体通过对外界材料的改造,使其成为符合其观念和目的的人化自然的过程。主体把自己的本质力量体现在客体当中,使客体成为人的本质力量的一个确证,成为人的创造物和人的另一种现实性。人开始生产劳动,就把自己对环境的改造通过物化劳动体现出来,并在物化过程和物化产品中确证自己的思维、感情和能力,在自己创造的对象中直观自身,形成一种人所特有的关照和自我享受的情感。

艺术生产同样如此,也是人的本质力量的物化、对象化过程。不过,艺术生产不是简单劳动,而是复杂劳动,它所物化的人的本质力量是多方面的。作为一种精神生产,艺术首先必定是对世界的一种创造性反映,其中渗透着主体对世界的认识与理解。反过来说,也正因为如此,艺术具有巨大的认识功能。马克思、恩格斯曾对文艺的这种认识作用给予很高的评价。他们肯定19世纪一派"出色的小说家"在他们卓越、生动的作品中所揭示的政治和社会真理比一切职业政客、政论家和道德家合起来所做的还要多;他们称赞巴尔扎克对现实关系具有深刻的理解,在其《人间喜剧》中,用诗情画意的镜子反映了整整一个时代;他们赞扬法国人对社会状况所做的充满激情、创见的批判性论述,在小说和回忆文学中都可以找到。

但是,单从物化认识的角度,还无法将艺术生产与其他生产区分开来。艺术掌握世界的方式独特而突出的特点是生产主体将强烈的主观因素——

---

① [匈]卢卡契:《艺术与客观真实》,《马克思主义文艺理论研究》第2卷,北京:文化艺术出版社1984年版,第433页。

② 《歌德谈话录》,北京:人民文学出版社1978年版,第137页。

个性、直觉、思想、情感、意愿、理想、心绪等渗透到生产过程并物化到对象中去。这其中情感因素至关重要,是艺术之魂,是一个自始至终不可或缺的内容。艺术是一种集认识功能、教育功能、娱悦和审美功能等多种价值功能于一身的综合体。它能使欣赏者"认清自己的力量、自己的权利、自己的自由,激起他的勇气,唤起他对祖国的爱"①。而这些功能的最终实现,其落脚点在于艺术能使人感动,能以情动人。艺术甚至具有惊天地、泣鬼神的震撼力。

情感等主体因素可以而且应当在艺术生产中被物化,这是艺术生产方式的特殊之处。从主体方面讲,它是艺术生产的动力之一,能充分激活艺术的想象。经典作家一直把表现人的主观感情、情绪,并直接诉诸人的心理,作为艺术的重要特点和规律。马克思强调,"激情、热情是人强烈追求自己的对象的本质力量"②。从客体方面看,情感等是艺术表现的基本对象。在物质生产中,生产者与产品之间的感情距离比较大,而在艺术生产中,生产者几乎是情不自禁地把情感融入到自己的产品中,成为产品的重要成分。

艺术生产的独特之处,还在于其生产者用对象化的独特方式将自己的观念、爱好、趣味、个性等个体本质力量及本质力量的特点物化到作品中。在艺术生产中,生产主体"有权利表露自己的精神面貌"③。因为艺术生产是以个人的方式进行的,主体与对象之间存在一种深刻的、内在的对应关系,而正是这种关系的规定性形成一种特殊的、现实的肯定方式,即独特的个性化的对象化方式,所以,"同一个对象在不同的个人身上会获得不同的反映,并使自己的各个不同方面变成同样多不同的精神性质"④。这就是说,由于人的个性千差万别,人的本质力量各不相同,由于对象特性多种多样,人与客体的对象性关系必然是不同的。因此,生产主体"只须要了解自己本身,使自己成为衡量一切生活关系的尺度,按照自己的本质去估价这些关系,真正依照人的方式,根据自己本性的需要,来安排世界"⑤。

所以说,艺术生产者把自己本质力量对象化的方式都是独特而与众不同的。因之,作家、艺术家应该发扬自己对象化的独特方式,发出自己的声音。诚如黑格尔所言,艺术家"所应该做的不是把它的内容抛光磨平,成为

---

① 《马克思恩格斯论艺术》(四),北京:人民文学出版社1966年版,第401页。
② 《马克思恩格斯文集》第1卷,北京:人民出版社2009年版,第211页。
③ 《马克思恩格斯全集》第1卷,北京:人民出版社1956年版,第7页。
④ 《马克思恩格斯全集》第1卷,北京:人民出版社1956年版,第8页。
⑤ 《马克思恩格斯全集》第1卷,北京:人民出版社1956年版,第651页。

这种平滑的概念化的东西,而是把它的内容加以具体化,成为有生命、有个性的东西"①。艺术个性与风格是艺术家的灵魂,是艺术家成熟的标志,是其独创性与深刻性的突出表现。马克思主义创始人在论述艺术生产时,总是强调作家要以"精神个体性的形式"来反映社会生活,强调艺术产品应该成为艺术家的"天性和对他的天性产生影响的环境之间的相互作用的创造物"②。

其三,从艺术生产的主体看艺术生产的特征。

马克思主义经典作家指出,艺术生产是一种自由的精神生产,生产者在条件允许的范围内顽强地追求美、追求自由。

艺术生产过程主体的自由性,首先体现在人能自由地把自身及自然界一切物类当作生产的对象,懂得按照任何一个种的尺度来进行生产,懂得处处把内在的尺度运用到对象上去。然而,这种自由的生产只是对生产的一般性规定。生产永远是历史的、具体的,特别是作为人类最重要、最基本的生产,物质生产必定受生产力和生产关系的制约。在一切社会形态中,在一切可能的生产方式中,无论是野蛮人还是文明人,为了满足自己的需要,为了维持和再生产自己的生命,必须与自然进行斗争;直至今天,这个斗争仍在继续。当然,在与自然斗争中,人们不断积累对自然(包括自我)的认识而获得更大的自由。"这个自然必然性的王国随着人的发展而扩大","但是,这个领域始终是一个必然王国","事实上,自由王国只是在必要性和外在目的规定要做的劳动终止的地方才开始;因而按照事物的本性来说,它存在于真正物质生产领域的彼岸"。③ 这个彼岸,就是同物质生产相对应的精神生产,尤其是艺术生产。社会分工使艺术生产具有了相对独立性。

> 分工只是从物质劳动和精神劳动分离的时候起才开始成为真正的分工。从这时候起意识才能真实地这样想像:它是同对现存实践的意识不同的某种其他的东西;它不想像某种真实的东西而能够真实地想像某种东西。从这时候起,意识才能摆脱世界而去构造"纯粹"的理论、

---

① [德]黑格尔:《美学》第1卷,北京:商务印书馆1979年版,第339页。
② 《马克思恩格斯全集》第3卷,北京:人民出版社1960年版,第497—498页。
③ 《马克思恩格斯文集》第7卷,北京:人民出版社2009年版,第929—929页。

神学、哲学、道德等等。①

因为分工使物质活动与精神活动、享受与劳动、生产与消费由各种不同的人来分担,这样,意识就获得相对独立的发展,从而也历史地形成了精神生产的特殊主体。虽然物质生活条件归根结底决定着人们的思想过程,但从事精神生产的人们往往会忽视这一点,因为通过文化传统和教育而获得某种观点和思想情感的个人,"会以为这些情感和观点就是他的行为的真实动机和出发点"②。因此,在这个相互独立的单独的劳动过程中,精神、意识的生产有其特殊的方式:它不想象某种真实的东西而能够真实地想象某种东西。就是说,艺术生产遵循的不是物质生产法则,而是艺术法则。它不拘泥于现实的真实,客观的真实,而依托于一种想象的真实性,有着巨大的创造性自由虚构的空间。它能突破现实世界时空法则的僵硬的局限,在精神世界无拘无束、自由驰骋,甚至能无中生有,有中生奇,能"精骛八极,心游万仞","观古今于须臾,抚四海于一瞬"。所以,艺术生产比物质生产具有更大的自由性。主体精神的自由是艺术生产的根本前提。

马克思指出,艺术生产是自由的精神生产,生产者在条件允许的范围内要顽强地追求自己的自由精神、自由天性。比如,密尔顿创作《失乐园》,就是其春蚕吐丝般自然天性的流露。马克思强调:作家绝不能把自己的作品看作手段。作品就是目的本身。因为"诗一旦变成诗人的手段,诗人就不成其为诗人了"③。正是在这种意义上,马克思认为在资本主义异化劳动下的生产同某些精神生产部门相敌对。因为在资本主义雇佣劳动条件下,诗人、艺术家等都变成了雇佣劳动者,他的作为人的全面感觉,"一切肉体的和精神的感觉都被这一切感觉的单纯异化即拥有的感觉所代替"④。

资本主义生产成为异化劳动,抹去了一切职业的灵光。艺术生产在这里成为资本再生产的一种方式,一种获取更多资本的手段。艺术的自由本性在雇佣关系中、在异化劳动中丧失了。艺术家的"一切激情和一切活动都必然湮没在发财欲之中"⑤。作家、艺术家当然必须挣钱才能生活,才能写

---

① 《马克思恩格斯全集》第3卷,北京:人民出版1960年版,第35—36页。
② 《马克思恩格斯选集》第1卷,北京:人民出版社1995年版,第611页。
③ 《马克思恩格斯全集》第1卷,北京:人民出版社1956年版,第87页。
④ 《马克思恩格斯全集》第42卷,北京:人民出版社1979年版,第124页。
⑤ 《马克思恩格斯全集》第42卷,北京:人民出版社1979年版,第135页。

作,但他们绝不应该为了挣钱而生活而写作,他们应该把作为艺术家的个人和作为个人的艺术家区分开来,保证作为艺术家的主体的精神自由。文艺家面对外界的种种压力,要维护艺术创作的自由是极其艰难的,在必要时他甚至可以为了作品的生存而牺牲自己个人的生存。也正是在这种意义上,列宁指出:

> 无可争论,写作事业最不能机械划一,强求一律,少数服从多数。无可争论,在这个事业中,绝对必须保证有个人创造性和个人爱好的广阔天地,有思想和幻想、形式和内容的广阔天地。①

如果没有这个自由的精神世界、自由的空气,艺术之花必将凋敝。只有具有自由的精神空间,人们才能自由地对待自己的产品(艺术作品),在产品中以一种全面的方式,也就是说作为一个完整的人占有自己全面的本质,而不是把这种对产品的人的感性的占有异化为一种直接的片面的享受或者一种单纯的占有、拥有。否则,人就会丧失自己的艺术感受力,丧失人的感觉,因为囿于粗陋的实际需要的感觉,只具有有限的意义。忧心忡忡的穷人甚至对最美丽的景色都没有什么感觉;贩卖矿物的商人只看到矿物的商业价值而看不到矿物的美和特性。

经典作家一生都在追求这种精神的自由,这可以从他们对金钱名利的鄙视与抨击中见出。他们的这种主张既是理论的,也是实践的。所以,他们在设想共产主义艺术时认为,一方面,共产主义消灭了私有制,实现了通过人并且为了人而对人的本质的真正占有;另一方面,共产主义消灭了分工,消灭了职业发展所带来的局限性。这两方面决定了未来共产主义社会为艺术的繁荣提供了真正自由的具有人的全面感觉的生产主体。

第二节　关于"艺术生产力"

1. 文艺的生产性

艺术既然受生产的一般规律的制约,它也就具有一般生产的特性,即生

---

① 《列宁全集》第 12 卷,北京:人民出版社 1987 年版,第 94 页。

产性。马克思指出:"任何一种职业都具有生产性。"①比如哲学家生产观念,诗人生产诗,牧师生产说教,教授生产提纲,等等。生产性是艺术的根本属性之一,这是对艺术作为人类实践活动方式的最本质的说明。

艺术生产的生产性首先表现在艺术生产是在一定的生产力和生产关系的矛盾统一中进行的。任何生产活动,都是人借助劳动资料、劳动工具,运用技术和思维能力,与劳动对象相结合的过程。而推动某种生产活动存在和发展的能力,从一般意义上理解就是生产力。任何生产活动都不能没有生产力,艺术生产也概莫能外。英国学者柏拉威尔曾指出:

> (马克思)他把主要用于经济学的术语也用在文学和其他艺术的历史上,如生产(Produzieren, Produktion)等。他把诗人也叫作"生产者",把艺术品叫作"产品",虽然是一种独特的、有别于其他种类的"产品"。马克思通过使用这样的术语叫我们不要忘记把艺术放在其他社会关系的框子里来观察,特别是应该放在物质生产关系和生产手段的框子里。只有明确了这一点之后,它才能独立地、抽象地研究艺术,才有余暇观察一下艺术领域自身。②

这就是说,马克思是从艺术生产与物质生产相联系的方面来探究艺术的生产性的。马克思在《巴枯宁〈国家制度和无政府状态〉一书摘要》中,明确提出了"两种生产"的概念:

> ……平原和山区的差别、沿河流域、气候、土壤、煤、铁、已经获得的生产力(物质方面的和精神方面的)、语言、文学、技术能力等等……③

这里,马克思把生产力的种类作了区分,即"物质方面的生产力"和"精神方面的生产力",二者共同构成了生产力的内容。

精神生产力的提法并不是孤立、偶然出现的。马克思和恩格斯比较重视精神方面的生产力,他们在使用物质生产力概念时,不止一次地同时使用

---

① 《马克思恩格斯全集》第26卷,第1册,北京:人民出版社1972年版,第416页。
② [英]柏拉威尔:《马克思和世界文学》,北京:三联书店1980年版,第383页。
③ 《马克思恩格斯全集》第18卷,北京:人民出版社1964年版,第682页。

了精神生产力概念,强调二者的不可或缺。他们常把作为精神产品的自然科学看作生产力,认为"大工业则把科学作为一种独立的生产能力与劳动分离开来,并迫使科学为资本服务"①,"科学的力量也是不费资本家分文的另一种生产力"②。马克思说:"一切生产力即物质生产力和精神生产力"。封建关系的解体,"只有在物质的(因而还有精神的)生产力发展到一定水平时才有可能"③。马克思在写作《哲学的贫困》的时候,把人类"文明的果实"称作"已经获得的生产力"④。"文明的果实",当然包括文学和艺术。

这样一来,艺术生产也具有生产的基本特质,既有精神方面的特征,又有物质方面的特征。因为,作为精神活动的艺术生产也可以归结为生产物质产品的劳动:

> 一切艺术和科学的产品,书籍、绘画、雕塑等等,只要它们表现为物,就都包括在这些物质产品中。⑤

因此,艺术生产力既包括精神方面的因素,也包括物质方面的因素,而且二者在一定条件下可以相互转化,共同作用于艺术生产过程。

先从艺术生产力的物质方面来看。艺术生产的一般历史发展,受制于物质生产的一般历史发展。马克思、恩格斯在《德意志意识形态》一书中,对物质方面的生产力对艺术生产的影响作了较为详细的分析。他们在论述艺术风格形成的条件时指出,"社会组织""当地的分工"以及"与当地有交往的世界各国的分工"等条件,是制约艺术生产的重要因素。就分工来看,正是由于分工才历史地形成了精神生产,并使其能够逐渐地形成自己异于物质生产的特性。就是说,真正的分工开始于物质劳动与精神劳动分离的时候,正是这种分工使精神劳动获得了相对独立性。而且,这种分工还直接导致了精神生产的阶级性。因为:

> 一个阶级是社会上占统治地位的物质力量,同时也是社会上占统

---

① 《马克思恩格斯文集》第5卷,北京:人民出版社2009年版,第418页。
② 《马克思恩格斯全集》第47卷,北京:人民出版社1979年版,第553页。
③ 《马克思恩格斯全集》第46卷,上册,北京:人民出版社1979年版,第173页,第505页。
④ 《马克思恩格斯全集》第4卷,北京:人民出版社1958年版,第155页。
⑤ 《马克思恩格斯全集》第26卷,第1册,北京:人民出版社1972年版,第165页。

治地位的精神力量。支配着物质生产资料的阶级,同时也支配着精神生产的资料,因此,那些没有精神生产资料的人的思想,一般地是隶属于这个阶级的。①

生产资料是生产力最重要的要素之一,艺术生产也必须是以一定的物质生产资料或者说一定的物质生产力为前提的。同时,分工也以精神劳动和物质劳动分工的形式出现在统治阶级中间,从而使统治阶级中一部分人以思想的生产者身份出现,一部分人成为物质力量的掌握者,这两种人并不始终保持着一致性,这又进一步使艺术生产获得了更多的相对独立的特性和在现实中的复杂性。

马克思、恩格斯还以具体的事例探讨了物质生产力对艺术生产主体的才能和个性风格的影响。他们举例说,拉斐尔的艺术作品在很大程度上同当时在佛罗伦萨影响下形成的罗马繁荣有关,而列奥纳多的作品则受到佛罗伦萨的环境的影响很深,提戚安诺的作品则受到全然不同的威尼斯的发展情况的影响很深。就是说,艺术家的成就、艺术家艺术个性与风格不纯然是艺术内部的问题,它受到物质生产力的影响、制约。而且,"像拉斐尔这样的个人是否能顺利地发展他的天才,这完全取决于需要,而这种需要又取决于分工以及由分工产生的人们所受教育的条件"②。正是分工、交往和劳动组织等物质生产力,决定着艺术生产主体能力的发展。马克思、恩格斯在谈到文艺复兴时代巨人的产生及其特点时说:

> 那个时代的英雄们还没有成为分工的奴隶,而分工所产生的限制人的、使人片面化的影响,在他们的后继者那里我们是常常看到的。③

历史地看,分工对艺术生产的影响,一方面在劳动生产率非常低下的时代,正是依靠这种分工,艺术和科学的创立才成为可能;另一方面,"就个人自身来考察个人,个人就是受分工支配的,分工使他变成片面的人,使他畸

---

① 《马克思恩格斯文集》第1卷,北京:人民出版社2009年版,第550页。
② 参见《马克思恩格斯全集》第3卷,北京:人民出版社1960年版,第459页。
③ 《马克思恩格斯文集》第9卷,北京:人民出版社2009年版,第409—410页。

形发展,使他受到限制"①。马克思主义创始人还历史地考察了物质生产力的发展变化给艺术生产带来的影响。譬如,他们认为:

> 资产阶级,由于开拓了世界市场,使一切国家的生产和消费都成为世界性的了。
> ……过去那种地方的和民族的自给自足和闭关自守状态,被各民族的各方面的互相往来和各方面的互相依赖所代替了。物质的生产是如此,精神的生产也是如此。各民族的精神产品成了公共的财产。民族的片面性和局限性日益成为不可能,于是由许多种民族的和地方的文学形成了一种世界的文学。②

他们在瞻望未来社会时,也看到了物质生产力对人的极大解放所带来的艺术的巨大变化:

> 在共产主义的社会组织中,完全由分工造成的艺术家屈从于地方局限性和民族局限性的现象无论如何会消失掉,个人局限于某一艺术领域,仅仅当一个画家、雕刻家等等,因而用他的活动的一种称呼就足以表明他的职业发展的局限性和他对分工的依赖这一现象,也会消失掉。在共产主义社会里,没有单纯的画家,只有把绘画作为自己多种活动中的一项活动的人们。③

共产主义社会物质生产力的解放带来了人的全面解放,也带来了艺术生产力的极大解放。

因此说,作为一种受物质生活的生产方式制约的精神生活形式,艺术生产也要表现为物,也是一种生产物质产品的劳动。艺术的生产既应该从物质生产中寻求其历史发展的动力根源,同时,物质方面的生产力本身,就是构成艺术生产力的核心要素之一,不是艺术生产发展的外在力量,而是内生变量。这一点,我们从现代的电影、电视、多媒体和网络文学中能够看得更

---

① 《马克思恩格斯全集》第3卷,北京:人民出版社1960年版,第514页。
② 《马克思恩格斯文集》第2卷,北京:人民出版社2009年版,第35页。
③ 《马克思恩格斯全集》第3卷,北京:人民出版社1960年版,第460页。

加清楚。

2. 文艺"精神方面的"生产力

再从艺术的"精神方面的"生产力来看。马克思说,"人们不能自由选择自己的生产力","因为任何生产力都是一种既得的力量,是以往的活动的产物"①。他还说:

> 人们自己创造自己的历史,但是他们并不是随心所欲地创造,并不是在他们自己选定的条件下创造,而是在直接碰到的、既定的、从过去承继下来的条件下创造。②

> 后来的每一代人都得到前一代人已经取得的生产力并当做原料来为自己新的生产服务,由于这一简单的事实,就形成人们的历史中的联系,就形成人类的历史,这个历史随着人们的生产力以及人们的社会关系的愈益发展而愈益成为人类的历史。③

艺术生产的历史发展也不例外。马克思在这里没有具体地讲从过去承继下来的艺术传统也是一种生产力,但联系到马克思把艺术作为一种精神生产来考察,认为艺术是人的审美感受的物化,我们把以往艺术中的表现方法、艺术形式和审美造型经验等看作是一种生产力,是符合马克思的思想的,因为艺术生产是以思想资料在人们头脑中的世代延续而获得发展的。艺术传统也是一种既得的力量,一种前人活动的成果,它和其他生产力一样,也有自己的连续性和相对稳定性。

具体地说,艺术创造的技巧和经验、艺术的形式和规范、艺术产品与审美价值取向等,是构成艺术生产力的基本因素。

马克思在区分精神方面的和物质方面的生产力时,明显地把"语言、文学、技术能力"等归入前者。把"语言、文学、技术能力"放在一起,说明它们之间除了差别之外,还有很大的相似性。语言不是社会的上层建筑,不是由某一个阶级所创造的,而是整个人类社会历史发展全部进程的产物。在这

---

① 《马克思恩格斯文集》第10卷,北京:人民出版社2009年版,第43页。
② 《马克思恩格斯文集》第2卷,北京:人民出版社2009年版,第470—471页。
③ 《马克思恩格斯文集》第10卷,北京:人民出版社2009年版,第43页。

些方面,语言同生产工具并无多大差别。而文学艺术却与之不同,它是社会的上层建筑,是一种社会意识和意识形态的形式。但文学艺术中有没有不是在社会内部由这种或那种基础所产生,"而是千百年来社会历史和各种基础历史的全部进程所产生的"东西呢?有没有经过若干岁月,"在这些时代中,它形成起来,丰富起来,精练起来",变成"比任何基础和上层建筑都生存得长久得多"的东西呢?① 应该说这个东西是存在的。这也就是马克思把"语言、文学、技术能力"等放在一起论述的根据和原因。

黑格尔认为:

> 除才能和天才以外,艺术创作还有一个重要的方面,即艺术外表的工作,因为艺术作品有一个纯然是技巧的方面,很接近于手工业;这一方面在建筑与雕刻中最为重要,在图画和音乐中次之,在诗歌中又次之。这种熟练技巧不是从灵感来的,它完全靠思索、勤勉和练习。一个艺术家必须具有这种熟练技巧,才可以驾驭外在的材料,不至于因为它们不听命而受到妨碍。②

从这里可以看到,艺术生产存在着生产技术、生产技巧等非意识形态性要素。马克思、恩格斯关于人物的个性化、典型环境中典型人物的塑造、"莎士比亚化"与"席勒式"、现实主义的真实性与倾向性、韵文的韵律安排等问题的论述,从中都可见出他们对艺术生产的技巧、技术、经验的重视。他们对作家、艺术家要受到前代艺术所达到的技术成就条件的制约是承认的。

德国批评家瓦尔特·本雅明把马克思对这个问题的论述加以引申,明确指出:

> 艺术像其他形式的生产一样,依赖某些生产技术——某些绘画、出版、演出等等方面的技术。这些技术是艺术生产力的一部分,是艺术生产发展的阶段。③

---

① 《斯大林选集》下卷,北京:人民出版社1979年版,第504页。
② [德]黑格尔:《美学》第1卷,北京:商务印书馆1979年版,第35页。
③ 转引自[英]特里·伊格尔顿:《马克思主义与文学批评》,北京:人民文学出版社1980年版,第67页。

现代电影、电视、多媒体、网络等艺术样式的出现,更有力地说明了艺术生产中技术、技巧、生产工具等生产力要素的重要性。正如马克思所指出的:"某些有重大意义的艺术形式只有在艺术发展的不发达阶段上才是可能的。"[1]而影视艺术等,则必须依托于现代科技的发展才有可能。科学技术的发展不但为艺术生产提供了新的工具,而且生长了艺术生产的技能,开拓了艺术生产的领域。在此,技术能力作为精神方面的生产力,能直接转化为物质力量。

另外,就艺术的形式、规范和艺术产品来看,有些文学艺术作品之所以具有永久的艺术魅力,优秀的作品之所以可以成为后世艺术生产者永远学习的楷模,除了它的思想认识意义和审美价值以外,很重要的原因就是它还是一种仍然具有效用的艺术生产力。例如,马克思说"希腊神话不只是希腊艺术的武库,而且是它的土壤",希腊神话和史诗等艺术形式,"就某方面说还是一种规范和高不可及的范本"[2]。这里,经典作家充分注意到了艺术形式的重要性。经过世世代代相传、承继下来的艺术经典所具有的语言、文体、风格、结构等艺术传统,在一定程度上形成一种自我发展的历史,具有自身的演变规律,并成为后世文艺发展的前提。任何一个时代的艺术,都不可能凭空实现自我发展。从文学艺术发展史可以看出,没有辉煌的古希腊艺术范本,不可能产生繁荣的罗马艺术;同样,没有拜占庭灭亡时被抢救出来的古希腊文化手抄本,也就不会有文艺复兴的文艺黄金时代的到来;而黑暗的中世纪之所以艺术成就不高,在一定意义上正是源于它对艺术传统这种生产力的摧毁。也正是基于这一点,马克思、恩格斯反复强调,无产阶级作家和有社会主义倾向的进步作家,一定要向莎士比亚和巴尔扎克学习,向优秀的资产阶级散文技巧学习,从他们那里汲取无产阶级艺术发展所需要的艺术生产力。

第三节 文艺的社会和阶级属性

马克思主义经典作家在强调把艺术作为一种生产来分析的时候,其强调的是艺术创造中主观与客观、精神掌握与物质掌握、内容与形式的高度统

---

[1] 《马克思恩格斯选集》第2卷,北京:人民出版社1995年版,第28页。
[2] 《马克思恩格斯选集》第2卷,北京:人民出版社1995年版,第28页、第29页。

一,这丝毫也不意味着他们忽略艺术生产作为精神活动的一面,忽略艺术的社会的、历史的、阶级的、人文的因素,忽略对艺术作为一种意识活动、经验方式的社会分析。他们是把这二者有机地结合起来,进行了辩证的说明。

1. 对文艺社会和阶级属性的理解

如前所述,艺术生产是上层建筑领域内社会意识形式生产的一个部类,它是可能具有意识形态性的。这是从意识与存在的本体论角度对艺术进行的说明,是从经济基础与上层建筑、社会存在与社会意识的关系框架中确定了文艺在社会结构中的位置及其一般本质,特别是文艺的精神独特性,回答了文艺的本源、文艺的功能和文艺的历史发展等一系列基本问题。经典作家认为,艺术是人类社会特有的历史现象,艺术的本质与特征只有在整个社会结构中方能认清。

关于艺术的社会意识性及其在社会结构中的位置,在本书前一章中已经有较为详细的论述,这里从精神生产角度谈一谈艺术的意识形态性。艺术的社会意识形态性是艺术的根本特性,这是马克思主义文艺学对艺术的科学分析。意识形态性包括社会性、阶级性、历史性和人文性。只有把握了艺术的这一本质特征,才能对纷繁复杂的艺术现象有比较深刻的理解。这也是马克思主义文艺学说最具有战斗力的革命性认识,在文艺思想发展史上具有重要的意义。

但是,文艺的本质不是单一的,而是多重本质和属性综合构成的一个多层次的有机系统。就是说,在坚持文艺的社会意识和意识形态性的前提下,还必须对文艺其他方面的本质属性作进一步探讨,特别是还需要对具体生产过程进行深入分析。马克思主义创始人的艺术生产理论,正是着眼于艺术的生产方式、生产关系、艺术生产和物质生产的联系等方面,把艺术放在物质生产关系和生产手段的框子里,将艺术生产作为经济基础的一部分来考察它的生产性的。但同样的问题是,倘若只看重艺术的工艺生产基础,仅仅满足于在孤立的艺术生产中从纯粹的生产角度寻找艺术的一般生产特点,忽视它的社会的、历史的、阶级的、人文的因素,也必然会犯把技术和形式本身看成是艺术生产决定因素的艺术"工艺主义"错误。因此,既要关注艺术生产方式和工具,把它当作一种生产来分析,又要关注艺术的生产的精神性、人文性、审美性,正确地说明作为生产的艺术与作为社会意识形式的艺术之间的辩证关系。比如,就电影艺术而言,要看到"电影制作既是一种经济活动(既从它自身包含各种经济的、技术的条件和决定因素的意义上来说,也从它为周围社会的一般经济结构及关系所限定和影响的意义上来说),又是一种意识形态(体现于它再生产或者破坏艺术作品中包含的意识形态活动中)"①。

困难的不是对艺术的意识形态性和生产性关系作这种一般性的描述,而在于说明在具体的文艺作品生产中二者的相互作用,既明确作为整体的艺术生产同社会经济生产阶段、社会其他意识形式之间的关系,又明确艺术本身范围的基础与上层建筑的关系,认清意识形态因素是怎样进入具体的文艺作品的,在这些关系中的意识形态因素又是怎样体现在艺术形式和艺术表现方法之中的,科学的文艺批评应如何揭示这种复杂的关系。

正如特里·伊格尔顿在谈论油画时所指出的:

> 维持那些产权关系的意识形态是怎样体现在某种绘画形式之中,体现在某种观察和描绘事物的方式之中。这类问题把生产方式同画布上的脸部表情联系起来,正是在这点上,马克思主义文艺批评必须用自己的语言加以论述。②

因此,"如何说明艺术中'基础'与'上层建筑'的关系,即作为生产的艺术与作为意识形态的艺术之间的关系","是马克思主义批评当前面临的最重要的问题之一"③。

经典作家认为,文艺应该是形式与内容的统一,形式是内容的产物,它要由它们必须体现的内容所决定,并随着内容本身的变化而经历历史改造。但形式对内容又起反作用,它不只是被动的因素。形式与内容关系是辩证的,在实践中两者不可分。马克思在早期一篇论西里西亚织工诗歌的文章中认为,一味追求文体风格会导致歪曲内容,而反过来,被歪曲的内容会给文学形式打上"庸俗"的印记。他在评论《莱茵报》上烦琐沉闷的形式主义法律时说,形式除非是它的内容的形式,否则毫无价值可言。我们对文艺的意识形态性与生产性关系的理解应该基于这种辩证统一的认识,否则将会出

---

① [英]珍妮特·沃尔芙:《艺术的社会生产》,北京:华夏出版社1990年版,第103—104页。
② [英]特里·伊格尔顿:《马克思主义与文学批评》,北京:人民文学出版社1980年版,第81—82页。
③ [英]特里·伊格尔顿:《马克思主义与文学批评》,北京:人民文学出版社1980年版,第81页。

现明显的偏颇。

从艺术生产的对象和艺术作品的内容上看,文学艺术作为一种意识形式,一种精神性的存在,它必然是对现实生活的反映。从主体心理来说,人的思想感情一方面反映了它的现实存在,另一方面又表达了它的目的与愿望。现实的政治、经济、文化、精神生活,以及现实中活动的阶级集团及其作为成员的个人的心理、意志、愿望等,必然进入文艺表现的领域。而且,现实生活的物质和精神的方面,要进入文学艺术,必然经过创作主体审美心理中介的过滤、转化、变异和改造,并与主体审美精神融为一体。而创作主体不是孤立于世界之外的个人,其审美情感、审美评价、审美意识不是纯审美的,而是有着深刻的现实根源的,在阶级社会中还会带有一种阶级性质,尽管这一根源往往是创作主体并不能清醒而自觉地加以认识的。正是文艺创作所必须面对的意向性现实及文艺创作的主体性这双重因素,决定了无论是在再现性作品还是在表现性作品中,作品内容的本原无不由当时的社会生活所支配,而作品的价值取向与判断无不与一定的社会力量的利益与愿望相关,意识形态既与现实一起进入文本,它也通过主体中介进入作品。从古希腊的悲剧、喜剧到莎士比亚的剧作,从巴尔扎克、托尔斯泰的小说到现代派作品,都是如此。恩格斯在分析薄伽丘的《十日谈》时指出,《十日谈》不只是反映了当时市民社会与教会的冲突这一客观状况,而且表明了市民社会对教会统治的反抗。那些僧人们的丑恶行径,成了市民社会"合理性"的有力证据。[①] 恩格斯还对19世纪中期小说内容的变化所具有的意识形态性质做过深刻分析。

正是基于对文艺内容的意识形态性的分析,恩格斯要求社会主义性质的文艺要歌颂倔强的叱咤风云的革命的无产者,要求工人对周围环境进行叛逆的反抗,应当在现实主义领域内占有自己的地位。可见,文艺"写什么"是具有或明或暗的意识形态性质的。分析艺术的生产性与意识形态性关系,不能忽略艺术生产对象及其产品内容的意识形态性质。

但马克思主义的意识形态理论不是数学公式,不是可以简单套用的标签。谁要是依据意识形态理论而认为任何作品都是艺术家意识到自己的经济利益而表达出的相关愿望,那就大谬特谬了。事实上,文艺作品的意识形态性表现是十分复杂的,不仅其深度和广度大有差异,而且还不一定是自觉

[①] 《马克思恩格斯全集》第7卷,北京:人民出版社1959年版,第402页。

的,不能把艺术家都看成是自觉的意识形态生产者。

马克思在《路易·波拿巴的雾月十八日》中,分析所谓"民主派代表人物"的理论倾向时,就认为他们并不是自觉地代表小资产阶级,而是其物质利益和社会地位"在实际生活上引导"了他们。个人往往看不到这一点,还以为自觉接受的这些情感和观点就是他的行为的真实动机和出发点。① 恩格斯曾指出:

> 意识形态是由所谓的思想家通过意识、但是通过虚假的意识完成的过程。推动他的真正动力始终是他所不知道的,否则这就不是意识形态的过程了。因此,他想像出虚假的或表面的动力。②

在分析歌德、巴尔扎克等人的作品时,经典作家并没有把作家当作某种意识形态的自觉制造者,而是指出了自觉与非自觉之间的转化关系。意识形态作为精神文化现象的实质,从来就是充满复杂性的,只是这种复杂性并不在根本上影响作品内容本身的意识形态性质。

2. 生产性与意识形态性的相互渗透

艺术的生产不仅包括其生产对象、生产内容,还包括生产的方式、手段、生产的技巧、技术、工具等因素,以及由此而产生的生产者与消费者,即作家、艺术家与大众之间的艺术生产关系。因此,考察艺术的意识形态性与艺术生产性的关系,不能止于探讨生产的对象和作品的内容,以及作品所表现出来的观点、见解、倾向,还应从艺术的生产过程出发来考察二者是怎样渗透在一起的。而这一点我们过去的研究一直比较忽视。

马克思曾说:"意识在任何时候都只能是被意识到了的存在,而人们的存在就是他们的现实生活过程。"③

> "精神"从一开始就很倒霉,受到物质的"纠缠",物质在这里表现为振动着的空气层、声音,简言之,即语言。语言和意识具有同样长久的历史;语言是一种实践的、既为别人存在因而也为我自身存在的、现实

---

① 《马克思恩格斯选集》第1卷,北京:人民出版社1995年版,第611页。
② 《马克思恩格斯文集》第10卷,北京:人民出版社2009年版,第657页。
③ 《马克思恩格斯文集》第1卷,北京:人民出版社2009年版,第525页。

的意识。①

可见，精神与物质不是两个完全孤立绝缘的部分。意识形态的因素要表述出来，是要受到具有物质属性的语言的限制的。

阿尔都塞（Louis Althusser）据此作了充分的想象性发挥，明确提出意识形态具有物质实在性的观点——"意识形态有一个物质存在"，而不赞成把意识形态仅仅归属于精神范畴。他把意识形态理解为类似物质实在的一种结构和功能，并曾绝对化地断言："意识形态根本不是意识的一种形式，而是人类的'世界'的一个客体，是人类世界本身。"②因此，他在马克思主义的"国家机器"（上层建筑）概念之外，又提出了"意识形态国家机器"（Ideological Apparatuses）的概念，把宗教、教育、家庭、政治、法律、文化等都算在里面。也就是说，意识形态有时偏重于意识形式，有时则是借助于意识形式的实践与行为方式，使意识形态具有物质性。

阿尔都塞把意识形态都看作是现实歪曲了的表现，与现实之间全无对应关系，这实际上否定了作为社会意识形式的文学艺术具有揭示社会的功能。但他承认意识形态体现了个体与现实环境之间的"想象性关系"，着意从实践活动、物质存在领域扩大意识形态的考察范围，这确是有其一定深刻性与合理性的。某种意义上说，阿尔都塞纠正了把意识形态视为某种先在的思想体系，并与社会生产方式有着直接对应关系的传统的理论见解，透露出艺术生产受意识形态支配同时又生产意识形态的信息。

卢卡契晚年也认为"意识形态"一词至少是有两种含义：一是传统的理解，即由某种状况决定的意识；一是"在某种对现实作了变形反映的意义上来理解"③。在揭示晚期资本主义的全民消费倾向时，他认为社会生活中的这种区别的逐渐消失，迟早会导致一种意识形态上的变化。卢卡契的这种对意识形态概念丰富性、多元性的认识，来源于马克思。他指出：

> 实践与当前的过程的结合改变着自身的内容、形式、价值等等。正是在这个意义上，马克思认为，实践是一种意识形态：是一个对当前的

---

① 《马克思恩格斯文集》第1卷，北京：人民出版社2009年版，第533页。
② [德]阿尔都塞：《保卫马克思》，北京：商务印书馆1984年版，第203页。
③ [匈]卢卡契：《卢卡契谈话录》，长沙：湖南文艺出版社1991年版，第32页。

冲突加以意识并把这种冲突进行到底的工具。①

由于把实践、行为、功能也理解为一种意识形态,卢卡契对资产阶级学者的"意识形态终结论"是不以为然的。

英国学者珍妮特·沃尔芙在她自己的研究成果中,也提出了艺术作品既是一种意识形态的活动,又是一种意识形态的产物的观点:"意识形态并不是简单地反映在艺术中的……意识形态在表现中被生产了。"②"意识形态理论所要阐明的就是:人民的观念、信念与他们实际的物质状况是有规律地联接在一起的。"③

因此,真正的革命艺术家就不能只关心艺术的目的,也要关心艺术生产的技术,他们的任务在于发展新的艺术生产技术,也在于改造旧的艺术生产技术。艺术生产的技术的变化,进步或倒退在这里具有了意识形态的性质。考察文艺的意识形态内涵,不仅要看其写了什么,还要看它用什么工具,是怎样写的。

特别是在资本主义制度下,劳动力成为商品,人的情感、意志、想象力和理解力逐渐丧失,人与人之间的关系被物与物之间的关系所掩盖和取代。这样物化将导致主体的消失和泯灭,完成资本主义把人变成机器、变成会说话却不能思想的工具的意识形态目的。

随着西方社会由自由资本主义发展到垄断资本主义,科学技术突飞猛进,经济获得高速增长,物质财富更为丰富,出现了全民消费倾向。从表面上看,社会的主要矛盾已不再源于物质的不足,大多数人尤其是非特权阶层的生活得到了改善,他们分享了消费社会的安逸与舒适。新科技浪潮下的新的资本主义生产方式和生活方式,一方面满足了人们的需要,另一方面又通过其文化体制操纵并控制了人们的需要,潜移默化地将人们整合到现存秩序之中。人们陶醉于技术所带来的繁荣,迷失于商品拜物教,精神与物质同化。工人与资本家消费同样的商品,分享同样的文化,阶级对立被掩盖着。这样,新的现代科技成了第一位的生产力,带来资本主义生产关系的新特点,使资产阶级把政治问题、公共政策问题等都变成了技术问题。这种转

---

① [匈]卢卡契:《社会存在本体论导论》,北京:华夏出版社1989年版,第69页。
② [英]珍妮特·沃尔芙:《艺术的社会生产》,北京:华夏出版社1990年版,第85页。
③ [英]珍妮特·沃尔芙:《艺术的社会生产》,北京:华夏出版社1990年版,第65页。

化背后蕴涵了意识形态的意图,把科学技术变成了一种意识形态统治。生产的技术手段,不但决定社会需要的职业、技能,而且决定着人的需要、态度和志向,技术的合理性变成了政治的合理性。这样,资本主义社会的一切问题仿佛都成了科学技术的问题。这是一种新的资产阶级意识形态。许多文化现象,仿佛从表面上消解了从某一特定经济基础和社会阶级、阶层的关系中寻求单纯适应性的分析模式。如果对这种晚期资本主义文学艺术,简单地从作品的内容去寻求一定阶级集团的合理性、合法性愿望,那就会面临一种困境。

比如,1992年美国影片《本能》,总票房收入达2.7亿美元,为当年度最畅销影片,它以资本主义最常见的凶杀案和性爱作为基本构成单位,在扑朔迷离的推理过程与强劲而莫名的动作中,向观众提供满足视觉需要的文化快餐,既看不出对资本主义制度的批判,但也看不出美化、颂扬这一制度的企图,这是典型的适宜于工人和老板同时欣赏的电影,而不必顾虑各自的意识形态立场。当后工业社会的文化艺术作为一种带有全民性质的消费文化出现时,很难再去寻找其中与某一特定经济基础及社会阶级、阶层的单纯适应性。往日文化艺术中的古典主义与贵族阶层、封建特权制度的联系,启蒙主义、积极浪漫主义与资产阶级上升运动之间的联系,社会主义、现实主义与无产阶级意志、情感的联系,在后现代主义文化中都很难再找到那样明确而清楚的联系了。

那么,意识形态是否真的终结了呢?意识形态分析是否真的就不再具有对晚期资本主义文艺的阐释效力了呢?其实不然。

> 这种意识形态被现实同化,这并不意味着"意识形态的终结"。恰恰相反,在一种特定的意义上,由于今天的意识形态就在生产过程本身中,所以,发达工业社会比起它的前辈来更是意识形态的。①

美国学者杰姆逊则对这种变化作过明确的概括:

> 我们现在已经没有旧式的意识形态,只有商品消费,而商品的消费同时就是其自身的意识形态。现在出现的是一系列行为、实践,而不是

---

① [德]马尔库塞:《单向度的人》,重庆:重庆出版社1988年版,第11页。

一套信仰,也许旧式的意识形态真正是信仰。①

　　说过去的意识形态只是信仰,现在的意识形态只存在于生产过程中,只出现在行为、实践中,是一种比较绝对的说法。但这里确实指出了意识形态的一些新变化,突破了以往关于文艺意识形态性与艺术生产关系的一些认识。其实,无论是新的还是旧的意识形态,在艺术生产中都不仅仅体现为文化内容、审美理想、艺术倾向等信仰的方面,也都渗透进艺术的生产过程中,体现在艺术的技术、技巧、形式、类型及其生产的行为实践中,只不过侧重点发生了转移,从而带来艺术意识形态特点的变化,需要一种全面的关于意识形态与生产之间关系的理解。

　　经典作家早就揭示出艺术受商品生产支配的消极性。在早期资本主义制度下,文化艺术的商品化还不是那么普遍,商品原则对文化艺术的渗透的后果还没有那么严重。因为在当时的社会条件下,资本主义社会的阶级矛盾较为尖锐,一个广大的贫困阶级的存在,是不可能在精神上支付更多的费用的,也没有闲暇来进行这一消费。到了发达资本主义阶段,整个社会消费水平提高,中产阶级人数逐渐增多,这就为艺术的商品化提供了条件。

　　19世纪,文化还被理解为只是听高雅的音乐、欣赏绘画或看歌剧,文化往往是逃避现实的一种方法。而到了后现代主义阶段,文化已经完全"大众化"了,高雅文化与通俗文化、纯文学与通俗文学的距离正在消失。商品化进入文化意味着艺术作品成为商品,甚至理论也成了商品。当然这并不是说那些理论家用自己的理论来发财,而是说商品化的逻辑已经影响到人们的思维。总之,后现代主义的文化已经从过去那种特定的"文化圈层"中扩张开来,进入了人们的日常生活,成了消费品。

　　与普通商品不同,艺术即使成了商品,仍然是一种非实用性的商品,而这种非实用性甚至成了特殊的利润手段。对于"文化工业"的生产者来说,他们的产品是没有内在质量要求的,只要保持新奇性,对人的欲望有激发力,就可以获得商业上的成功。在这个意义上,"文化工业"产品是个畸形物,说是艺术却又不是艺术,说是工业却又不是工业。霍克海默和阿多尔诺对此抨击道:

---

① [美]杰姆逊:《后现代主义与文化理论》,北京:北京大学出版1997年版,第29—30页。

电影和广播不再需要作为艺术。事实上，它们根本不是企业，而转变成了连它有意制造出来的废品，也被认可的意识形态。它们称自己为工业，而且它们的总经理所宣布的收入数字，就已经反映出它们的产品不再具有社会必要性了。[①]

当商品成为它自己的意识形态时，意识形态的内容就不能从传统意义上来解读，而必须从商品化原则的角度去理解了。比方说，美国商业影片《第一滴血》《暴走列车》，表现了不守规矩的人、越狱犯人与追捕警察之间的斗争，结局都是"坏人"大获全胜，而"好人"则损失惨重。从传统意义上说，这当然也可以视为表现了民众对国家统治机器的反抗欲望。但是，这类作品的真正意识形态在于：在这个高度商业化的社会里，一切都是能够卖的。凡是能够卖的，就没有任何道德和政治的禁忌可以制止。当人们看警察战胜罪犯已经腻味了时，那就必须改变模式才会有商业上的成功，所以就生产出了适合新口味的新产品。与其把这类作品看成是反抗型的意识形态，不如看成是金钱万能的意识形态阐释。只要能获取利润，什么都可以干，旧式的信仰已一钱不值、荡然无存了。

把艺术的生产性与意识形态性有机统一起来，在艺术的生产过程中寻找意识形态的贮存之处，通过对既作为信仰与内容又作为行为与实践的意识形态的分析，就可实现对作为生产的特殊方式的艺术的全面理解。因此可以说，把艺术生产理论与艺术意识形态理论辩证地结合，是对马克思主义文艺学本来面貌的还原，也为它开辟了更为广阔的理论生长空间。

3. "艺术生产"理论的方法论意义

恩格斯说："一门科学提出的每一种新见解都包含这门科学的术语的革命。"[②]马克思主义经典作家的关于"艺术生产"的概念，正是他们在文艺学中实行变革所带来的术语革命的一个结果。它从一个侧面体现了马克思主义经典作家从新的世界观、从人类生产角度出发考察文艺问题的特色。而艺术生产的理论，是马克思主义创始人的文艺思想的一个起源地，是他们用彻底唯物主义解决一切文艺问题的一个基本出发点。

前面谈过，从历史上看，把艺术作为一种生产来考察，这是前无古人的。

---

① [德]霍克海默、阿多尔诺：《启蒙辩证法》，重庆：重庆出版社1990年版，第113页。
② 《马克思恩格斯文集》第5卷，北京：人民出版社2009年版，第32页。

经典作家把艺术作为一种特殊的生产来考察,并从精神生产的角度探讨了艺术的掌握世界方式的诸种规律,这就打破了一切传统文艺学和美学、特别是德国古典美学的格局,提供了一种全新的艺术方法沦。艺术生产理论,大大地扩展了艺术和美学研究的领域,使文艺学的天地从来没有这样宽阔过。例如,马克思在论述艺术生产时,就涉及了艺术品与欣赏者、对象与主体、生产与消费间相互依存、相互转化的辩证关系。他指出:生产直接是消费,消费直接是生产。"生产不仅为主体生产对象,而且也为对象生产主体","艺术对象创造出懂得艺术和具有审美能力的大众"。① 艺术品和欣赏者之间的生产是循环往复进行的。马克思说:

> 钢琴演奏家生产了音乐,满足了我们的听觉的感受,在某种意义上说不也是在发展着我们的这种感受能力吗?
> 钢琴演奏家刺激了生产,一方面是由于能使我们成为更其精神旺盛、生气勃勃的人,一方面也是由于(人们一般总是这样认为)唤醒了人们的一种新的欲望,为了满足这种欲望,需要在物质生产上投入更大的努力。②

这样循环往复、互相促进,就推动了艺术和美的创造的不断前进,推动了审美能力和艺术生产力的发展。这就是人类艺术生产史,也是美的事物生产史。经典作家的思想,无疑给文艺学和美学研究开拓了新的园地。

从生产的角度研究艺术和美,有利于澄清文艺理论和美学中的许多误解。经典作家既强调了艺术的认识性、社会性,又指出了艺术的实践性、生产性;既突出了艺术的上层建筑特点,又注意了艺术本身的自然物质因素。因此,从任何一个极端出发看待艺术的谬见,都会在艺术生产理论面前露出破绽。卢卡契指出:

> 在庸俗马克思主义看来,上层建筑是生产力发展的机械的、从原因中产生出来的结果。这样的关系从辩证法看来是根本不存在的。辩证

---

① 《马克思恩格斯文集》第8卷,北京:人民出版社2009年版,第15—16页。
② 马克思:《政治经济学批判大纲》(草稿)转引自柏拉威尔《马克思和世界文学》,北京:三联书店1980年版,第393—394页。

法否认在世界上存在任何纯粹单方面的因果关系;连在最简单的事实里它也看到原因和结果复杂的相互作用。而历史唯物主义则特别鲜明地强调,像社会发展这样一个多层次的、多方面的过程中,社会和历史发展的总过程处处都是相互作用的复杂的编织物。只有用这样的方法才有可能哪怕只是去碰一碰这个意识形态的问题。谁要是把各种意识形态看作形成它们的基础的经济过程的机械和消极的产物,那么他就丝毫没有懂得它们的本质和发展,他就不能代表马克思主义,而只是在丑化它、歪曲它。①

同样,主张创作中的"直觉论""无意识"和"本能因素"论,认为作家愈苦思冥想、费尽心机的作品愈不成功,反而无意中的创作却可能名垂千古,仿佛"非自觉性"是艺术成功的秘诀,这也是与艺术生产理论大相径庭的。马克思、恩格斯多次强调:人的实践活动最本质的特性,就在于它是有意识的、自由、自觉的,是受着观念内在规定着的,这是人的劳动与动物的活动,如蜜蜂等的生命本能活动的根本区别。"直觉""无意识""非自觉性"等,只可能是艺术创作复杂过程中的个别现象。因为人的认识不是直线,而是近似螺旋的曲线,相似于一串圆圈。如果只见树木不见森林,这条曲线的任何片段、碎片、小段都能把人引到泥坑里去,引到神秘主义那里去。唯心主义艺术论的实际根源,就存在于人们对艺术生产过程的复杂规律尚未认识之中。至于有人反对艺术的意识形态性,认为艺术本质上是一种纯粹的"自我表现",更不能在艺术生产理论中找到根据。马克思指出,人是社会的存在物,是一个"总体",人的生活表现就是社会生活的表现和确证。把社会作为抽象物同个人对立起来,把艺术创作看成纯粹个人行为的封闭的绝缘体,只能使艺术走上歧途。

我们说艺术生产理论是马克思主义文艺和美学思想的重要组成部分,因为只要把围绕着"艺术生产"概念的思想作一番系统化的工作,把各个分散的论述有机地组织起来,就几乎可以窥见一个新的文艺学体系的轮廓,就可以收到"整体大于它的各部分之和"的理论效果。它既区别于抽象思辨的文艺观,又区别于直观、机械的文艺观,而是把物质生产与精神生产联系起来,把人对世界的物质掌握和人对世界的艺术、审美掌握联系起来,在物质过程与精神过程的统一性中把握艺术和美的特性。这样一来,艺术和美的

---

① 《卢卡契文学论文集》(一),北京:中国社会科学出版社1980年版,第276页。

现象就不是被孤立研究的精神产物,而是人的多种生产实践活动的一种结果,艺术作品的认识价值、美学价值和审美本质成了普遍的有连贯性的社会历史的一部分;这样一来,认识艺术发展就可以避免教条式的逻辑公式主义,而是可能使它呈现出主、客观因素相互作用的生动、复杂、多节奏的过程;这样一来,也就可以多方面地揭示艺术和美学同哲学、心理学、社会学,特别是政治经济学之间的联系,使文艺学和美学体系从内涵到外延都得到巨大的充实。艺术生产理论正是连接文艺学同其他人文和社会科学学科的一根链条。

这里特别应该指出的是,马克思主义经典作家采用的是从政治经济学角度研究文艺学的方法。如果我们比较全面地了解马克思的著作,不难发现,他的最为重要的文艺和美学理论,常常并不是从哲学,而是从政治经济学的角度提出来或联系在一起的。

实践证明,把经典作家的文艺和美学思想同他们的政治经济学理论结合起来研究,绝不是标新立异、别出心裁,而是尊重他们自身美学和艺术方法论的原则,尊重他们的理论特点。马克思在《1844年经济学哲学手稿》中就指出,他的结论(当然包括文艺学和美学结论)是通过完全经验的、以对国民经济学进行认真的批判研究为基础的分析得出的。① 其后,马克思也正是在《政治经济学批判大纲》《〈政治经济学批判〉导言》《资本论》《剩余价值理论》等政治经济学著作中,把艺术和美学的研究推向高峰。恩格斯说过,马克思的"全部理论内容来自对政治经济学的研究"②。我们应该循着这个思路,认识和把握马克思主义文艺理论。

复习思考题:

1. 艺术生产的特殊性表现在哪些方面?
2. 为什么说艺术具有生产性?
3. 联系实际谈谈社会分工对艺术生产有何影响。
4. 怎样理解艺术的意识形态性与生产性的辩证关系?
5. 怎样看待发达资本主义社会意识形态的新特点?
6. 谈谈艺术生产理论的方法论意义。

---

① 《马克思恩格斯文集》第1卷,北京:人民出版社2009年版,第111页。
② 《马克思恩格斯选集》第2卷,北京:人民出版社1995年版,第37页。

第三章　艺术是掌握世界的专有方式

在马克思主义文艺理论中,艺术精神的掌握世界的方式是一个十分重要的论题。何为艺术？艺术何为？对这两个问题的思考与回答,一直是文艺理论研究所不能避开的。有人认为艺术是对"真实体"、对自然的模仿;有人认为"人们只能把通过自由而产生的成品唤作艺术",艺术是天才的创造;有人认为,艺术的美是"理念"的感性显现;有人认为,艺术是"抒情""言志"的……这些答案虽然都有各自的道理,但也均包含着程度不同的片面性。直到马克思提出艺术是人的精神掌握世界的一种方式,才站在辩证唯物论的高度,科学地回答了"何为艺术"与"艺术何为"的问题。

第一节　什么是"艺术精神的"掌握

对世界"艺术精神的"掌握概念,是马克思在《〈政治经济学批判〉导言》中提出来的。马克思在谈到经济学的研究道路时,认为理论研究有两种方法:其一是从具体到抽象的方法,即完整的表象蒸发为抽象的规定,表象只是"关于整体的一个混沌的表象";其二是从抽象到具体的方法,即"抽象的规定在思维行程中导致具体的再现",这个再现出来的具体是"一个具有许多规定和关系的丰富的总体",是"许多规定的综合"和"多样性的统一"。马克思指出第二条道路才是科学上正确的方法。[①] 他进一步阐述道:

> ……从抽象上升到具体的方法,只是思维用来掌握具体、把它当作一个精神上的具体再现出来的方式。但决不是具体本身的产生过程。

[①] 《马克思恩格斯文集》第8卷,北京:人民出版社2009年版,第24—25页。

……因此,在意识看来(而哲学意识就是被这样规定的:在它看来,正是理解着的思维是现实的人,而被理解了的世界本身才是现实的世界),范畴的运动表现为现实的生产行为(只可惜它从外界取得一种推动);而世界是这种生产行为的结果,这——不过又是一个同义反复——只有在下面这个限度内才是正确的:具体总体作为思想总体、作为思想具体,事实上是思维的、理解的产物;但是,决不是处于直观和表象之外或凌驾于其上而思维着的、自我产生着的概念的产物,而是把直观和表象加工成概念这一过程的产物。整体,当它在头脑中作为思想整体而出现时,是思维着的头脑的产物,这个头脑用它所专有方式掌握世界,而这种方式是不同于对于世界的艺术精神的,宗教精神的,实践精神的掌握的。实在主体仍然是在头脑之外保持着它的独立性;只要这个头脑还仅仅是思辨地、理论地活动着。因此,就是在理论方法上,主体,即社会,也必须始终作为前提浮现在表象面前。①

显然,这第二种方法其实"只是思维用来掌握具体、把它当作一个精神上的具体再现出来的方式"。为了说明这种掌握世界的方式是独特的、专有的,马克思列举出"对于世界的艺术精神的,宗教精神的,实践精神的"掌握方式来与之作比照。

黑格尔在其《美学》第3卷"各门艺术的体系"的第三部分"浪漫型艺术"中,曾提到"音乐掌握""诗的掌握方式"和"散文的掌握方式"。他说:"如果我们要追问音乐不同于其他艺术的掌握方式,亦即音乐无论在伴乐词还是不在伴乐词时怎样理解和表达某一具体内容,我们在上文已经回答了这个问题……"②"诗过去是,现在仍是人类的最普遍最博大的教师,因为教与学都是对凡是存在的事物的认识和阅历。""散文的意识也可以掌握上文所说的内容,也能教人认识到普遍规律,也会就五光十彩的现象世界的分散的个别现象来进行区分,整理和解释。"③可见,这里的"掌握"的意思是对事物(本质层面)的认识、理解和表达。马克思所说的艺术精神掌握世界中的"掌握",也基本上是这个意思,不过是把它放在了唯物主义根基上。

---

① 《马克思恩格斯文集》第8卷,北京:人民出版社2009年版,第24—25页。
② 黑格尔:《美学》第3卷上册,北京:商务印书馆1979年版,第344页。
③ 黑格尔:《美学》第3卷下册,北京:商务印书馆1981年版,第20页。

1. 对"掌握世界方式"的理解

关于掌握世界的方式,中外学者有不同的认识。美学家 M.C. 卡冈在其著作中表述的意见是这样的:

> 在《1857—1859 年经济学手稿》中,马克思由于要分析科学理论思维的特点,曾简要地表述了他对艺术在文化中的地位的见解。马克思写道:人用两种具有原则性差别的方式掌握现实世界,一种是理论的方式,一种是实践精神的方式。前者表现为"把直观和表象加工成概念",这种加工工作由思维来作成,思维能从抽象上升到具体;理论思维活动的产物是科学,特别是哲学;把握现实的第二种方式,即实践精神的方式,是以艺术的和宗教的形式实现的。这些形式跟科学理论的和概念思维的反映现实有什么不同呢?在数页之后马克思对这个问题作了回答。
>
> 从艺术上把握现实,之所以被定义为实践精神的把握,而不是理论的把握,是由于:它不是"以思辨的方式""把直观和表象"加工成"概念",而是在精神领域中实现的对所反映的现实的实际改造,这种改造的结果是创造出(当然是以纯精神的方式创造出!)新的"现实",虽说它是由人——即艺术家——的想像、幻想创造出来的。正是这一点使得艺术创作跟宗教创作归入一个系列,因为在两种情况下我们看到的都是"实践精神的"活动,这种活动是想象力实现的、虚幻的(纯精神的)实践的产物,因而跟对现实的科学认识截然不同。
>
> ……
>
> 马克思把艺术理解为想象力创造性地再造现实的结果,这使得艺术创作跟宗教创作接近了。从这点出发,马克思表明了艺术跟神话的历史联系以及艺术发展规律跟科学理论认识发展规律的根本不同。①

卡冈认为精神掌握世界的方式是两类,即理论的和实践精神的方式。艺术的和宗教的形式是实践精神的掌握方式实现的形式。我国的学者大多认为马克思所说的掌握世界的方式是四种:理论的、艺术的、宗教的和实践精神的方式,并且指出理论思维的方式就是运用人类的抽象思维能力认识

---

① [苏]M·C.卡冈主编《马克思主义美学史》,北京:北京大学出版社 1987 年版,第 30—31 页。

客观世界的本质规律,并用概念、范畴、规定的形式来表示这种认识的结果。因此,理论思维方式的特点主要就是抽象,通过抽象思维来探求客观事物的本质。宗教掌握则是用教义和故事两种方式来表现对神和天国的认识和感受,其本质特点在于它的虚幻性,在于它的形式上的纯粹幻想性,它的内容上的荒谬性、虚假性是对世界的歪曲和颠倒,因而是对世界的一种消极的掌握。这种消极的掌握以神的幻象给人以暂时的安慰,但却麻痹着人的意志,压抑着人性的发展。至于实践精神的掌握方式,掌握的内容是人们在日常实践活动中直接产生的感觉、思想、情感、愿望、意志等等,这种内容的表现形式就是那种预先在人们头脑中观念地存在的并能进一步促成人的实际行动的计划、方案、理想蓝图等。实践精神的掌握同其他三种掌握相比较,一个根本的特点就是:它是直接从日常生活实践中产生,并且又直接作用于日常的实践活动,由于受到现实的具体的实践活动的限制,它对世界的掌握也只能是一种原初的、狭隘的、粗糙的掌握,是其他三种掌握方式的基础与出发点和归宿点。艺术的掌握方式的基本特征概括起来说就是艺术家运用形象反映审美对象,表现审美意识;它不只是对世界的反映认识,同时还是对主观感受的表现。这几种精神掌握方式都有主观表现的因素,但艺术掌握中的主观表现因素应该说是更加重要的因素;艺术掌握方式的形式上的特点就是形象性;艺术也有幻想,但那是一种有意识的、清醒的、积极的幻想。这种幻想的目标就在于创造具有审美价值的艺术形象。

可见,我国学者是将这几种掌握方式分析得更具体了,把握了它们各自的特征,并从而使之更具有区别性了。但这似乎与马克思的用意不甚相符,马克思在这段文字中所以要引入艺术的、宗教的、实践精神的掌握方式,主要是以之与理论的掌握世界的方式相对照,以突出理论掌握方式的特点,因此,马克思在此所要凸显的,与其说是它们各个相区别的特点,不如说是艺术的、宗教的、实践精神的方式所共有的鲜明地区别于理论掌握方式的特点。从这点上来看,卡冈的看法似乎更接近、更契合经典作家著作的真实语境。

将艺术确认为掌握世界的一种方式,揭示出来的不是艺术作为现象的存在,也不是作为艺术产品的存在,而是作为一种思维方法的存在,从而把艺术"当作人的感性活动,当作实践去理解"。这是从主体方面对艺术作出的唯物主义解释。艺术的本质和目的不在于艺术本身,而在于通过它体现人作为主体对世界的一种关系。在人和世界之间,艺术首先体现为头脑掌握世界的方法或手段,艺术作品是对世界进行艺术掌握的产品。马克思在谈及希腊神话时指出:"希腊艺术的前提是希腊神话,也就是已经通过人民的幻想用一种不自觉的艺术方式加工过的自然和社会形式本身。"①这里的"加工"也即是掌握的意思。如果说希腊神话时代的艺术掌握还处于"不自觉的"状态,那么,其后的艺术掌握就是一步步地走向自觉状态了。显然,研究希腊神话离不开对当时的人与世界的艺术关系,即作为掌握世界的艺术方式的理解。那时的人们具有一种神话地对待自然的态度和一切把自然神话化的态度,他们是从世界观和方法论的角度来运用艺术的。艺术的这一作为掌握世界的方法的特性,在当时是一种显质,在现代则成为潜质。正如神话作为艺术,当时是一种潜质,而今天却是显质一样。

  艺术是一种精神的掌握世界的方式,这一命题还显示了艺术对于人的根本意义。艺术不仅具有怡情悦性的娱乐、消遣功能和价值,而且还是对世界的认识和解释,并通过人参与着对世界的改造。文学史研究表明,史前时期的艺术都同生产劳动有着密切的联系,都带有较为浓厚的功利和实用色彩,那时的艺术就已经是原始人掌握世界的重要形式了。有学者指出,马克思"显然认为,文学能够告诉我们关于产生文学的那个社会的情况,它的组织、制度、生产方式、思想和感情方式。他从世界伟大作家,从荷马和埃斯库罗斯到普希金和巴尔扎克,也从较小的作家,从安谛巴特洛斯到保尔·德·科克那里,寻找他们所处的国家和他们为之写作的读者的情况,寻找他们多少自觉地信奉其价值标准的那些阶级的情况。但是他显然从来没有把作家笔下的世界错误地当作那个作家所了解的生活的简单的镜面形象。作家是有所选择、有所强调的,因此可以使他的读者能够清楚地生动地看到实际生活中纯粹由于无关重要的细节太多反而看不到的过程"②。这一方面可以看出作为艺术的文学能够对世界作出有效的把握,另一方面,也可看到文学对世界的把握还是一种深层的把握,它能揭示现实中被遮蔽但却是重要的东西,揭示平静的水面深处涌动的潜流。马克思和恩格斯都十分看重法国现实主义作家巴尔扎克的创作,"马克思曾打算在完成巨著《资本论》之后立即着手对巴尔扎克进行专门研究"。他们都高度评价巴尔扎克对"现实关系"

---

① 《马克思恩格斯文集》第 8 卷,北京:人民出版社 2009 年版,第 35 页。
② [英]柏拉威尔:《马克思和世界文学》,北京:三联书店 1980 年版,第 549 页。

本质特征的深刻理解,并且以艺术手法通过作品表达出来的能力。① 这显然可以看作是关于文学艺术对世界掌握功能的肯定和赞许。

马克思把艺术视为一种掌握世界的方式、方法,还表现在他在理论活动过程中常常引用优秀文学作品里的语言来加以印证和说明,甚至从中提炼、引申出自己的观点。比较典型的例子,如《1844年经济学哲学手稿》里,马克思在研究、分析资本社会条件下体现为财富的无限权力与金钱的变态力量的货币特性和本质时,对歌德和莎士比亚诗歌的引用:

> 货币,因为具有购买一切东西的特性,因为它具有占有一切对象的特性,所以是最突出的对象。货币的特性的普遍性是货币的本质的万能;因此,它被当作万能之物……货币是需要和对象之间、人的生活和生活资料之间的牵线人。……
>
> "见鬼!脚和手,
> 还有屁股和头,当然都归你所有!
> 可我获得的一切实在的享受,
> 难道不同样也为我所拥有?
>
> 假如我能付钱买下六匹骏马,
> 我不就拥有了它们的力量?
> 我骑着骏马奔腾,我这堂堂男儿,
> 真好像生就二十四只脚一样。"
> ——歌德《浮士德》(靡非斯特非勒司的话)

莎士比亚在《雅典的泰门》中说:

> "金子!黄黄的、发光的、宝贵的金子!
> ……
> 这东西,只这一点点儿,
> 就可以使黑的变成白的,丑的变成美的;

---

① [苏]瓦·奇金:《马克思的自白》,北京:中国青年出版社1982年版,第156页。

错的变成对的,卑贱变成尊贵,
老人变成少年,懦夫变成勇士。"
……
"啊,你可爱的凶手,
帝王逃不过你的掌握,
亲生的父子会被你离间!
你灿烂的奸夫,
淫污了纯洁的婚床!
你勇敢的玛尔斯!
你永远年轻韶秀、永远被人爱恋的娇美的情郎,
你的羞颜可以融化黛安娜女神膝上的冰雪!
你有形的神明,
你会使冰炭化为胶漆,仇敌互相亲吻!
为了不同的目的,
你会说任何的方言!
你这动人心坎的宝物啊!
你的奴隶,那些人类,要造反了,
快快运用你的法力,让他们互相砍杀,
留下这个世界来给兽类统治吧!"[①]

文学艺术在这里与其说是作为例证,不如说是作为一种和理论并列的掌握事物的方法,理论的方式与艺术的方式在这里无疑有一种殊途同归的互证效果。马克思一直认为艺术是充实人的智力的一种最丰富的宝库,是认识世界的一种特有的形式。只要懂得艺术创作的本质和规律,就能使形象语言轻易地译成历史真实的语言。马克思就十分擅长从交织在艺术作品里的那些非理性的思维中找出社会历史的真谛。

2. 艺术精神掌握世界方式的作用

马克思把艺术视为一种掌握世界的方式,还有助于我们对艺术、艺术家和世界关系的理解。如果说"模仿说"使艺术家在现实世界面前显得笨拙、机械而被动的话,那么,"掌握"这一概念就凸显了艺术家或创作者的能动性

---

① 《马克思恩格斯文集》第1卷,北京:人民出版社2009年版,第242—244页。

的一面,强调了艺术活动中艺术家的主体性——不是现实淹没了文艺家,而是文艺家对现实世界的精神掌握。艺术,作为方法存在于艺术的思维过程,作为结果就体现为艺术作品。虽然,艺术是对现实的精神掌握,但由于实在主体仍然是在头脑之外保持着它的独立性,所以,不能把这样掌握的现实与真实的现实混为一谈。艺术精神的掌握,同理论精神、宗教精神、实践精神的掌握一样,都是思维着的头脑的掌握,艺术精神掌握到的世界只是为头脑思维着、理解着的世界。艺术作为精神掌握世界的方式之一,既体现在认识论方面,也体现在实践论方面;它不仅包含艺术认识的方法,而且包含艺术实践的方法。因为艺术的掌握不仅指向对世界的认识、理解,还指向文艺作品的构思与表达。上一章我们论述了马克思的"艺术生产"理论,表明他是把艺术活动视为一种实践的。马克思认为文学欣赏,像文学创作一样,也是实践的一种形式。实践,是人们有计划地、有目的地、自觉地、能动地"改变世界"的活动,提出或强调文艺活动是实践,也就突出了艺术活动中的艺术家和艺术接受者的主体意识、主体性。列宁说过:"实践高于(理论的)认识,因为它不仅有普遍性的品格,并且还具有直接现实性的品格。"[①]认识的目的或结果在于对世界达到本质的规律性的把握,而实践的目的或结果则是"改变世界"、制造或创造各种满足需要的产品。从这个意义上讲,文艺的创作或文艺方式的表达阶段,其实践性的表现往往会更明显、更强烈一些。而那些未经表达出来的对世界的艺术方式的感觉和理解,则其认识性的特点更明显些。

当然,如同不能把对世界的精神掌握方式与物质掌握方式相等同一样,我们也不可将艺术活动、艺术实践同物质活动、物质实践混为一谈。因为艺术掌握的对象毕竟在头脑之外独立地存在着。艺术掌握世界的方式,既包含了艺术认识和思维层面,也包含了艺术实践和生产层面。它是从人与现实关系的角度着眼而得出的科学命题,是艺术本质的一种抵达哲学高度的表达。

第二节 "艺术精神的"掌握特征

艺术精神掌握的特征,是进一步具体研究、分析、理解艺术之为艺术的

[①] 《列宁全集》第55卷,北京:人民出版社1990年版,第183页。

核心内容。马克思主义经典作家对此所作的论述,主要体现在这样几个层面:1.思维层面,2.创造层面,3.形态层面。

1. 思维不脱离感性和形象

我国不少学者在分析研究精神掌握世界的四种方式时,认为掌握方式主要是指人对世界的思维方式或思维方法。马克思所说的四种掌握方式的不同,也主要是从思维方式的不同来加以区别的。当然,如果仅从思维角度来阐释掌握方式是有失公允的,但毫无疑问,思维方式是精神掌握世界的方式中重要内涵之一。因为,这里的"掌握"毕竟是"思维着的头脑"的掌握。因此,可以说,研究艺术思维的特征,就应该是研究艺术精神掌握方式特征的最基本方面。

马克思在论及人的社会性劳动与动物的本能生命活动的区别时,曾提出"按照美的规律来构造"的命题。他说:

> 动物的生产是片面的,而人的生产是全面的;动物只是在直接的肉体需要的支配下生产,而人甚至不受肉体需要的影响也进行生产,并且只有不受这种需要的影响才进行真正的生产;动物只生产自身,而人再生产整个自然界;动物的产品直接属于它的肉体,而人则自由地面对自己的产品。动物只是按照它所属的那个种的尺度和需要来构造,而人却懂得按照任何一个种的尺度来进行生产,并且懂得处处都把内在尺度运用于对象;因此,人也按照美的规律来构造。[①]

在艺术领域尤其是如此——按照美的规律来构造。这样,在艺术思维的层面,就是要求艺术家或艺术品的接受者按照美的规律来思维了。那么,什么是"按照美的规律"呢?从上面这段引文中,可以看到,马克思主要是在论述人通过实践创造对象世界的特点即异于动物的生产特点来规定按照美的规律的。按照美的规律来构造,是人的生产区别于动物的生产的一个重要方面。怎样才能做到"按照美的规律来构造",或者说"按照美的规律来构造"有什么含义呢?显然,人之所以能够做到"按照美的规律来构造"是因为人"懂得按照任何一个种的尺度来进行生产,并且懂得处处都把内在尺度运用于对象"。"尺度",在这里的意思是指规律、法则或标准。"懂得按照任何

---

① 《马克思恩格斯文集》第 1 卷,北京:人民出版社 2009 年版,第 162—163 页。

一个种的尺度来构造",就是人能够在认识客观事物的规律的基础上来进行合规律的生产与创造,这体现了人的生产的自由性。"内在尺度"是主体人的内在标准和法则,是指人的内在需要与目的,"处处都把内在尺度运用于对象"体现为整个生产过程及产品的合目的性,表明人的生产还是自觉的生产。马克思所说的"人也按照美的规律来构造",就是指人能够自由自觉地进行生产;人的自由自觉活动的对象化就是美的产品产生的条件。

  如此看来,按照美的规律来思维就是那种自由自觉的思维,它一方面体现为对客体世界规律的认识,有合规律性。例如恩格斯称赞的巴尔扎克,他可以"违背自己的阶级同情和政治偏见"[1]。又如,列宁认为真正伟大的作家一定会在自己的作品中反映出革命的某些本质方面。这里强调的艺术思维也要合于客观事物的规律,乃是文艺作品达到艺术真实的基本要求。另一方面则体现为艺术思维符合艺术家本身的内在的标准和需求,具有合目的性。马克思说:"密尔顿出于同春蚕吐丝一样的必要而创作《失乐园》。那是他的天性的能动表现。"[2]人自身的内在尺度、内在的标准与需求,其实就是人的天性,或者说它反映着人的天性。天性当然也是历史地形成的,它有理性内涵,也有非理性内涵。艺术思维就是人的天性的能动表现,是一种自觉、自由程度都很高的思维方式。

  上面说到的艺术思维的合规律性、合目的性、自由自觉特性,可以说都是着眼于思维的内容或品质。那么,在形式上,艺术思维又有什么重要的特征呢?

  马克思说过:"任何神话都是用想象和借助想象以征服自然力,支配自然力,把自然力加以形象化。"他认为希腊艺术的前提是希腊神话,也就是已经通过人民的幻想,用一种不自觉的艺术方式加工过的自然和社会形式本身。[3] 其中,想象与幻想都是就艺术的思维形式而言的。相对于创作来说,艺术的思维表现为过程和手段。诚然,艺术活动中的形象思维不同于日常生活中的形象思维,它往往是那些能够把握到事物的某些本质,同时又体现了思维主体的天性的形象思维。形象思维的形象性之所以合于美的规律,就在于其具体可感性,是一种感性的思维或不脱离感性的思维。马克思把

---

[1] 《马克思恩格斯文集》第10卷,北京:人民出版社2009年版,第571页。
[2] 《马克思恩格斯全集》第26卷第1册,北京:人民出版社1972年版,第432页。
[3] 《马克思恩格斯文集》第8卷,北京:人民出版社2009年版,第35页。

艺术看作是意识的一种感官上的形式。

由思维层面来考察，艺术掌握的特征就是按照美的规律来思维，就是想象和幻想，是合规律又合目的、体现了人的自觉自由的本质特性的形象思维。

2. 真实性与倾向性的统一

既然美的规律有两个尺度，那么，按照美的规律来构造，当然也应基本依循这两种尺度。

第一，是客观事物的尺度即客体的尺度，艺术创造首先要较为正确地把握客观事物的规律与标准，就是说，文艺创造需要遵循真实性的原则，这是经典作家对文艺创作的一个基本要求，也是他们的唯物史观在文艺思想方面的重要体现。不难发现，马克思和恩格斯对巴尔扎克和英国的现实主义作家，以及列宁对托尔斯泰、涅克拉索夫、谢德林的重视，就是出于对那种真实性，那种艺术形象符合对历史现实的深刻而具体的理解，以及那种充分的典型化的重视。马克思、恩格斯对莎士比亚剧作的极为赞赏，其中一个重要原因，就在于莎剧所具有的真实性品质。别林斯基曾对莎士比亚创造人物的方法进行过研究，认为莎氏在创造人物时，能够坚持客观性。所谓客观性，即是指作家"能够离开自己的个性，按照实在情况来理解对象，移居到对象里面去，以那些对象的生活为生活"，这可贵的客观性就使得"莎士比亚不肯把现实牺牲给心爱的概念"[①]。所以，莎士比亚笔下的人物"是真正的人，像他们实际的那样，应该的那样"[②]。此处的"客观性"，也就是文学创作的真实性原则。很显然，文艺创造的真实，就是要凭借符合着对历史现实的深刻而具体理解并且充分典型化了的艺术形象，来显现现实，从而在创作实践中实现对客观事物尺度的把握。

那么，文艺创造是怎样达到真实性的呢？

同抽象的思辨的方式相反，文艺的真实性是要通过在典型化基础上的"如实地叙述""真实地描绘"方式来实现的。恩格斯在致哈克奈斯的信中写道：

真正艺术家的勇气……主要表现在您把无产阶级姑娘被资产阶级

---

① 《莎士比亚评论汇编》上册，北京：中国社会科学出版社1985年版，第430—431页。
② 《别林斯基选集》第1卷，上海：上海译文出版社1979年版，第153页。

男人所勾引这样一个老而又老的故事作为全书的中心时所使用的朴实无华的手法。平庸的作家会觉得需要用一大堆矫揉造作和修饰来掩盖这种他们认为是平凡的情节,然而他们终究还是逃脱不了被人看穿的命运。您觉得您有把握叙述一个老故事,因为您能够如实地叙述它,使它变成一个新故事。①

"如实地叙述",就是按照生活的本来面目用文学语言来再现生活。关于"真实地描绘",马克思和恩格斯是在《评阿·谢努的〈密谋家,秘密组织〉和律·德拉奥德的〈1848年2月共和国的诞生〉》一文中提及的。他们认为"在现有的一切绘画中,始终没有把这些人物真实地描绘出来,而只是把他们画成一种官场人物……在这些形象被夸张了的拉斐尔式的画象中,一切绘画的真实性都消失了"②。真实地描绘人物和事件是马克思、恩格斯对文艺作品创造的一个最基本的要求。可以说,叙述和描绘道出了文艺依循客体尺度创造作品的独特方式。恩格斯在《诗歌和散文中的德国社会主义》一文中指出,"'真正的社会主义'的诗篇的特征"就是"对叙述和描写的完全无能为力","'真正的社会主义者'在自己的散文中也极力避免叙述故事。在他们无法规避的时候,他们不是满足于按哲学结构组织一番,就是枯燥无味地记录个别的不幸事件和社会现象。而他们所有的人,无论是散文家或者是诗人,都缺乏一种讲故事的人所必需的才能……"③可见,没有叙述和描绘,就毫无艺术性可言。同时,真实性也必须是叙述与描绘的重要尺度。艺术创造是以"如实地叙述"与"真实地描绘"为手段来遵循"美的规律"中的客体的尺度的。违背或无视这一尺度,就不可能创造出优秀的作品。马克思批评过诗人夏多勃利昂,认为其作品"虚伪的深奥,拜占庭式的夸张,感情的卖弄,色彩的变幻,文字的雕琢,矫揉造作,妄自尊大,总之,无论在形式上或在内容上,都是前所未有的谎言的大杂烩"④。这从反面说明,失去了真实感的"叙述"和"描绘",便是对"美的规律"的违背。

第二,按照美的规律来构造还要遵循内在的尺度,即遵循主体的需要和

---

① 《马克思恩格斯文集》第10卷,北京:人民出版社2009年版,第569—570页。
② 《马克思恩格斯全集》第7卷,北京:人民出版社1959年版,第313页。
③ 《马克思恩格斯全集》第4卷,北京:人民出版社1958年版,第237页。
④ 《马克思恩格斯全集》第33卷,北京:人民出版社1973年版,第102页。

标准。这反映到创作中,就是指文艺创作的"倾向性"问题。马克思指出:"从前的一切唯物主义(包括费尔巴哈的唯物主义)的主要缺点是:对对象、现实、感性,只是从客体的或者直观的形式去理解,而不是把它们当做感性的人的活动,当做实践去理解,不是从主体方面去理解。因此,和唯物主义相反,唯心主义却把能动的方面抽象地发展了。"①

考察文艺创作中的"倾向性"就包括"从主体方面去理解"的成分。艺术是意识对世界的审美反映,既然有主体意识的参与,那么,这一反映就不是也不可能是纯粹客观的,其中必然会或隐或显地渗透并体现出反映主体的立场、信念、观点、见解、情感与态度,即倾向性。恩格斯称赞巴尔扎克的作品是"富有诗意的裁判"②,表明艺术的本质是赞成或反对的斗争,漠不关心的艺术是没有而且不可能有的,因为人不是照相机,他不是给现实拍照,他或是肯定现实,或是改变现实,毁灭现实。③ 这里的"裁判""赞成"或"反对",就是指"倾向性"而言。作家、艺术家的创作既反映客观世界,也表现他们自己的主体倾向性。卢卡契说过:"没有一个伟大的艺术家在描写现实的同时不流露他自己的看法、渴望和追求的。"④

对于艺术创造来说,表现何种倾向与如何表现倾向,是非常重要的两个方面。恩格斯在致敏·考茨基的信中说:

> 我决不反对倾向诗本身。悲剧之父埃斯库罗斯和喜剧之父阿里斯托芬都是有强烈倾向的诗人,但丁和塞万提斯也不逊色;而席勒的《阴谋与爱情》的主要价值就在于它是德国第一部有政治倾向的戏剧。现代的那些写出优秀小说的俄国人和挪威人全是有倾向的作家。可是我认为,倾向应当从场面和情节中自然而然地流露出来,而无须特别把它指点出来;同时我认为,作家不必把他所描写的社会冲突的历史的未来的解决办法硬塞给读者。此外,在当前条件下,小说主要是面向资产阶级圈子里的读者,即不直接属于我们的人的那个圈子里的读者,因此,如果一部具有社会主义倾向的小说,通过对现实关系的真实描写,来打

---

① 《马克思恩格斯文集》第1卷,北京:人民出版社2009年版,第499页。
② 《马克思恩格斯全集》第36卷,北京:人民出版社1974年版,第77页。
③ 参见《高尔基论文学》,北京:人民文学出版社1978年版,第141页。
④ 《卢卡契文学论文集》第1卷,北京:人民文学出版社1986年版,第294页。

破关于这些关系的流行的传统幻想,动摇资产阶级世界的乐观主义,不可避免地引起对于现存事物的永恒性的怀疑,那么,即使作者没有直接提出任何解决办法,甚至有时并没有明确地表明自己的立场,我认为这部小说也完全完成了自己的使命。①

这其中的"俄国人"大概是指普希金、车尔尼雪夫斯基、杜勃罗留波夫,而"挪威人"大概主要是指易卜生,因为马克思和恩格斯曾在著作中赞赏过他们或他们的作品。

该段引文中提及的著名文学家,他们在创作中表现出的倾向,总体上看具有这样的品质:深刻性、进步性和革命性。埃斯库罗斯(约公元前525—前456)的作品反映了雅典民主制建成时期的社会生活,其悲剧人物往往具有崇高品质和英雄气概,表现了自由公民的民主和爱国精神;阿里斯托芬(约公元前446—前385)的喜剧揭示了雅典奴隶主民主制危机时期的社会生活,对当时不合理的社会现象进行了抨击;意大利诗人但丁(1265—1321)的代表作《神曲》有着强烈的反对教皇和封建专制的倾向,显示出了文艺复兴时期人文主义思想的曙光。恩格斯把但丁看作是中世纪的最后一位诗人,同时又是新时代的最初一位诗人。塞万提斯(1547—1616)的长篇小说《堂·吉诃德》再现了16世纪末、17世纪初西班牙各方面的社会生活,尖锐地嘲讽、打击了封建制度、宫廷贵族和骑士制度;《阴谋与爱情》是席勒(1759—1805)青年时代的代表作,它反映了18世纪德国市民与封建统治者之间的矛盾,具有强烈的反封建精神。可以看出,倾向性的这几种品质,是与创作者的进步的思想观念、对现实理解的正确和深刻程度紧密相关的。这也体现了优秀的文艺创造要求创作者的倾向性,即人的内在尺度要契合于客观事物的尺度要求。文艺创作应该表现的就是这样的倾向性。

与此相反,马克思、恩格斯对那些错误的、肤浅的、落后的、反动的倾向性是持否定态度的。比如,恩格斯对"倾向小说"的批判就是如此。"倾向小说"主要指19世纪30年代在德国流行的"青年德意志"派的文学作品。恩格斯在《德国的革命与反革命》一书中说:

1830年的事件使整个欧洲顿时陷入了政治骚动,德国文坛也受到

---

① 《马克思恩格斯文集》第10卷,北京:人民出版社2009年版,第545页。

这种骚动的影响。当时几乎所有的作家都鼓吹不成熟的立宪主义或更加不成熟的共和主义。用一些定能引起公众注意的政治暗喻来弥补自己作品中才华的不足,越来越成为一种习惯,特别是低等文人的习惯。在诗歌、小说、评论、戏剧中,在一切文学作品中,都充满所谓的"倾向",即反政府情绪的羞羞答答的流露。为了使1830年后在德国盛行的思想混乱达到顶点,这些政治反动派的因素便同大学里没有经过很好消化的对德国哲学的记忆以及法国社会主义,尤其是圣西门主义的被曲解了的只言片语掺混在一起;这一群散布这些杂乱思想的作家,傲慢不逊地自称为青年德意志或现代派。后来他们曾追悔自己青年时代的罪过,但并没有改进自己的文风。①

恩格斯所以对这些作品持否定或不满的态度,主要就是在于其创作倾向或思想的混乱、肤浅与错误。同样的态度体现在恩格斯对19世纪40年代"真正的社会主义者"创作的批评上。恩格斯认为,"真正的社会主义者"倍克"减轻这个世界上全部的苦难"的妄想,即便"就是全世界的资本家合在一起也丝毫不能完成",其作品只不过是"给德国小市民对大资本家的势力所抱的无知而浪漫的幻想和对他的善良愿望的信赖披上诗歌的外衣"②。"他不是在现实世界中生活和创作诗歌的活动着的人,而是一个漂浮在云雾中的'诗人',但这些云雾不过是德国市民的朦胧的幻想罢了。""倍克经常由极度夸张的高谈阔论转到干巴巴的小市民的散文,从一种向现状开火的小幽默转到和现状实行感伤的和解……因此,他的诗歌所起的并不是革命的作用,而是'止血用的三包沸腾散'。"③毫无疑问,所谓的"真正的社会主义"派的创作倾向,就是不可避免地走向优秀文学创作所应表现的主体性尺度的反面。

不过,这只是问题的一个方面,问题的另一方面是,文学创作中应如何表现主体倾向。按照恩格斯的说法,"倾向应当从场面和情节中自然而然地流露出来,而不应特别把它指点出来",这是艺术表达与理论表达的重要不同之处。理论的倾向性是外在的,可以直观的,甚至有时理论就是倾向本身

---

① 《马克思恩格斯文集》第2卷,北京:人民出版社2009年版,第361页。
② 《马克思恩格斯全集》第4卷,北京:人民出版社1958年版,第230—231页。
③ 《马克思恩格斯全集》第4卷,北京:人民出版社1958年版,第242页。

的直接诉说；艺术的倾向性则是内在的、含蓄的，它往往需要读者的玩味与领悟，艺术只向人的良好的理解力显现倾向。如果在艺术中明确地把倾向"指点出来"，艺术作为艺术的魅力也就会受损或丧失。经典作家对文学创作中那些脱离场面和情节来进行抽象观念说教的现象都有过批评。马克思在评论拉萨尔剧作《济金根》时指出："你的最大缺点就是席勒式地把个人变成时代精神的单纯的传声筒。"[①]恩格斯写信给哈克奈斯，告诉她："作者的见解越隐蔽，对艺术作品来说就越好。"[②]这都是强调艺术地表达内在尺度的特征。

  在创作的过程中，遵从事物种的尺度（即真实性）与遵从内在尺度（即倾向性）应当是相契合的，这也是按照美的规律来构造的基本要求。然而，它们却常常是不相一致的，有时甚至是相互矛盾的。这时，为了倾向性的表现而牺牲对现实的真实描绘是违背美的规律的，或者说，与现实的真实性相违拗的倾向性不是美的倾向性。相反，为了现实的真实性而违背或矫正创作主体的倾向性却会达到很高的艺术性，巴尔扎克就是一个例子。他"在政治上是一个正统派；他的伟大作品是对上流社会无可阻挡的衰落的一曲无尽的挽歌；他对注定要灭亡的那个阶级寄予了全部的同情。但是，尽管如此，当他让他所深切同情的那些贵族男女行动起来的时候，他的嘲笑空前尖刻，他的讽刺空前辛辣。而他经常毫不掩饰地赞赏的唯一的一批人，却正是他政治上的死对头，圣玛丽修道院的共和党英雄们，这些人在那时（1830—1836年）的确是人民群众的代表。这样，巴尔扎克就不得不违背自己的阶级同情和政治偏见；他看到了他心爱的贵族们灭亡的必然性，把他们描写成不配有更好命运的人；他在当时唯一能找到未来的真正的人的地方看到了这样的人——这一切我认为是现实主义的最伟大胜利之一，是老巴尔扎克最大的特点之一"[③]。然而，这里并非是巴尔扎克用真实性取消或取代了倾向性，而是以他通过对客观社会现实的观察、体验与思考获得的正确、深刻的倾向性，取代了自己的主观情感中的偏见——错误、逆动、肤浅的倾向性，是以一种倾向性取代另一种倾向性。

---

① 《马克思恩格斯文集》第10卷，北京：人民出版社2009年版，第171页。
② 《马克思恩格斯文集》第10卷，北京：人民出版社2009年版，第570页。
③ 《马克思恩格斯文集》第10卷，北京：人民出版社2009年版，第571页。

3. 典型性格和典型环境

艺术掌握世界的形态或形式特征,主要是一种美的形态和特征。就文学而言,即是以语言来构造的美的形态。文学掌握世界的形态的最高概念应该是典型。恩格斯曾在写给敏·考茨基的信中评论《旧和新》时说:

> 对于这两种环境里的人物,我认为您都用您平素的鲜明的个性描写手法刻画出来了;每个人都是典型,但同时又是一定的单个人,正如老黑格尔所说的,是一个"这个",而且应当是如此。但是,为了表示没有偏颇,我还要找点毛病出来,在这里我来谈谈阿尔诺德。这个人确实太完美无缺了,因此,当他最终在一次山崩中死掉时,人们只有推说他不见容于这个世界,才能把这种情形同文学上的崇尚正义结合起来。可是,如果作者过分欣赏自己的主人公,那总是不好的,而据我看来,您在这方面也多少犯了这种毛病。爱莎尽管已经被理想化了,但还保有一定的个性描写,而在阿尔诺德身上,个性就更多地消融到原则里去了。①

这里的"这个"即是典型。通过恩格斯对作品人物的分析,可以看出,典型是用"鲜明的个性描写手法"塑造出来的,而那些消泯个性或个性描写的作品,是不可能创造出典型形象的。在一定意义上,个性即是指典型性格、典型人物。黑格尔说:"普遍性必须在具体的个人身上融会成为整体和个体。这种整体就是具有具体的心灵性及其主体性的人,就是人的完整的个性,也就是性格。""真正的自由的个性,如理想所要求的,却不仅要显现为普遍性,而且还要显现为具体的特殊性,显现为原来各自独立的这两方面的完整的调解和互相渗透,这就形成完整的性格,这种性格的理想在于自身融贯一致的主体性所含的丰富的力量。"②个性就是普遍性和具体特殊性"完整的调解和互相渗透"的显现,并从而形成完整的性格。因此,将个性单纯视为个别性、特殊性的观点是与这里的个性的含义不相符合的。黑格尔说的一个"这个"即是"这一个"。他认为:"'这一个'……表明自身为中介了的单纯

---

① 《马克思恩格斯文集》第 10 卷,北京:人民出版社 2009 年版,第 544—545 页。
② [德]黑格尔:《美学》第 1 卷,北京:商务印书馆 1979 年版,第 300—301 页。

性或普遍性。"①也就是说,"这个"或典型是通过具体的特殊性表现或体现出来的普遍性。"这个"体现了普遍性的具体特殊性就是个性,也就是典型性格。别林斯基较为通俗形象地道出了典型特质,他说:"在一位具有真正才能的人写来,每一个人物都是典型,每一个典型对于读者都是似曾相识的不相识者。"②"似曾相识"就是因为典型具有普遍性,"不相识"则在于典型的具体特殊性。辩证法告诉我们,对立面是同一的,个别一定与一般相联而存在。一般只能在个别中存在,只能通过个别而存在。任何个别(不论怎样)都是一般。任何一般都是个别的(一部分,或一方面,或本质)。这就揭示了典型的内在结构和确切含义。性格乃理想艺术表现的真正中心,所以,典型性格或典型人物,也就理所当然地成为艺术掌握世界的形态的核心。

人创造环境,同样环境也创造人。文学作品写人就离不开写环境,性格形态离不开环境形态,因为人是生活、活动在环境之中的。马克思就曾说过:"罪犯的巢穴和他们的言谈反映罪犯的性格,这些巢穴和言谈是罪犯日常生活的不可分离的一部分。所以描写罪犯必然要描写到这些方面,正如描写 femme galante(情妇)必然要描写到 petite maison(幽会密室)一样。"③人本身也是构成环境尤其是社会环境的重要因素。所以,作品中的环境是人物生存、活动的必要背景,也是形成人物性格的不可或缺的依据。当然,人也始终在影响、变革甚至创造着环境,并以此来体现其主体性。文学中环境描写的最高形态则是典型环境。

恩格斯在评论剧本《济金根》时,表述过这样的思想:"……主要的出场人物是一定的阶级和倾向的代表,因而也是他们时代的一定思想的代表,他们的动机不是来自琐碎的个人欲望,而正是来自他们所处的历史潮流。"④典型环境就是指能够显现出历史潮流的现实的具体环境。恩格斯诚挚地批评女作家玛·哈克奈斯的中篇小说《城市姑娘》中的环境描写不够典型时,也是从这个意义上来说的:

据我看来,现实主义的意思是,除细节的真实外,还要真实地再现

---

① [德]黑格尔:《精神现象学》上卷,北京:商务印书馆 1979 年版,第 66 页。
② 《别林斯基选集》第 1 卷,上海:上海译文出版社 1979 年版,第 191 页。
③ 《马克思恩格斯文集》第 10 卷,北京:人民出版社 2009 年版,第 71 页。
④ 《马克思恩格斯文集》第 10 卷,北京:人民出版社 2009 年版,第 570 页。

典型环境中的典型人物。您的人物,就他们本身而言,是够典型的;但是环绕着这些人物并促使他们行动的环境,也许就不是那样典型了。在《城市姑娘》里,工人阶级是以消极群众的形象出现的,他们无力自助,甚至没有试图作出自助的努力。想使他们摆脱其贫困而麻木的处境的一切企图都来自外面,来自上面。如果说这种描写在1800年前后或1810年前后,即在圣西门和罗伯特·欧文的时代是恰如其分的,那么,在1887年,在一个有幸参加了战斗无产阶级的大部分斗争差不多50年之久的人看来,就不可能是恰如其分的了。工人阶级对压迫他们的周围环境所进行的叛逆的反抗,他们为恢复自己做人的地位所作的令人震撼的努力,不管是半自觉的或是自觉的,都属于历史,因而也应当在现实主义领域内占有一席之地。①

在恩格斯看来,小说《城市姑娘》的环境描写之所以不够典型,就在于它不能显现出那个时代的历史趋势。英国从宪章运动开始,工人包括伦敦东头的工人已开始觉醒,工人运动不断发展:1886年,伦敦东头失业工人就开始举行游行示威;1887年,东头工人开始组织工会,再次举行示威游行;1888年5月和1889年8月伦敦东头工人也都组织了较大规模的罢工运动,给当时的资产阶级以很大的打击。这些反抗和斗争都表明了伦敦东头工人积极的一面,对此无视或忽视是片面的,是不能真正体现出当时真实的历史潮流的。哈克奈斯只着眼于伦敦东头工人消极面的环境描写,显然就"不是那样典型了"。

此外,马克思、恩格斯在1859年致拉萨尔评论其剧作《济金根》的信中所提及的"背景",也是指环境。马克思写道:"革命中的这些贵族代表——在他们的统一和自由的口号后面一直还隐藏着旧日的皇权和强权的梦想——不应当像在你的剧本中那样占去全部注意力,农民和城市革命分子的代表(特别是农民的代表)倒是应当构成十分重要的积极的背景。"②恩格斯也指出:"根据我对戏剧的这种看法,介绍那时的五光十色的平民社会,会提供完全不同的材料使剧本生动起来,会给在前台表演的贵族的国民运动提供一幅十分宝贵的背景,只有在这种情况下,才会使这个运动本身显出本

---

① 《马克思恩格斯文集》第10卷,北京:人民出版社2009年版,第570页。
② 《马克思恩格斯文集》第10卷,北京:人民出版社2009年版,第170—171页。

来的面目。"①马克思所说的"十分重要的积极的背景",是指现实世界中革命性因素的具体显现,他和恩格斯一样,也并不一般地排斥对消极面环境的描写。他们只是强调,在描写消极面时,不要忘了促动社会生活进步发展的积极面,哪怕这积极面尚是作为潜流而存在的。

恩格斯将"五光十色的平民社会"视为"一幅十分宝贵的背景",主要是侧重戏剧中的典型环境或背景对于前台表演者的价值与意义而言的:一则,描写典型环境,以繁杂丰富的社会环境来显现主体思想或观念,就可以避免那种从观念出发的创作倾向,不是主体的直接说明,而是通过对现实生活画面的具体描绘来显现,就会使作品生动起来;再则,典型环境往往还暗示性格或事件形成与发生的深层原因,揭示性格与事件为什么会成为这样子,表明典型环境既是性格或事件的孕育者,也是阐释者。所以,只有在这种背景里,才会使性格或事件真正"显出本来的面目"。

对文体形式的关注,也是艺术掌握的形态方面的重要特征,并是创造美的形态的一个必要条件。关于经典作家对待形式问题的态度,是个大问题,我们准备在第四章中专门论述。马克思、恩格斯没有忽略过形式问题。他们在文学评论中除了对情节的安排即结构的关注外,对文体形式的关注也格外明显。由诗体剧出发,马克思评论拉萨尔的《济金根》时就说:"既然你用韵文写,你本来可以把你的韵律安排得更艺术一些。"②恩格斯也认为:拉萨尔在韵律方面"确实处理得比较随意,而这给阅读时带来的麻烦比给上演时带来的麻烦还要大。……由于道白很长,根本不能上演"③。韵律更艺术些,是诗的文体要求;道白口语化,不能过长,这是戏剧的文体要求。马克思在批评所谓"真正的社会主义"作家时指出,这些散文家(也即小说家)和诗人都缺乏一种"讲故事"的能力,而"讲故事"则无疑是小说、叙事诗的重要文体形式特征。

既然艺术掌握的形态是美的形态,那么,达到理想境界的美的形态是怎样的呢?或者说,美的形态的理想是什么呢?

恩格斯在致拉萨尔的信中说:

---

① 《马克思恩格斯文集》第 10 卷,北京:人民出版社 2009 年版,第 176 页。
② 《马克思恩格斯文集》第 10 卷,北京:人民出版社 2009 年版,第 169 页。
③ 《马克思恩格斯文集》第 10 卷,北京:人民出版社 2009 年版,第 173—174 页。

您不无理由地认为德国戏剧具有的较大的思想深度和自觉的历史内容,同莎士比亚剧作的情节的生动性和丰富性的完美的融合,大概只有在将来才能达到,而且也许根本不是由德国人来达到的。无论如何,我认为这种融合正是戏剧的未来。[①]

这里的"这种融合"思想,是恩格斯对拉萨尔美学观点的革命性改造,剔除了其唯心主义成分,即拉萨尔在剧本原序中将"伟大的思想深度"和"历史精神"在实质上视为黑格尔的绝对精神的观点。这段话虽然在字眼上是针对戏剧而言的,但可以认为也同样适宜于其他艺术形式,可看作是对艺术掌握的理想形态的整体的一般描述。由此,我们可以看到,艺术美的形态的理想就是"自觉的历史内容"与通过对世界的真实叙述和描绘而达到生动丰富程度的情节完美融合为一个艺术整体。

第二节 "艺术精神的"掌握对象与主体

对艺术掌握来说,它要解决的是艺术具体掌握什么?掌握什么样的世界?何种状态下的人在进行着艺术的掌握?

1. 艺术精神掌握的对象

从哲学意义上说,艺术掌握的对象显然是一种"对象性的现实",是"人的现实""人自己的本质力量的现实",是作家、艺术家"自身的对象化"。同时,艺术还是一种对人的"特殊的、现实的肯定方式",这一方式的实现有赖于对象的性质以及与之相适应的本质力量的性质。这样,对作为一种对象的艺术掌握,或者说作为一种艺术掌握的对象,就可以做一个限定:艺术掌握的对象是和人的艺术性本质力量相适应的具有艺术特性的现实世界。这一思想可以从《1844年经济学哲学手稿》中清晰地看得出来。

客观世界要想成为人的艺术掌握的对象,它就必须对人的艺术掌握有用,或者说,对正在进行艺术掌握的主体在此方面有用。这也就是说,要有价值。那么,怎样的客观世界才能对艺术的掌握或人的审美具有价值呢?要搞清这个问题,首先须得明确何谓价值以及价值与属性的关系。马克思认为,价值"最初无非是表示物对于人的使用价值,表示物的对人有用或使

[①] 《马克思恩格斯文集》第10卷,北京:人民出版社2009年版,第174页。

人愉快等等的属性"。"使用价值表示物和人之间的自然关系,实际上是表示物为人而存在。""物的 Wert(价值——引者注)事实上是它自己的 virtus(力量、优点、优秀的品质——引者注)。"① 显然,马克思并不是将价值视为一种纯然客观的物的属性,而是把它看作物和人的关系属性。人们常说,对象之所以能成为艺术的对象,就在于它的美的属性,这个美的属性其实是要从物和人的关系、从价值的角度来理解的,否则,就容易造成误解。因此,把美视为一种价值或价值形态,比视为一种属性更为适宜。文学家只能写那些他能体验感觉到或想象性地体验感觉到的事物,即和他的艺术感触发生关系的事物。这里有两种可能的关系方式:一是主体征服客体而形成的同化的方式;一是客体征服主体而导致的顺应的方式。因此,他只能写那些对他的艺术创造有用、有价值的事物。价值并非对物、物的固有属性的描绘,而只是表示"物为人而存在"。

那么,物的固有属性与其价值是什么关系呢?

可以说,正是物的固有属性才使物成为该物,而只有当物成为该物的时候,它才能以该物的形式和人发生关系——对人有用、有价值。关于这一点,我们在第一章论述艺术的社会作用时已经谈到。应该说,物的固有属性是物的价值的基础和重要原因。离开物的属性,物的价值就无从谈起。

下面,我们再回到怎样的客体世界才能对艺术精神的掌握或人的审美具有价值这个问题。根据上面的论述,可以说,同艺术家一起建构某种审美关系,或者说和艺术家一起沉浸于审美情境中的客体世界,才能对艺术的掌握或人的审美具有价值,这样的客体才能成为艺术掌握的对象。马克思曾说:"正如一物在视神经中留下的光的印象,不是表现为视神经本身的主观兴奋,而是表现为眼睛外面的物的可感觉的形式。"② 视觉的印象仿佛就是客体的属性或客体自身。所以,我们要从主客体关系属性来理解价值,防止对象掩盖主体的现象发生。

2. 悲剧性和喜剧性

艺术精神掌握的对象的价值,或者说由它与人的关系显现出来的关系属性,往往会影响甚至决定艺术掌握的性质。社会生活的悲剧性或喜剧性,

---

① 《马克思恩格斯全集》第 26 卷第 3 册,北京:人民出版社 1974 年版,第 326—327 页。
② 引自张一兵:《回到马克思——经济学语境中的哲学话语》,南京:江苏人民出版社 1999 年版,第 665—666 页。

就决定并影响着艺术掌握的悲剧性或喜剧性。也可以说,在艺术中,对世界的悲剧性掌握或喜剧性掌握是基于对象的悲剧性或喜剧性的,是由于社会历史也在上演着现实的悲剧与喜剧造成的。艺术的悲、喜剧,正是社会历史悲、喜剧的反映。马克思在《〈黑格尔法哲学批判〉导言》中说道:

> ……对当代德国政治状况作斗争就是对现代各国的过去作斗争,而对过去的回忆依然困扰着这些国家。这些国家如果看到,在它们那里经历过自己的悲剧的旧制度,现在又作为德国的幽灵在演自己的喜剧,那是很有教益的。当旧制度还是有史以来就存在的世界权力,自由反而是个人突然产生的想法的时候,简言之,当旧制度本身还相信而且也必定相信自己的合理性的时候,它的历史是悲剧性的。当旧制度作为现存的世界制度同新生的世界进行斗争的时候,旧制度犯的是世界历史性的错误,而不是个人的错误。因而旧制度的灭亡也是悲剧性的。
>
> ……现代的旧制度不过是真正主角已经死去的那种世界制度的丑角。历史是认真的,经过许多阶段才把陈旧的形态送进坟墓。世界历史形态的最后一个阶段是它的喜剧。在埃斯库罗斯的《被缚的普罗米修斯》中已经悲剧性地因伤致死的希腊诸神,还要在琉善的《对话》中喜剧性地重死一次。为什么会出现这样的历史进程呢?这是为了人类能够愉快地同自己的过去诀别。我们现在为德国政治力量争取的也正是这样一个愉快的历史结局。①

马克思在《路易·波拿巴的雾月十八日》一书中,阐述了与上面类似的思想。他说:"黑格尔在某个地方说过,一切伟大的世界历史事变和人物,可以说都出现两次。他忘记补充一点:第一次是作为悲剧出现,第二次是作为笑剧出现。"②恩格斯在 1851 年 12 月 3 日致马克思的信中也表达了同样的意思:"真好像是老黑格尔在坟墓里作为世界精神来指导历史,并且真心诚意地使一切事件都出现两次,第一次是作为伟大的悲剧出现,第二次是作为卑劣的笑剧出现。"③显然,马克思、恩格斯是以"悲剧""喜剧"这样的美的形

---

① 《马克思恩格斯文集》第 1 卷,北京:人民出版社 2009 年版,第 7—8 页。
② 《马克思恩格斯文集》第 2 卷,北京:人民出版社 2009 年版,第 470 页。
③ 《马克思恩格斯文集》第 10 卷,北京:人民出版社 2009 年版,第 99 页。

态来对历史现实做价值判断的,同时,也表明了现实中具有这样的审美要素。美的性质——"悲剧性""喜剧性"与历史现实的性质,在这里具有了一种互文性,显示出审美属性可以表征现实本身对人的各种不同的意义。

在马克思、恩格斯那里,这一见解不仅仅体现为一种文艺思想,而且还体现为一种文艺研究和批评的方法论:在评价艺术中的此类属性时,总是把艺术作品中的审美要素跟现实生活本身的审美要素加以对比。马克思、恩格斯对拉萨尔的剧本《济金根》的评论就是如此。他们通过对剧中悲剧性冲突与现实历史中悲剧性冲突的比较,深刻地批评了拉萨尔的悲剧观,指出拉萨尔之所以未能把《济金根》写成一部真正的悲剧,就在于他未能正确理解16世纪德国国内战争的真正悲剧成分,济金根的覆灭"并不是由于他的狡诈",而是"因为他作为骑士和作为垂死阶级的代表起来反对现存制度,或者说的更确切些,反对现存制度的新形式","因为他们自以为是革命者……另一方面又在实际上代表着反动阶级的利益"。① 认为拉萨尔对当时的农民运动在革命中的作用作了不正确的估价,"忽视了在济金根命运中的真正悲剧的因素"②。这充分表明,对于对象的深刻、正确理解是进行艺术掌握的前提。恩格斯在此还提出了著名论断:

> 在我看来,这就构成了历史的必然要求和这个要求实际上不可能实现之间的悲剧性的冲突。③

这既是就艺术中的冲突,也是就历史现实中的冲突而言的,二者之间有一种对应关系。正是现实生活的这种悲剧性质,才有了人对它的悲剧性艺术掌握。"悲剧性"在此还是对这一冲突中的美的因素的发现,是对冲突的一种审美性价值判断。

无论悲剧性还是喜剧性,或者其他审美属性,都是一种对于对象的价值判断。这表明艺术掌握的对象始终是处于关系之中的,忽视这一关系环境,就不能对对象有全面深入的理解。"不过英雄之死与太阳落山相似,而和青

---

① 《马克思恩格斯文集》第 10 卷,北京:人民出版社 2009 年版,第 170 页。
② 《马克思恩格斯文集》第 10 卷,北京:人民出版社 2009 年版,第 176 页。
③ 《马克思恩格斯文集》第 10 卷,北京:人民出版社 2009 年版,第 177 页。

蛙因胀破了肚皮致死不同。"①其实,死亡都意味着生命的丧失,本无所不同,但它们一旦进入到和人的关系之中,其意义及价值就开始生成。它们给人的感觉,也就大相径庭了。从这个意义上说,"艺术精神的掌握"世界,主要指的是掌握一种现实对于人的审美关系或价值。

3. 艺术精神掌握的主体和主体性

应该承认,在经典作家那里,一说到"对象",其中就必然包含了主体的成分,否则,也不会成为对象。上面的论述中,显然侧重点是在对象中的客体方面,下面我们转到对艺术精神掌握的主体或主体性方面的考察。考察主体就是考察艺术家,就是考察存在于作品精神意义上的艺术家特性。当然,从接受层面看,主体还应该包括读者或观众,主体性也包括艺术接受过程中的主体性。无论考察主体还是主体性,一旦它们的特殊性被确定了,也就容易被解释明白了。因此,我们要在经典作家的语境中寻找出它们的内蕴、条件、形态与特性。

艺术作品往往打上创作主体的鲜明烙印,人们能够在艺术作品中直观到艺术精神掌握世界的主体自身。艺术作品中的主体性主要是一种对象性的存在。

马克思指出:

> ……从主体方面来看:只有音乐才激起人的音乐感;对于没有音乐感的耳朵来说,最美的音乐也毫无意义,不是对象,因为我的对象只能是我的一种本质力量的确证,就是说,它只能像我的本质力量作为一种主体能力自为地存在着那样才对我而存在,因为任何一个对象对我的意义(它只是对那个与它相适应的感觉来说才有意义)恰好都以我的感觉所及的程度为限。②

因之,要想成为艺术精神掌握的主体,就必须首先有艺术感,即一种个人的价值体验——艺术的或美的体验,其中包括想象、移情、灵感等。对客体世界而言,这是艺术精神的把握世界的必要条件,是对客体美的价值的发现;对主体来说,它是变客体为对象,体现主体能力的本质力量。艺术家的

---

① 《马克思恩格斯全集》第 40 卷,北京:人民出版社 1982 年版,第 194 页。
② 《马克思恩格斯文集》第 1 卷,北京:人民出版社 2009 年版,第 191 页。

艺术感程度愈深,对艺术创作就愈好。显而易见,为了长久地持有这一艺术感,艺术家是应当具有摆脱实际功利的超越性态度的。马克思说:

> 囿于粗陋的实际需要的感觉,也只具有有限的意义。对于一个忍饥挨饿的人来说并不存在人的食物形式,而只有作为食物的抽象存在;食物同样也可能具有最粗糙的形式,而且不能说,这种进食活动与动物的进食活动有什么不同。忧心忡忡的、贫穷的人对最美丽的景色都没有什么感觉;经营矿物的商人只看到矿物的商业价值,而看不到矿物的美和独特性;他没有矿物学的感觉。①

这里可以看到,超越了"囿于粗陋的实际需要"的艺术感,是对艺术精神掌握主体的基本的、核心的规定。在充满魅力的"艺术感"面前,客体向对象转化,物质性价值向精神性价值转化。马克思之所以指责把写作视为谋生手段的做法,就在于这种做法会使主体的"艺术感"和审美超越性大为减弱,从而,也会大大减少主体创作出优秀作品的可能。

艺术家之所以是艺术精神掌握的主体,还在于艺术家的艺术观,即艺术家本人对艺术的看法、观念和态度。他懂得什么是艺术和艺术的目的,并能按照自己认定的艺术方式去创作、去对待,主体在艺术的掌握过程中是自觉的主体。有的作家主张艺术是再现,有的则主张艺术是表现;有的作家主张"为人生而艺术",有的则认为应该"为艺术而艺术"。这些都是不同艺术家的不同的艺术观。马克思则告诫艺术家:要更加莎士比亚化,而不要席勒式地把个人变成时代精神的单纯的传声筒。表面看,这是对拉萨尔创作方法缺陷的批评,实际上是更深层地触及了艺术创造主体的艺术观问题。因为,主体有什么样的艺术观,往往就决定了他会采用什么样的创作原则、方法或方式。巴尔扎克的现实主义写作方式就是由其文艺观念支配的。他说:"法国社会将要做历史家,我只能当它的书记。""只要严格摹写现实,一个作家可以成为或多或少忠实的、或多或少成功的、耐心的或勇敢的描写人类典型的画家、讲述私生活戏剧的人……可是为了得到凡是艺术家都会渴望的赞同,不是应该进一步研究产生这些社会现象的多种原因或一种原因,寻出隐藏在广大的人物、热情和故事里面的意义么?在寻找了这个原因、这种动力

---

① 《马克思恩格斯文集》第1卷,北京:人民出版社2009年版,第191—192页。

之后,不是还需要对自然法则加以思索,看看各个社会在什么地方离开了永恒的法则,离开了真,离开了美,或者在什么地方同它们接近吗?"①无疑,巴尔扎克在自己的写作中贯彻了这种观念。恩格斯称赞他的《人间喜剧》,说:"我从这里,甚至在经济细节方面(诸如革命以后动产和不动产的重新分配)所学到的东西,也要比从当时所有职业的史学家、经济学家和统计学家那里学到的全部东西还要多。"②在这些表面看来主体几乎消隐的作品中,创作主体体现为内在地支配着这种写作方式的文艺家的文艺观。

恩格斯在与拉萨尔谈人物的性格描绘时说:"我觉得刻画一个人物不仅应表现他做什么,而且应表现他怎样做。"③把这句话移用到研究艺术精神掌握的主体上,也完全适用。作为艺术精神掌握的主体,比如作家,既表现在他"做什么"即写什么上,又表现在他"怎样做"即怎样写上。马克思和恩格斯对作为主体的艺术家的论述,多是从这两方面出发的。

在马克思、恩格斯那里,怎样写或对于读者来说怎样接受,往往是更能显示作家或读者的作为艺术精神掌握主体的特色的。恩格斯说:

> 情节大致相同的同样的题材,在海涅的笔下会变成对德国人的极辛辣的讽刺;而在倍克那里仅仅成了对于把自己和无力地沉溺于幻想的青年人看做同一个人的诗人本身的讽刺。在海涅那里,市民的幻想被故意捧到高空,是为了再故意把它们抛到现实的地面。而在倍克那里,诗人自己同这种幻想一起翱翔,自然,当他跌落到现实世界上的时候,同样是要受伤的。前者以自己的大胆激起了市民的愤怒,后者则因自己和市民意气相投而使市民感到慰藉。④

写什么大致相同,而怎么写却大相径庭,这就凸显了主体的特性。接受主体的特点也是如此:不仅表现在他们的接受对象上,更重要的是表现在他们怎样接受上。小市民对海涅的诗感到"愤怒",对倍克的诗却"感到慰藉";而恩格斯的接受态度和方式与之恰恰相反,这从他对海涅的赞赏和对倍克

---

① 巴尔扎克:《〈人间喜剧〉前言》,载《文艺理论译丛》,1957年第2期。
② 《马克思恩格斯文集》第10卷,北京:人民出版社2009年版,第571页。
③ 《马克思恩格斯文集》第10卷,北京:人民出版社2009年版,第174—175页。
④ 《马克思恩格斯全集》第4卷,北京:人民出版社1958年版,第236页。

的讽刺与嘲笑中就可看出来。

总之,艺术精神掌握世界主体的重要特性,是在于主体都具有艺术感和艺术观。主体是从事艺术活动的人,他们存在于艺术活动之中,怎样写比写什么更能鲜明地体现出作家作为主体的特性。当然,艺术家作为主体的特性,终究还是要受到社会生活客体的制约的。经典作家谈及的歌德作品及其内心世界的两重性,巴尔扎克对他所属的贵族阶层既同情又嘲笑的两重性,托尔斯泰作为一个"天才的艺术家"与作为"一个发狂地信仰基督的地主"所导致的作品、观点、学说中的矛盾两重性,都表明这是由主体所身处的现实生活环境造成的,是客观世界打在艺术掌握主体上面的鲜明印迹。

当艺术家创作出作品之后,艺术家本人离开了作品,而其主体性却在作品中长久地留存下来。按照马克思的观点,随着人的本质力量在对象中的实现,对象也就成了人自身。在对象中实现了的人的本质力量和人的个性,就是主体性的形式。人凭借现实的、感性的对象来表现自己的主体性。作为一种对象的文学作品,内蕴于其中的主体性也就是被实现了的作家的本质力量和个性,它常常体现为一种能力与风格。能力是潜在的,我们只有透过对象,才能看到艺术家的观察能力、对社会现实的理解能力、想象能力、审美能力、语言表达能力、叙述与描写的技巧能力等等;风格则是显在的,是作品形态所呈现出来的创造主体的精神特色。"每一滴露水在太阳的照耀下都闪现着无穷无尽的色彩","同一个对象在不同的个人身上会获得不同的反映,并使自己的各个不同方面变成同样多的不同的精神性质"。所以,艺术的主体性表现也是丰富多样的,给它一种"指定的形式","只准产生一种色彩",就会严重束缚艺术精神掌握的主体性。正如马克思指责普鲁士的书报检查令时所说的:"你们赞美大自然令人赏心悦目的千姿百态和无穷无尽的丰富宝藏,你们并不要求玫瑰花散发出和紫罗兰一样的芳香,但你们为什么却要求世界上最丰富的东西——精神只能有一种存在形式呢?"[①]马克思接下来的话,则是从客体角度指出了艺术掌握的丰富主体性得以正常实现的必要:

> 难道探讨的方式不应当随着对象而改变吗?当对象欢笑的时候,探讨却应当摆出严肃的样子;当对象令人讨厌的时候,探讨却应当是谦

---

① 《马克思恩格斯全集》第1卷,北京:人民出版社1995年版,第110—111页。

逊的。这样一来,你们就既损害了主体的权利,也损害了客体的权利。你们抽象地理解真理,把精神变成了枯燥地记录真理的裁判官。①

谈主体性离不开客体和客体性,因为后者常常影响着、改变着、塑造着前者。在某些情况下,甚至主体就是客体,客体就是主体,比如有些抒情诗就常常是这样。对二者任何一方的损害,都会殃及另一方。同时,也不应当像"抽象地理解真理"那样,去抽象地理解主体性。主体性也是历史、具体、感性的。如果抽象地去理解主体性,也就不可避免地会使主体性失却丰富多样性和具体历史感。主体性的存在对于艺术掌握的意义,就在于它是作为艺术核心本质的审美关系得以形成和确立的基础与关键。

复习思考题:

1. 谈谈你对艺术精神掌握世界方式的理解。
2. 为什么说"艺术是一种精神掌握世界的方式"这一命题显示了艺术对于人的根本意义?
3. 艺术精神掌握世界的方式对我们理解文学的本质有何启示?
4. 艺术精神掌握世界的思维特征是什么?
5. 从创作层面看,艺术精神的掌握世界有哪些特点?
6. 试论马克思恩格斯的典型性格和典型环境思想。
7. 艺术精神掌握的对象与主体之间的关系是怎样的?
8. 如何看待艺术精神掌握对象的价值?

---

① 《马克思恩格斯全集》第 1 卷,北京:人民出版社 1995 年版,第 112—113 页。

第四章　文艺作品的形式和技巧

不少人认为马克思主义经典作家对艺术的外部因素谈得多,对艺术的内部因素谈得少,尤其是关于艺术形式方面的问题更少涉猎,因此,将马克思主义文艺学说简单归入"社会学"或所谓"社会—历史批评"之列。这样的看法是不确切的。在经典作家的著作中,有关艺术形式、艺术风格及艺术规律的论述并不少,而且极富个性和创见。

恩格斯晚年在致弗·梅林的信中曾说过这样一段话:

> 只有一点还没有谈到,这一点在马克思和我的著作中通常也强调得不够,在这方面我们大家都有同样的过错。这就是说,我们大家首先是把重点放在从基本经济事实中引出政治的、法的和其他意识形态的观念以及以这些观念为中介的行动,而且必须这样做。但是我们这样做的时候为了内容方面而忽略了形式方面,即这些观念等等是由什么样的方式和方法产生的。这就给了敌人以称心的理由来进行曲解或歪曲,保尔·巴尔特就是个明显的例子。[①]

这段话用来说明马克思、恩格斯对待艺术形式等方面的状况,大体也是合适的。在此,恩格斯坦率地作了自我批评,显然是有感而发的。可以想见,当年马克思和恩格斯就遭遇了跟如今一些人的意见差不多的指责。

但是,这段话中有几处措辞是值得注意的。一、"强调得不够",说明他们还是强调了,只是不够而已。二、忽略了形式方面,说明他们不是不知道,而是"为了内容方面"——而且必须这样做——所导致的结果。三、"由什么

---

① 《马克思恩格斯文集》第 10 卷,北京:人民出版社 2009 年版,第 657 页。

样的方式和方法产生"观念(内容),就是形式的方面,说明他们对形式问题是相当清醒的。四、反对者进行的是一种"曲解或歪曲"的活动,也就是说,他们的攻击虽有理由,但并不完全属实。

那么,马克思主义经典作家关于艺术形式等方面的论述,其面貌是什么样子呢?如何理解和开掘它的价值?这就是本章要讲的主要内容。

第一节 形式与内容的同一性

马克思主义哲学认为,任何事物都是形式和内容的同一。文艺作品也是如此。

形式指文艺作品内部诸要素的组织方法、结构特点和表现技巧等;内容则是诸要素的总和。形式表达内容,内容决定形式;不存在没有内容的形式,也不存在没有形式的内容,两者相互依赖,相互制约,相互渗透,相互转化,并各以对方为存在的条件。

对形式与内容之间关系的探讨,是许多文艺理论家都关心的。亚里士多德孤立地理解艺术的内容与形式问题,把两者当成互不相关的"材料因"和"形式因"。黑格尔《小逻辑》中的有关论述,开始以辩证的态度对待内容和形式的关系:内容"具有形式于自身内","内容非他,即形式之转化为内容;形式非他,即内容之转化为形式"[1],由此提出了内容与形式之间的关系是对立面的统一。在《美学》中,黑格尔也谈到这一问题,认为"任何内容都可以按照它的本质的标准很适当地表现出来","形式的缺陷总是起于内容的缺陷"[2],等等。黑格尔认识到了内容和形式的"互相吻合",意义重大,但他的观点是建立在客观唯心论基础之上的。

马克思和恩格斯认识到了亚里士多德以孤立的观点研究内容与形式关系时所存在的弊端,也剥去了黑格尔覆盖在内容和形式关系问题上的唯心主义外壳,同时汲取黑格尔理论中的合理内核,得出了不少有价值的结论。这一方面是因为他们始终重视形式与内容的关系,另一方面是因为他们掌握了唯物辩证法这一认识工具,从而能够把形式和内容当作对立统一的范畴,把两者结合形成的作品当作一个不可分割的整体来看待。

---

[1] [德]黑格尔:《小逻辑》,贺麟译,北京:商务印书馆1980年版,第278页。
[2] [德]黑格尔:《美学》第1卷,朱光潜译,北京:商务印书馆1982年版,第92—93页。

既然形式与内容结合所形成的作品是一个不可分割的整体，讨论文艺作品的形式，就离不开对内容的探讨。本章根据经典作家的有关见解，侧重于对两者之间的关系及形式内部诸要素的探讨分析。

马克思认为："如果形式不是内容的形式，那么它就没有任何价值了。"[①] 内容只有在获得与之相适应的形式时，才能被人感性地认识到；形式只有作为内容的表现，才有实际的意义和价值。恩格斯在《自然辩证法》中也说过："整个有机界在不断地证明形式和内容的同一或不可分离。"[②] 换言之，文艺作品的形式与内容之间也是互相依存、不可分割的。两者互相选择，互相渗透，互为存在条件，只有完美的艺术形式和深刻的思想内容相结合，才有可能成为优秀的作品。

经典作家关于具体文本层面的形式与内容之间辩证关系的见解，有以下三个方面：

1. 形式是一定内容的形式

在形式和内容的关系中，两者的作用并不是均衡的，内容是矛盾的主要方面。马克思之所以说"如果形式不是内容的形式，那么它就没有任何价值了"，指的就是内容对形式的决定作用。对于文艺作品来说也是这样，一般情况下，内容在矛盾的对立双方中是决定性的因素，而形式是为表达内容服务的。在一部文艺作品中，居于主导地位的必然是它的内容，形式只有在与内容相吻合，并成为表现一定内容的形式时，才真正可取。

评价文艺作品时，马克思宁可容忍形式上的某些缺点，也不能原谅那种忽略内容而单纯追求形式的模仿之作。在写给斐·拉萨尔的信中，马克思指出：

> 既然你用韵文写，你本来可以把你的韵律安排得更艺术一些。但是，不管专业诗人对这种疏忽会感到多么震惊，总的说来，我却认为它是一个长处，因为我们诗坛上专事模仿的庸才们除了形式上的光泽，就再没有保留下什么了。[③]

---

① 《马克思恩格斯全集》第1卷，北京：人民出版社1995年版，第288页。
② 《马克思恩格斯全集》第20卷，北京：人民出版社1972年版，第650页。
③ 《马克思恩格斯文集》第10卷，北京：人民出版社2009年版，第169页。

这段话表明,一方面,马克思要求作者必须讲究形式;另一方面,又提醒他们不能为形式而形式,如果脱离内容而去专门追求某种形式,就会破坏作品的艺术性。

从文学发展的角度来说,作品的形式与内容虽然都会随着社会生活的变革而发生变化,但内容要比形式变得快,即往往是由于内容的变化才引起了形式的相应变化。从文学创作的角度来说,一般总是先有了一定的生活经验和思想认识,才可能在此基础上塑造形象,安排情节,并进而确定所需要的形式。从作家创作的具体过程来看,一般是先有了一定的内容,然后才选择相应的艺术形式加以表现。因此,文学作品到底采取哪种艺术形式,主要是由作品的内容决定的。

在《〈政治经济学批判〉导言》中,马克思说道:

> 希腊神话不只是希腊艺术的武库,而且是它的土壤。成为希腊人的幻想的基础、从而成为希腊[艺术]的基础的那种对自然的观点和对社会关系的观点,能够同走锭精纺机、铁道、机车和电报并存吗?在罗伯茨公司面前,武尔坎又在哪里?在避雷针面前,丘比特又在哪里?在动产信用公司面前,海尔梅斯又在哪里?任何神话都是用想象和借助想象以征服自然力,支配自然力,把自然力加以形象化;因而,随着这些自然力实际上被支配,神话也就消失了。在印刷所广场旁边,法玛还成什么?希腊艺术的前提是希腊神话,也就是已经通过人民的幻想用一种不自觉的艺术方式加工过的自然和社会形式本身。这是希腊艺术的素材。不是随便一种神话,就是说,不是对自然(这里指一切对象的东西,包括社会在内)的随便一种不自觉的艺术加工。埃及神话决不能成为希腊艺术的土壤或母胎。……从另一方面看:阿基里斯能够同火药和铅弹并存吗?或者,《伊利亚特》能够同活字盘甚至印刷机并存吗?随着印刷机的出现,歌谣、传说和诗神缪斯岂不是必然要绝迹,因而史诗的必要条件岂不是要消失吗?①

希腊神话里那个刀枪不入的英雄阿基里斯,只能产生在火药及铅弹尚未发明出来的历史时代。随着人类社会的发展,高度发达的现代工业使人

---

① 《马克思恩格斯文集》第8卷,北京:人民出版社2009年版,第35页。

们能够对自然进行有效控制,不再需要通过幻想去征服和支配自然力,这时,神话和史诗等艺术形式就逐渐消失了。所以,马克思认为当今时代不可能写出史诗,原因在于古代的艺术"对我们所产生的魅力,同这种艺术在其中生长的那个不发达的社会阶段并不矛盾。这种艺术倒是这个社会阶段的结果,并且是同这种艺术在其中产生而且只能在其中产生的那些未成熟的社会条件永远不能复返这一点分不开的"[①]。尽管史诗的形式在某些方面具有很大的魅力,但随着社会生活的发展,文学表现生活的具体内容发生了变化,史诗这种艺术形式就不再出现了。这一例子,是关于内容对形式决定作用的充分而具体的说明。

2. 形式的相对独立性

虽然形式在与内容的相互关系中处于从属地位,但它又不是完全被动的。形式具有一种外在于内容的性质,不仅具有相对独立性,而且具有对内容的反作用。

马克思非常重视艺术形式,注重形式的相对独立性。他所欣赏的文艺作品,形式一般都是比较完美的。马克思坚决反对文学作品的粗制滥造,尤其对急就章表示强烈反感,他说"有谁听说过,伟大的即兴作者同时也是伟大的诗人呢?"[②]在马克思看来,重视文艺的形式美及其相对独立性,就是尊重文艺的特点和规律。换言之,正是因为马克思看到了艺术形式的相对独立性及其具有的独特审美价值,才对形式给予了高度关注。

形式的相对独立性主要表现在两个方面,一是不仅同一艺术形式可以表现多种内容,而且不同的艺术形式可以表现相同的内容。二是形式对内容具有反作用,适合于作品内容的艺术形式,既有利于表现作品的内容,也有利于增强其艺术感染力。而那些不适合于内容的形式,则会妨碍作品内容的表达,削弱其艺术感染力。

实际上,文艺作品的形式与内容之间可能发生这样那样的矛盾。既然两者是矛盾的统一体,它们之间就存在着不和谐,从而使得在不和谐中求和谐成了艺术家们的长期追求。经典作家十分关注这个问题,他们不但对内容和形式不协调的作品多次给予批评,而且认为这是艺术上失败的表现。马克思在评论欧仁·苏的长篇小说《巴黎的秘密》时,就曾指出这部小说内

[①] 《马克思恩格斯文集》第8卷,北京:人民出版社2009年版,第36页。
[②] 《马克思恩格斯全集》第8卷,北京:人民出版社1961年版,第601页。

容和形式的不和谐,认为《巴黎的秘密》所提供给读者的,不是艺术化的生活图景,而是一幅毫无实际内容的漫画,原因在于欧仁·苏以思辨的结构代替了对现实关系的真实描写,致使思想完全被思辨的形式湮没了。虽然作品有着生动的细节描写和曲折离奇的情节,某种程度上能够引人入胜,但思辨原则使得作品内容空虚,徒有形式,既缺乏深刻的思想,又缺乏真实的生活。总之,内容与形式的不协调,造成了小说整体上的不成功。

恩格斯在青年时代,就对内容和形式不协调的作品,比如"青年德意志"诗人卡尔·倍克的诗作给予了如下的评价:一首诗可能以诗句的流畅和响亮见称,具有美丽的外在形式,可是不能给人留下特别的印象。原因在于文学作品的形式应该服从于思想内容的需要,否则,任何美丽的形式都将变得毫无意义。倍克的作品虽然在形式上花了一些功夫,但内容却没有什么特色,尤其是在形式与内容的协调方面处理得不好,这是恩格斯对倍克提出批评的主要理由。恩格斯还指出,这位诗人"完全陷到自由主义的'青年德意志'派关于犹太人的空谈中去了。诗在这里销声匿迹,一无踪影,仿佛听到了患着瘰疬病的萨克森等级院中的患瘰疬病的发言……照这样,难道不可以用诗来写普鲁士法典或把巴伐利亚的路德维希先生的诗谱成歌曲吗?"[①]

第二节 关于艺术性问题

在经典作家的文艺理论体系中,"艺术性"一词除了指艺术形象塑造的生动完美程度,包括构思的独特性、描绘的生动性、结构的完整性、语言的形象性等含义之外,还有其特殊的意义,即指文学作品中形式和内容互相融合的程度。经典作家十分强调形式和内容相统一而形成的艺术整体,认为作品的艺术性是以其整体性为条件的,只有两者在某种程度上相互融合,才可能使作品具有一定的艺术水准。

车尔尼雪夫斯基曾经说过这样意思的话:艺术性在于形式之适合于思想。如果思想是虚假的,那么什么艺术性也谈不到,因为形式亦将是虚假而充满着不和谐的。只有在作品中体现了真实的思想,而其形式又完全适合于思想时,才是有艺术性的。别林斯基也曾谈到:"当形式是内容的表现时,形式与内容之间是联系得那么密切,以致如果使形式脱离内容,就意味着内

[①] 《马克思恩格斯全集》第4卷,北京:人民出版社1965年版,第234—235页。

容本身的消灭;反之,如果使内容脱离形式,也就意味着形式的消灭。"①文艺作品的艺术性和艺术感染力,既在于其所表现的思想内容的深刻性,又在于艺术形式的独特性和完美性,艺术性的高低取决于内容和形式有机融合的程度。如果艺术家不善于把他从生活中获得的深刻思想熔铸在完美的艺术形式之中,其结果必然是或因内容的浅陋而使作品平庸乏味,或因形式的拙劣而使思想失去光彩。形式的粗制滥造、内容的平庸乏味或形式与内容的不协调,都不能看作是真正的艺术,也就谈不上艺术性问题。

1. 判别作品艺术性的方法

马克思主义经典作家一贯强调,文艺作品的艺术形式和思想内容应该达到完美统一,这其实是指出了分析作品艺术性的方法论。黑格尔在《美学》中谈到:"艺术表现的价值和意义在于理念(内容)和形象(形式)两方面的协调和统一,所以艺术在符合艺术概念的实际作品中所达到的高度和优点,就要取决于理念(内容)与形象(形式)能互相融合而成为统一体的程度。"②列宁在这一问题上持类似的观点。他在评论阿尔卡季·阿维尔钦柯的小说集《插到革命背上的十二把刀子》时,曾写过一篇题为《一本有才气的书》的文章,其中有这么几句话:

当作者写的是他所不熟悉的题材时,就没有艺术性。例如描写列宁和托洛茨基家庭生活的那个短篇就是这样。③

列宁将艺术性与作品的题材联系起来,认为当作者表现他不熟悉的生活时,就可能在主题表现、人物塑造、情节安排等方面遇到一些难题,也就无法将形式与内容有机融合,因而,艺术性就很差。在此,列宁所谓的艺术性显然不仅仅指艺术形式,而是包括内容和形式两个方面。另外,列宁夫人娜·康·克鲁普斯卡娅在回忆文章《伊里奇喜爱什么文学作品》中说:弗拉基米尔·伊里奇(即列宁)"最喜欢普希金。但他所重视的不仅仅是形式。例如,他喜欢车尔尼雪夫斯基的长篇小说《怎么办?》,虽然这部小说在形式

---

① 《文艺理论学习小译丛》第5辑,上海:新文艺出版社1954年版,第41页。
② [德]黑格尔:《美学》第1卷,朱光潜译,北京:商务印书馆1982年版,第90页。
③ 《列宁全集》第42卷,北京:人民出版社1987年版,第294页。

上很朴素,艺术性并不很高"①。从这句话中的转折语气及列宁对车尔尼雪夫斯基的小说所给予的评价来看,艺术性同样包括形式和内容两个方面。另外,列宁喜欢普希金,不仅在于普希金的诗歌艺术形式相当精美,也不仅在于他的诗歌反映了当时的社会生活现象与本质,而且因为普希金将精美的艺术形式与深刻的思想内容很好地结合了起来。

  总之,在马克思主义创始人的思想中,所谓艺术性,不是像以前众多论著所说的那样,把它当作一个与思想性相对应的概念。那种思想性指内容,艺术性指形式的说法是不准确的。实际上,在经典作家看来,艺术性不仅仅指作品的形式,而是包含着形式、内容、形式与内容相统一等其他方面的含义在内。只有这样,文学作品才可能具有比较强的艺术性和比较高的艺术价值。

2. 反对"玩弄美学技巧"

  马克思、恩格斯对作品艺术性的见解,意味着反对两种倾向:一是忽视内容片面强调形式的倾向,二是只顾内容忽视形式的倾向。

  既然文艺作品的艺术性意味着艺术形式和思想内容的统一,那么,无论脱离内容孤立追求形式美,还是用形式的华丽掩盖内容的贫乏,甚或是把形式美的独立性绝对化等,都难免有损于作品的艺术价值。在马克思、恩格斯的理念中,文学艺术应当帮助群众认识生活、改造生活,为人类的解放事业服务。所以,他们要求作家具有对生活的热情,要求他们用伦勃朗的强烈色彩栩栩如生地描绘革命派人物,表现无产阶级的斗争。

  马克思说:"我十分偏爱优秀的法国、英国和俄国的小说家。"②他尤其喜欢巴尔扎克,说巴尔扎克的作品不仅诗情画意地描写了社会生活,揭露和批判了资本主义,而且作品的思想内容和艺术形式统一得相当好。他还认为,弗莱里格拉特等人写的那些徒有诗的形式而无诗的内容的"职业诗","只不过是给最干瘪的散文式的词句戴上假面具"③。其实,早在青年时期,马克思就从自己的创作实践中意识到了形式主义的危害,他对自己早年写的小说《斯科皮尔昂和费利克斯》以及剧本《乌兰内姆》提出了自我批评,说它们是

---

① 《列宁论文学与艺术》,北京:人民出版社1983年版,第394页。
② 《马克思恩格斯全集》第34卷,北京:人民出版社1972年版,第392页。
③ 《马克思恩格斯全集》第32卷,北京:人民出版社1975年版,第10页。

"一种大部分没有鼓舞人心的对象、没有令人振奋的奔放思路的纯粹艺术形式"①,并为自己写给爱人燕妮的前三册诗开列了如下的"罪状":

  捉摸不定的模糊的感情、缺乏自然性、全凭空想编造、现有的东西和应有的东西之间完全对立、修辞学上的考虑代替了富于诗意的思想,不过也许还有某种热烈的感情和对蓬勃朝气的追求——这就是我赠给燕妮的头三册诗的内容的特点。无边无际的、广泛的渴求在这里以各种不同的形式表现出来,使诗作不够紧凑,显得松散。②

马克思对形式主义如此淋漓尽致的批评与自我批评,足以使我们产生清醒的认识。而那些消极浪漫主义作家,却离开客观生活陷入纯主观的臆造,随心所欲地追求艺术的形式美,从而流于形式主义和唯美主义。比如,针对法国作家夏多布里昂作品中矫揉造作的形式主义倾向,马克思就说:

  这个作家我一向是讨厌的。如果说这个人在法国这样有名,那只是因为他在各方面都是法国式虚荣的最典型的化身,这种虚荣不是穿着18世纪轻佻的服装,而是换上了浪漫的外衣,用新创的辞藻来加以炫耀;虚伪的深奥,拜占庭的夸张,感情的卖弄,色彩的变幻,文字的雕琢,矫揉造作,妄自尊大,总之,无论在形式上或在内容上,都是前所未有的语言的大杂烩。③

因此,马克思称夏多布里昂为"文学制造商",认为虽然其作品中充满了"新造的词句""崇高的形式""戏剧式的表现","却时常显示一种虚伪来"。又如,德国资产阶级民主主义作家卢格对艺术形式过分讲究,作品中"浸透着无聊的自我欣赏气息的巧妙词句",却不太重视作品的内容,马克思对此批评道:

  那些把任何事物都当成作文练习题目来写篇文章发表的人们,由

---

① 《马克思恩格斯全集》第40卷,北京:人民出版社1982年版,第14页。
② 《马克思恩格斯全集》第40卷,北京:人民出版社1982年版,第9—10页。
③ 《马克思恩格斯全集》第33卷,北京:人民出版社1973年版,第102页。

于用这样的形式主义方法看问题,所以就把事物的内容歪曲了,而被歪曲的内容反过来又给形式打上了庸俗的烙印。①

由此可见,形式主义艺术既有害于内容,又有害于形式。马克思主义经典作家认为,文学艺术是不能玩弄"美学技巧"的。

第三节 艺术形式的诸要素

经典作家对艺术形式的具体问题——语言、表现手法、节奏、韵律等,都有明确的意见。

1. 关于语言

马克思把文学看作一个声音和形象的体系,就是说,文学不仅诉诸人们的智力、道德感,诉诸一种形式抽象的感觉,而且也要引起人们的听觉和视觉的共鸣。文学是语言的艺术,经典作家在有关评论中对文学语言发表过许多见解。马克思、恩格斯在一篇文章中指出,在德国,"'精致的文学'始于海涅,它的'使命在于磨炼那十分需要磨炼的语言'"。马克思、恩格斯把"磨炼语言"作为文学的"使命",可见语言在文学中的重要性。恩格斯在给母亲的一封信中,曾经对表弟卡尔·济贝尔想当诗人一事谈了自己的看法,劝济贝尔不要去写那些一文不值的诗,而应该好好地研究各个民族的古典诗人,特别是建议他学会他还没有掌握的德语。恩格斯认为济贝尔只要这样做,就可能成为一个十分像样的人。② 在此,恩格斯把对语言的掌握和运用能力当作是否能够成为一名诗人的重要条件,并以此作为评价文学作品成败的一个标准。

具体说来,经典作家对文学语言的要求,主要集中在以下几个方面:

(1)简练又富有表现力

出于对文学重要作用的强调,马克思非常厌恶粗俗的、肉感的文学。他认为16世纪的"粗俗文学"平淡无味,废话连篇,大言不惭,夸夸其谈,其特点是"反对文学的语言,给语言赋予纯粹肉体的性质"③。马克思在给卢格的

---

① 《马克思恩格斯全集》第1卷,北京:人民出版社1965年版,第484页。
② 《马克思恩格斯全集》第29卷,北京:人民出版社1972年版,第577页。
③ 《马克思恩格斯选集》第1卷,北京:人民出版社1972年版,第162页。

信中谈到,因其《论基督教的艺术》一文中诸如"你的话是照亮我脚步的明灯,是我前进路上的亮光,你用你的戒律使我变得比我的敌人更聪明……"等语句华而不实,应当改写,他建议卢格抛弃这种《末日的宣言》式的笔调和臃肿拘谨的黑格尔式叙述方式,而代之以更自由、更实在的语言风格。

1882年12月4日,马克思在写给女儿劳拉的信中谈到保尔·拉法格的作品,并表明了他对文学语言的看法:

最近一个时期以来,保尔写出了自己最好的作品,既幽默又泼辣,既扎实又生动,而在这以前往往出现一些极端革命的词句,使我看了生气,因为我始终把它们看作"夸夸其谈"。①

恩格斯也多次提到过这一问题,在评论阿伦特的《忆往事》时,用很长的篇幅对其中的语言特点进行了分析。他说:

暂时撇开阿伦特这本书的思想倾向不谈,从美学上来看,这本书当然也是最有趣的出版物之一。在我们的文学中,已经很久没有听到过这样简练的、富有表现力的语言了。这种语言应当不断影响我们青年一代中的许多人。严密坚实总比软弱无力好些!确实有这样一些作者,他们认为,现代风格的本质就在于把语言的突起的肌肉、绷紧的经络都裹上一层美丽的柔和的皮肉,甚至要冒着显出女子气质的危险。不,我觉得阿伦特风格的男子气质的结构总比某些"现代"修辞学家软绵绵的格调好些。何况阿伦特已经尽量避免了他1813年的同伴们所采用的奇特的风格,只有在非使用最高级不可的时候(如南部罗马语那样),他的语言才偏于矫揉造作。当前流行起令人生厌的夹用外来语的风气,这在阿伦特那里也是找不到的。相反,他表示,在我们语言的树干上不嫁接外国语的分枝也能过得去。②

这段颇为通俗简洁的评论文字,比较集中地表明了恩格斯对文学语言的要求,提倡什么,反对什么,交代得一清二楚。恩格斯主张文学语言"简

---

① 《马克思恩格斯全集》第35卷,北京:人民出版社1971年版,第406页。
② 《马克思恩格斯全集》第41卷,北京:人民出版社1982年版,第144—145页。

练""富有表现力""影响我们青年一代""严密坚实""男子气质的结构",反对"软弱无力""女子气质""软绵绵的格调""矫揉造作"等等,其目的都是为了强调语言的表现力,以便促使作家杜绝文学语言的软弱无力和华而不实。

在对"真正的社会主义者"卡尔·穆尔进行批评时,恩格斯讥刺道:卡尔·穆尔在表达自己的思想时所用的词藻比东方人还要华丽。在他那里,信仰是"一只蝴蝶",心是"一朵花",后来是"一座荒林",最后又是"一只兀鹰";在他心目中,黄昏的天空"又红又发呆,像一个没有瞳仁、光泽和神采的眼眶",他情人的微笑是"一个向上帝的孩子们谄媚的人间的孩子"等等,虽然词藻华丽、比喻丰富,却没有任何实际意义。

作家的作品中夹杂外来语,是导致作品语言华而不实的原因之一。马克思主义经典作家都对这一现象持反对态度。恩格斯曾打比方说:"我们的思想大车在大部分行途中套上德国的高头大马要比套上法国或希腊的马匹走得好些"①,并对"令人生厌的夹用外来语的风气"提出了批评,以此来维护德意志文学语言的纯洁性。恩格斯极力赞同那种在语言的树干上不嫁接外国语的分枝的见解,因为语言的纯洁是保证其"简明有力"之风的先决条件。

列宁也是这样,他曾写了一篇题为《论纯洁俄罗斯语言》的文章,认为"滥用外来语"是在"破坏俄罗斯语言",因此主张向滥用外国字的现象宣战。他说:

> 我们在破坏俄罗斯语言。我们在滥用外来语,用得又不对。本来可以说"недочеты"或者"недостатки"或者"пробелы"②,为什么偏要说"дефекты"③呢?……仿效下诺夫哥罗德法语④用词,就等于仿效俄国地主阶级中那些学过法语而没有学好、又把俄语糟蹋了的最糟糕的人物身上的糟粕。⑤

既然这种华而不实、矫揉造作的语言是令人"感到烦腻"的,那么,何种

---

① 《马克思恩格斯全集》第41卷,北京:人民出版社1982年版,第145页。
② 这三个俄语词的意思都是"缺点""缺陷"。
③ 这是俄语中的外来词,来自拉丁语的defectus一词,意思也是"缺点""缺陷"。
④ "下诺夫哥罗德法语"一词出自俄国作家亚·谢·格里鲍耶陀夫的喜剧《智慧的痛苦》,该剧的主人公恰茨基用这个词语嘲讽俄国贵族以说俄语时夹杂法语为时髦的恶劣风气。
⑤ 《列宁全集》第38卷,北京:人民出版社1986年版,第53—54页。

语言风格才会得到经典作家的赞扬呢？恩格斯在1839年10月8日写给威·格雷培的信中指出：

> 现代风格包括了文风的全部优点：言简意赅，一语中的，同长长的、平铺直叙的描写相互交织；简洁的语言同闪闪发光的形象和迸发出耀眼火花的妙语相互交织。总之，它就像是头戴玫瑰花、手执刺死皮顿的标枪的年轻力壮的加尼米德。同时，为发挥作者的个性开辟了广阔的天地，所以尽管有近似的地方，但是谁也不是谁的模仿者。①

在经典作家所欣赏的语言风格中，最重要的就是简洁有力。与语言的简洁有力密切相关的一个问题，则是文学语言的运用要服从于事物本身的特征。马克思说：

> 天才的谦逊当然不像文雅的语言那样，避免使用乡音和土语，相反，天才的谦逊恰恰在于用事物本身的乡音和表达事物本质的土语来说话。天才的谦逊是要忘掉谦逊和不谦逊，使事物本身突现出来。精神的谦逊总的说来就是理性，就是按照事物的本质特征去对待各种事物的那种普遍的思想自由。②

马克思在这里虽然不是专门谈论语言问题，但却明确地提出了语言运用与表现事物本质特征之间的关系，即"按照事物的本质特征去对待各种事物"，只有这样才能"使事物本身突现出来"，否则，就很难突出语言的简洁有力之风。马克思认为，作家描写的对象有它自身的含义和逻辑，文学作品中的语言运用必须服从客观规律，否则，就很难准确深刻地反映事物的本质。

（2）"不愿做个卖唱者弹老调！"

对于文学作品中语言的想象性和意象性，马克思有独到的见解。早在青少年时代，马克思所写的《查理大帝》就充满了鲜明的意象和比喻手法："新世界在我们的面前升起／是那样的生机蓬勃／它们的光热是多么谐和／像是心灵中盛开的花朵／星球的旋转／是它们的动作。"诗中比喻新颖奇特，象

---

① 《马克思恩格斯全集》第41卷，北京：人民出版社1982年版，第524页。
② 《马克思恩格斯全集》第1卷，北京：人民出版社1995年版，第111—112页。

征意味鲜明,便于引起读者的想象并产生美感。马克思写给燕妮的爱情诗,如"你的名字,我要写满千万册书中","我的爱情——万能的巨人,能把擎天的高山削平"等,虽然后来马克思对其作了自我批评,但其中的意象性还是相当鲜明的。在给恩格斯的信中,马克思评论了诗人弗莱里格拉特的《乌拉!日尔曼尼亚!》一诗,并引用了莎士比亚《亨利四世》一剧中的台词:"我宁可当只小猫咪咪叫,也不愿做个卖唱者弹老调!"[①]表明了他对语言创新的希望。

文学作品所以能够反映生活并显出美感,离不开富有想象性和象征性的语言。正是因为语言的这一特点易于激起读者的想象和联想,才可能使人获得艺术享受和审美愉悦。

对于文学语言的想象性和象征性,恩格斯也发表过不少意见。在《卡尔·倍克》一文中,恩格斯反对"当代可怜的词藻和浅陋的口号",批评卡尔·倍克的《绍尔》一诗中的对话"十分死板",语言"毫无生气",尤其对倍克关于"梦"的描述提出了尖锐的批评,认为这种意象贫乏、语言干瘪的诗作"即使不是可悲的,也会是可笑的","给人以非常讨厌的印象"[②]。同时,恩格斯明确要求文学作品具有"诗的兴味",肯定了倍克因为《漫游诗人》中"卓越的描写""诗意盎然的对照"而"真正地登上了文坛",称赞早期的卡尔·倍克"是自席勒以来谁也比不上的一个富有才华的诗人"。同样是卡尔·倍克的诗歌,后期的作品《移民》则失去了早年那种虎虎生气,如"我从树干上折下枝条/看林人就走去报告/主人把我捆得紧紧/给我打出来这个伤痕"等诗句,因为语言呆板枯燥,缺乏想象,恩格斯对此颇为反感,并讽刺道:"所缺少的只是看林人的报告没有用这样的诗写出来。"《老处女》则篇幅"长得简直没个完",一共扯了九十页,枯燥无味得难以形容,同样受到了恩格斯的批评。总之,"真正的社会主义者"的诗篇大都是用平淡乏味的美文学词句和啰里啰嗦的回忆拼凑而成的,毫无想象力。恩格斯分析了其中的原因:

> ……由于本身模糊不定,不可能把要叙述的事实同一般的环境联系起来,并从而使这些事实中所包含的一切特出的和意味深长的方面显露出来。因此,"真正的社会主义者"在自己的散文中也极力避免叙

[①] 《马克思恩格斯全集》第33卷,北京:人民出版社1973年版,第50页。
[②] 《马克思恩格斯全集》第41卷,北京:人民出版社1982年版,第28页。

述故事。在他们无法规避的时候,他们不是满足于按哲学结构组织一番,就是枯燥无味地记录个别的不幸事件和社会现象。①

恩格斯说过:"因为正像音乐只有乐谱而不表达出来让人听到就不能使我们得到享受一样,悲剧只要没有通过乐队席和合唱席的演员用生动的语言表述出来,对于古代人来说就是死的和陌生的东西。"②他主张"用生动的语言表述出来",实际上就是强调"生动的"语言在激发读者想象力方面的重要意义。列宁则对作家明确提出了"应当幻想!"的要求,他引用皮萨列夫的话说道:"如果一个人完全没有这样幻想的能力,如果他不能在有的时候跑到前面去,用自己的想象力来给刚刚开始在他手里形成的作品勾画出完美的图景,那我就真是不能设想,有什么刺激力量会驱使人们在艺术、科学和实际生活方面从事广泛而艰苦的工作,并把它坚持到底。"③

(3)讨厌"催眠的、懒洋洋的"节奏和韵律

马克思、恩格斯对语言的音响、节奏和韵律都十分关注。马克思经常朗读、背诵诗文、小说、戏剧等各种体裁的文学作品。《神曲》的精美语言,《浮士德》的铿锵音调等,无不给马克思以强烈的审美感受,吸引他一遍又一遍地沉迷其间,甚至达到了自我陶醉的程度。由于对语言美的敏感和热爱,马克思在写作时也带上了这方面的特点。比如《共产党宣言》的德文原文,无论从韵律还是节奏方面来说,都颇具特色,充分显示出语言的音乐性。语言的音乐性不仅是经典作家的审美追求,而且是他们进行文艺评论时的重要标准。马克思对德国小资产阶级散文进行的批评,矛头所指正是文章中"那种催眠的、懒洋洋的、拟古的单调的节奏"。他还对德国小资产阶级民主主义者金克尔所写的一首不合乎韵律的诗歌提出了反对意见,并评价道:"我们这位歌颂英雄的诗人超过了克莱斯特:他非常慷慨;韵脚多少对他说来是无所谓的。"④

恩格斯在谈到一首讽刺路易·波拿巴的歌曲时,曾经这样说道:"意味深长的地方唱得特别响。"在此,恩格斯所强调的正是文学语言的音乐美。

---

① 《马克思恩格斯全集》第4卷,北京:人民出版社1965年版,第237页。
② 《马克思恩格斯全集》第41卷,北京:人民出版社1982年版,第306页。
③ 《列宁选集》第1卷,北京:人民出版社1995年版,第448页。
④ 《马克思恩格斯全集》第13卷,北京:人民出版社1962年版,第692页。

在对斐·拉萨尔的剧本《济金根》进行评论时,恩格斯也谈到了韵律和节奏方面的问题,认为斐·拉萨尔因在韵律方面"给了自己一些自由",这为读者带来的麻烦"比给上演时带来的麻烦还要大"。同时,由于有些道白过长,节奏太慢,"在做这些长道白时,只有一个演员做戏,其余的人为不致作为讲话的配角不得不一直站在那里,只好三番五次地尽量做各种表情",语言的美感很难体现出来。因此,恩格斯主张,"就眼前这个剧本看来,它肯定是不能上演的"。

韵律和谐、节奏明晰的文学作品,其语言必定带有音乐性,这是恩格斯评判文学作品成败的重要标准。

首先是节奏。恩格斯认为,"歌德的神妙的诗歌","必须从音乐上,最好是从不同的乐曲方面加以研究"。① 并且进一步说道:"要仿效歌德《浮士德》的语言,仿效他那些貌似打油诗发出的和谐的音调,就必须成为第二个歌德。"也就是说,歌德作品中语言的节奏美是一般人很难仿效的。恩格斯肯定普拉滕的颂诗,原因在于其具有"庄严而有节奏的调子",而呆板的散文则因"具有机械的节奏"受到了恩格斯的指责。不仅如此,恩格斯自己写作时也很注意语言的节奏和乐感,比如在席勒纪念会上由他宣读的"清晰而又有节奏"的闭幕词,就是一例。

尤其值得一提的是,恩格斯曾经专门对欧洲几国语言的节奏和乐感进行过比较性的描述,为我们探讨文学语言的节奏美留下了弥足珍贵的资料。请看恩格斯给威·格雷培的信中即兴写成的一首六步韵诗:

> 荷马的语言犹如大海的波涛,
> 埃斯库罗斯把块块岩石从山顶往谷底掷抛,
> 罗马的语言是强大的凯撒在军前的演说;
> 他大胆地拿起石头——词汇,层层堆砌,
> 把许多高楼大厦建造。
> 古意大利人的年轻语言十分温柔美好,
> 它把诗人带到南方绚丽多彩的花园。
> 佩特拉克在那里把鲜花采集,
> 阿里欧斯托在那里把道路寻找。

---

① 《马克思恩格斯全集》第41卷,北京:人民出版社1982年版,第525页。

啊,西班牙语呀,你听!
劲风在茂密的橡树梢头高傲地呼啸,
从那里向我们传来了阵阵美妙、古老的曲调……①

此外,恩格斯还谈到,葡萄牙语"是拍击着鲜花盛开的海岸的细浪",法语"仿佛是哗哗的小溪湍急地奔流",英语"是一座雄伟的勇士纪念碑",德语"好似汹涌澎湃的拍岸浪潮",等等。不同的语言因节奏的舒缓不同,能够给人带来不同的审美享受,从而使读者从不同的侧面体味到文学语言不同程度的音乐美。

其次是韵律。马克思除明确要求《济金根》的作者"既然用韵文写,就应该把韵律安排得更艺术一些"之外,还认为弗莱里格拉特所写的赞美席勒的诗歌,虽然"采用了席勒的《酒神颂》的韵律",但显得"华而不实,很不入耳"。恩格斯则把"韵脚是否完美"作为评判文学语言的一个重要标准,并在不同的场合多次谈到了这一问题。比如,他的《法兰克时代》一文中说,在古福音诗中,j、q和ch常常彼此换用和互押头韵;《法德历史材料》一文认为,法国12世纪的许多小说都是用十音节的韵律相同的诗句写成的,托鲁尔德的作品只押母音的韵;在《爱尔兰史》一文中,恩格斯还研究了用诗歌形式表现的古爱尔兰法规汇编——《古制全书》中的押韵问题,说其中所有最古老的法律都是以诗的形式写成的,有一定的格律和特殊的音韵。《古制全书》是从九百年前的所谓芬尼方言翻译成爱尔兰语的,致使许多地方的格律发生了程度不同的变异,但总起来说,全文仍然具有一定的韵律。恩格斯对音韵的精通、对韵脚问题的重视,由此可见一斑。

经典作家强调文学的韵律美,但又不主张为押韵而押韵,如果单纯为了韵律而把诗歌搞成"对艺术毫无价值"的"押韵的玩意儿""押韵的把戏",那不但无益于文学作品的音乐美,反而会破坏其艺术效果和审美感染力。

关于文学语言的音韵、节奏等方面,还有一点值得一提,马克思、恩格斯都注意到了翻译时如何处理不同民族语言的节奏和韵律等问题。马克思指出:

观念不能离开语言而存在。观念必须先从本族语言翻译成别族语

---

① 《马克思恩格斯全集》第41卷,北京:人民出版社1982年版,第488—489页。

言才能流通,才能进行交流,这种场合的观念才有较多的类似之处;但是这类似之处不在于语言,而在于语言的异族性。[①]

某一种语言的内在美很难翻译成另一种语言予以表达,包括音响、节奏、韵律等都是如此。如果说马克思在这方面进行了理论探索,那么恩格斯则在翻译实践中进行了大胆尝试。他曾将一首丹麦民歌翻译成德文,却又对自己的翻译不太满意,坦白地说:"可惜我没有能充分表达原文那种无拘无束、泼辣欢乐的调子"[②]。他认为自己没能将丹麦诗歌原文中的音响、节奏和韵律完全用德语表达出来。这不是因为恩格斯对语言的驾驭能力不够,而是因为不同语言所代表的文化之间的差异所致。再有,恩格斯虽然知道贝朗热的法文诗《参议员》从题材到格律都"几乎是世界上最难译成英文的东西"[③],但他仍然严格要求"每逢翻译诗歌的时候,应当保持原文的韵律",这也显示出经典作家对文学语言音乐性的重视。

(4)反对"人物都讲同样的话"

追求文学语言的独创性与个性化,并按照这一标准对作家作品进行评价,是经典作家文艺观的又一重要方面。

关于独创性。恩格斯在谈到德国诗人格奥尔格·维尔特时,对其诗作的"独特性、俏皮方面,尤其是火一般的热情方面"大加赞赏,称维尔特是"德国无产阶级第一个和最重要的诗人"。在1839年11月写给威·格雷培的信中,恩格斯对白尔尼的《巴黎来信》作了如下评价:

> 整个这一部讽刺作品是极尽挖苦之能事的杰作,而且有神来之笔。你(指威·格雷培——引者注)不大喜欢白尔尼,大概是由于你读了他最早期的最蹩脚的作品之一《巴黎记述》。他的《戏剧丛谈》、批评论文、各种格言,尤其是《巴黎来信》和令人赞叹的《吞食法国人的人》更是高超绝伦。他把画廊写得很枯燥,这一点你是对的。但是优雅的风格,磅礴的气势,深刻的感情,《吞食法国人的人》那种辛辣的俏皮话真可叹为

---

① 《马克思恩格斯全集》,第46卷上,北京:人民出版社1979年版,第109页。
② 《马克思恩格斯全集》第30卷,北京:人民出版社1974年版,第621页。
③ 《马克思恩格斯全集》第37卷,北京:人民出版社1971年版,第303页。

观止。①

在谈到普拉滕时,恩格斯虽然对他文章中的论辩色彩以及特别讲究辞藻表示反感,但对他的"风趣的对话、高雅的独白"给予了肯定。② 在评论《外国人报》时,恩格斯认为其中选载的伤感诗和笨拙的俏皮话是首屈一指的。此外,恩格斯还提到了伊默曼的《吉斯蒙德》和《特里斯坦》"造型上的美",赞赏了阿仑特在《回忆录》中"用来描写自己这一时期生活的那无比生动的(语言)造型力量",认为这些具有独特"造型力量"的语言几乎使人产生这样一种思想:只要我们的作家体验阿仑特那样的田园生活,一切田园诗式的幻想便都是多余的了。

提倡语言的独创性与反对语言的晦涩枯燥,是一个问题的两个方面。恩格斯在《路德维希·费尔巴哈和德国古典哲学的终结》一书中,对德国一些教授们运用语言时的迂腐晦涩、笨拙枯燥之风提出了批评。

恩格斯提倡文学语言的独创性,这一点比较集中地体现在他对卡尔·倍克诗作的评论上。他认为倍克的诗集《静静的夜》虽然企望通过不着边际的梦幻达到创新的目的,但第一首诗平庸透顶,手法低下,只是用了一些文雅的词句才貌似"别具一格";《爱情之歌·她的日记》简直是"一碗淡而无味、令人讨厌的稀粥";《茨冈王》用"冗长的句子"试图使人感到"新颖有力",但"实际上更加令人生厌";在《男仆和女仆》一诗中,倍克描写了两个相貌丑陋、内心怯懦、行为庸俗的仆人,读起来令人感到十分乏味;《不要偷窃》反映了一个"道德高尚"的仆人为接济他年迈的父亲,夜里偷了"善良的老爷"的钱,此后他为偷钱一事感到异常痛苦,并给自己的父亲写了一封信,信中一方面表示了他的犯罪感和追悔之情,另一方面对其主子大加颂扬,并表示要加倍为主子效劳。信中写道:"你收下这点钱!是我偷来的!父亲,你向救世主祈祷吧,求他将来从他的宝座上/对我的罪给以赦免!我要多多工作而且挣钱,从草席上赶走睡眠,直到我能够给我善良的主人/补偿上这笔偷盗了的钱。"后来,"善良的老爷"看到仆人的这封信并为之感动,当老爷把一只手放在仆人头上的时候,"在恐怖中他(指仆人——引者注)的心都裂开了"。

---

① 《马克思恩格斯全集》第41卷,北京:人民出版社1982年版,第539页。
② 《马克思恩格斯全集》第41卷,北京:人民出版社1982年版,第39页。

恩格斯将倍克的这首诗评价为"滑稽可笑的东西"①。

语言的独创性并不一定意味着词藻的华丽或新词的创造,相反,优秀的诗人往往能够运用极为普通的词汇表达深刻的思想,从而令读者从平凡的事物中体会到美。在《乌培河谷来信》中,恩格斯认为弗里德里希·路德维希·乌尔芬具有卓越的语言才能,能够把脚下的细沙认作自己的爱人,写出令人陶醉的诗句,从而产生化腐朽为神奇的艺术效果。所以,他称乌尔芬为"我们巴门的贺拉西""乌培河谷真正伟大的诗人"等,赞美之词溢于言表。与此类似的是恩格斯对诗人格奥尔格·维尔特的推崇,指出他常常利用海涅的形式,但仅仅是为了以完全独创的、别具只眼的内容来充实这个形式,并肯定了维尔特在前人创造的宝贵艺术形式的基础上,融入自己的俏皮、机智和火一般的热情来发挥文学语言独创性的特点。

关于个性化。文学语言的个性化是与独创性紧密相关的。如果说独创性是对一般文学语言的要求,那么个性化则主要是对人物语言的要求,集中体现在叙事性文学作品如小说、戏剧等人物的对话方面。

对于人物语言的个性化问题,马克思在评论欧仁·苏的小说《旧与新》时也表明了自己的看法。玛丽花是《旧与新》中的女主人公,在一次独白中,年仅十几岁的她不但从自己的"年老"谈起,而且说出了"一夜之间处女就变成妇人"之类的话。马克思认为这样的人物语言不自然,不真实,不符合人物的年龄特征。尤其是当玛丽花听男主人公向自己诉说其身世后,发出了"我认为这是权利!"的感叹,马克思对这句话感到"愤慨",说:"为什么把玛丽花所说的她迄今对于世界持有的天真看法斥为说谎,因而把它变成关于权利的说教呢?"他的意思是这句台词不符合玛丽花的性格,不是个性化的语言。马克思评价道:

> 对玛丽花必须从她初出场起就作细密的观察,这样才能把她的本来的形象和批判的变态做一个对比。玛丽花虽然十分纤弱,但立刻就表现出她是朝气蓬勃、精力充沛、愉快活泼、生性灵活的……在这里,欧仁·苏超出了他那狭隘的世界观的界限。他打击了资产阶级的偏见。(但后来)……鲁道夫就这样先把玛丽花变为悔悟的罪女,再把她由悔

---

① 《马克思恩格斯全集》第4卷,北京:人民出版社1965年版,第241页。

悟的罪女变为修女,最后把她由修女变为死尸。①

小说作者这样做的结果,是使人物变成其理念的图解,缺乏独特的语言描写,缺乏鲜明的个性展现。

恩格斯批评卡尔·倍克的原因之一,是倍克"不善于塑造人物性格,他让剧中所有的登场人物都用同样的台词"②,从而使人物语言平庸乏味,缺乏个性,造成了人物形象的平面化、单一化,并影响到了整个作品的艺术性。恩格斯还对谷兹科夫的悲剧《扫罗王》给予批评,认为其中约拿单和米甲有关爱情的对白,"尽是些既不完全真实而又完全虚假的话"。在评论伊默曼的《回忆录》时,恩格斯认为他出色地描述了向德意志民族呼吁的演说家费希特的性格以及体操的热情宣传者雅恩的性格。"这些性格描述比冗长的论述更有力地阐明了对当时的青年起支配作用的力量和观念。"③恩格斯也曾经赞扬谷兹科夫的悲剧《马里诺·法利埃里》对白洗练、优美,妙趣横生,那是因为个性化的人物语言不仅能突出作品的艺术性,而且能为表现人物性格服务。恩格斯的这些言论有一个相互一致的思想,那就是试图说明富有个性的人物语言对塑造人物性格的重要意义。

2. 关于表现手法

经典作家很注意运用语言塑造艺术形象时所采取的表现手法。其中人物描写是作家为了揭示人物的性格特征,运用一定的艺术技巧对人物的语言、行动、心理等进行刻画。经典作家对人物描写的关注,主要体现在以下几个方面:一是注意语言描写。经典作家认为,人物的语言(包括对话、独白等)要符合其性格特征。列宁的《一本有才气的书》一文,评价阿尔卡季·阿维尔钦柯的小说集《插到革命背上的十二把刀子》中的《被践踏的幼苗》时指出,虽然作者在作品中贯注着不良的政治阴谋,思想内容方面存在重大问题,但作者巧妙地利用儿童的眼光来设计人物的对话,描写得却相当成功。

二是注意行动描写。黑格尔在《美学》中分析莎士比亚戏剧中的人物性格时说:"哈姆雷特固然没有决断,但是他所犹疑的不是应该做什么,而是应

---

① 《马克思恩格斯全集》第 2 卷,北京:人民出版社 1965 年版,第 215—225 页。
② 《马克思恩格斯全集》第 41 卷,北京:人民出版社 1982 年版,第 29 页。
③ 《马克思恩格斯全集》第 41 卷,北京:人民文学出版社 1982 年版,第 173 页。

该怎样去做。"①恩格斯把黑格尔的这个说法加以改造,将其看作一种重要的艺术表现手法。在这里,"做什么"和"怎样做"之间的关系是辩证的,如果说"做什么"中包含着共性,那么"怎样做"中则包含着个性。若想塑造出既有共性又有个性的人物形象,就不仅要表现人物"做什么",而且要表现他"怎样做"。恩格斯在给斐·拉萨尔的信中说:

> 我觉得刻画一个人物不仅应表现他做什么,而且应表现他怎样做;从这方面看来,我相信,如果把各个人物用更加对立的方式彼此区别得更加鲜明些,剧本的思想内容是不会受到损害的。②

这可以看作人物行动描写的一个准则。作家要塑造鲜明的人物形象,只表现其所做的事情是远远不够的,还须表现他们在行动过程中的具体特点。

关于通过人物行动塑造其性格的问题,马克思在给斐·拉萨尔的信中,曾针对他不重视行动描写的情况提出了批评:"在细节的描写方面,有些地方我必须责备你让人物过多地回忆自己。""让人物过多地回忆自己",就是只说不动或只想不动,造成了人物的平面化,无法塑造出具有鲜明性格特征的人物形象。实际上,人物性格更多地是通过行动表现出来的,因此,文学作品应该在人物的行动中对性格加以表现。在欧仁·苏的小说《巴黎的秘密》中,当玛丽花随着鲁道夫回农场途中路过一片草地时,面对自然美景表现出了抑制不住的喜悦,作者这样来描写玛丽花的动作:她把一只手按在心口上,想压住心的跳动,另一只手向鲁道夫举着她在地里采来的花朵。一个女孩儿在美丽的大自然面前所流露出的喜悦与激动的心情,在行动描写中得到了鲜明突出的表现,对刻画其性格起到很大作用,因此受到马克思的赞扬。

三是注意肖像描写。成功的肖像描写不仅便于读者了解人物的外貌,而且通过描写人物的表情、音调、容貌、服饰等外在特征来刻画人物形象,借以揭示人物的生活处境、社会身份及性格特征。对肖像描写的一个基本要求是必须符合生活的逻辑和人物性格的逻辑。马克思和恩格斯在给《新莱

---

① [德]黑格尔:《美学》第1卷,北京:商务印书馆1982年版,第310—311页。
② 《马克思恩格斯文集》第10卷,北京:人民出版社2009年版,第174—175页。

茵报》写的书评中认为：

> 如果用伦勃朗的强烈色彩把革命派的领导人——无论是革命前的秘密组织里的或是报刊上的，或是革命时期中的正式领导人——终于栩栩如生地描绘出来，那就太理想了。在现有的一切绘画中，始终没有把这些人物真实地描绘出来，而只是把他们画成一种官场人物，脚穿厚底靴，头上绕着灵光圈。①

这些救世主一般的人物形象，既缺乏真实性，也缺乏艺术感染力。因此，经典作家呼吁伦勃朗的"强烈色彩"，呼吁艺术家"栩栩如生"地描绘人物。在此基础上，恩格斯要求作家在表现人物的外貌时注意抓住他们的个性特征，进行真实的生动的描写，要求把他们刻画成植根于现实生活的单个人，而不要写成脱离现实，空喊口号的神化人物，只有这样才能塑造出既符合人物性格又具有真实性的艺术形象。

四是注意心理描写。马克思在批评欧仁·苏的小说《巴黎的秘密》时，认真分析过其中人物的心理，指出：

> 抽象、无情而冷酷的理智所造成的利己主义构成了这个女人（指麦克格莱哥尔伯爵夫人——引者注）的根本特征。所以，她的灵魂在小说中被描写成"枯燥而冷酷的"，她的意向被描写成"恶毒透顶的"，她的性格被描写成"狡猾的"和"绝对的"（这是抽象理智的人所特有的性格），她的矫揉造作被描写成"高明的"。②

马克思评价剧本《济金根》时，也对人物的心理也进行了分析："照我看来，胡登过多地一味表现'兴高采烈'，这是令人厌倦的。"③列宁写给伊·费·阿尔曼德的信中曾明确指出："在小说里全部的关键在于描写个别的情况，在于分析特定典型的性格和心理。"④

---

① 《马克思恩格斯全集》第7卷，北京：人民出版社1965年版，第313页。
② 《马克思恩格斯全集》第2卷，北京：人民出版社1965年版，第84页。
③ 《马克思恩格斯文集》第10卷，北京：人民出版社2009年版，第171页。
④ 《列宁全集》第47卷，北京：人民出版社1990年版，第76页。

恩格斯提出"每个人都是典型，但同时又是一定的单个人"的著名论断，是在评论敏·考茨基的小说《旧与新》时得出的，这与小说中比较成功的心理描写分不开。敏·考茨基在塑造矿工乔治等人的形象时，运用心理描写手法，并将其放到广阔的社会背景下加以表现，某种程度上揭示了人物的思想情绪、心理特征及其成因，使作品中的人物形象比较鲜明生动。作者写道，乔治是个善于思考、喜爱读书的人，他不仅敢于无视矿上的禁令阅读书报，而且对矿工的生活待遇公开提出了疑问——"这里取得的盐是我们工人花血汗从矿坑里捡出来的，每年纯利就是七千万，我们所得到的用来涂面包都不够的那一点盐能叫作恩施盐吗？"乔治一方面忍受着艰苦的环境，一方面意识到"最神圣最符合道德的权利就是要改善这种处境"，经过一番思考，他决定去"参加到未来的伟大事业中去"。这个阶级意识初步觉醒的工人，在山崩家毁的惨剧发生后，带着满腔的怒火跑到德国，投身到了"给人类谋幸福"的伟大事业中。由于作家在矛盾冲突中表现人物的内心世界，使得乔治的个性显得比较突出，因此受到恩格斯的肯定。

环境描写也属于表现手法的范围。恩格斯评论敏·考茨基的小说《旧与新》时，曾对其中的环境描写表示赞赏：

> 您在这本书里对盐场工人生活的描写，就像在《斯蒂凡》里对农民生活的描写一样出色。对维也纳社交界的描写大部分也是很好的。……使我们这样的人得到这种印象的某些东西，在维也纳可能是完全自然的，因为那里具有把南欧和东欧的各种因素混合在一起的独特的国际性质。对于这两种环境里的人物，我认为您都用您平素的鲜明的个性描写手法刻画出来了。①

这段话包含三层意思：一是恩格斯肯定了敏·考茨基小说中的环境描写，认为这是作者对现实关系有一定的了解并将两种环境作强烈对比的结果。二是分析了小说中的主要环境——维也纳的特殊性，即"那里具有把南欧和东欧的各种因素混合在一起的独特的国际性质"。三是指出了环境描写的目的，即描写环境是为了表现人物的性格。因此，恩格斯提出了真实地描写现实关系的要求，具体到作品中，这种现实关系"是一幅由种种联系和

---

① 《马克思恩格斯文集》第10卷，北京：人民出版社2009年版，第544页。

相互作用无穷无尽地交织起来的画面",这个"运动、转变和联系"的"总画面"就构成了作品中的环境。成功的环境描写,无论对于人物性格的刻画还是对于作品主题的表现,都是至关重要的。

列宁对列夫·托尔斯泰作品中的环境描写也予以充分肯定,并认为这是其作品取得巨大成功的主要原因之一。他指出:

> 托尔斯泰非常熟悉乡村的俄国,熟悉地主和农民的生活。他在自己的艺术作品里对这种生活作了世界最优秀的文学作品中才有的十分出色的描绘。乡村俄国一切"旧基础"的这种急剧地被摧毁,使他对周围所发生的事情加强了注意,加深了兴趣,从而使他的整个世界观发生了变化。①

环境描写有两个方面:一是关于自然环境描写。经典作家认为,文学作品中对自然环境进行描写,可以为人物的活动提供一定的空间,有利于人物性格的刻画。欧仁·苏在小说《巴黎的秘密》中,描写了一片美丽的草地引起女主人公心情激动的情景:"鲁道夫和唱歌的小妞儿手拉手在一大片割过不久又新长出草的地上跑得喘不过气来,简直无法形容玛丽花的跳跃、欢笑声和喜悦。她像一只长期禁锢的不幸小羊,陶醉地大口吸着新鲜空气……她一朵小花也不放过,把整片草地上的花都摘了下来。"对这段自然景物描写,马克思极为欣赏,认为它有利于表现人物的性格:

> 在大自然的怀抱中,资产阶级生活的锁链脱去了,玛丽花可以自由地表露自己固有的天性,因此她流露出如此蓬勃的生趣、如此丰富的感受以及对大自然美的如此合乎人性的欣喜若狂……②

在欧仁·苏的笔下,玛丽花的形象不断发生变化,当她由纯朴天真的姑娘变为囚犯和妓女,又在鲁道夫的感化下变成了修女及修道院院长的过程中,作者试图利用大自然的力量来对人物性格施加影响。比如,受鲁道夫指使的教士对玛丽花说道:"看那一望无涯的天际,这天际的界限现在无法分

---

① 《列宁全集》第20卷,北京:人民出版社1989年版,第40页。
② 《马克思恩格斯全集》第2卷,北京:人民出版社1957年版,第217页。

辨了。我觉得,万籁俱寂和无边无际几乎能使我们产生一种永恒的观念……看到这造物之美在你心中,在你那长久丧失宗教感情的心中激起了宗教崇拜,我常常是深为感动的。"马克思认为,这一切表明了教士"把玛丽花对于大自然美的纯真的喜爱变成了宗教崇拜","把她的自然的和精神的力量以及各种自然的赋与都化为灰烬"①。作者这样来处理自然环境描写,实际上是为了宣传其宗教思想,受到了马克思的严厉批评。

马克思在评论小说《巴黎的秘密》时还谈道:

> 罪犯的巢穴和他们的言谈反映罪犯的性格,这些巢穴和言谈是罪犯日常生活的不可分离的一部分。所以描写罪犯必然要描写到这些方面,正如描写 femme galante(情妇)必然要描写到 petite maison(幽会密室)一样。②

马克思的这段话清楚地说明了环境描写与人物性格的关系。

恩格斯写给敏·考茨基的信中,描绘了巴黎、伦敦和柏林的"性格特色",指出了不同的城市环境与当地人的性格之间具有一定的关系。恩格斯说,伦敦虽然没有巴黎漂亮,但比巴黎雄伟而且多样化。在伦敦,天气是阴郁的,造成了伦敦封门闭户、互不往来的社会生活,从而形成了人们阴郁的性格及等级森严的社会制度。在恩格斯看来,要想真正享受巴黎,自己就要变成巴黎人,具有巴黎人的一切偏见,并首先只对巴黎的事物感兴趣。③

环境描写的另一方面是关于社会环境描写。上述自然环境的例子本身就有社会环境的因素。马克思恩格斯在评论斐·拉萨尔的悲剧《济金根》时,有一个相同的感觉,那就是作品忽视了"闵采尔式的平民反对派"的反抗及其与骑士之间的矛盾关系,尤其是忽视了平民和农民的特定环境,把"悲剧性的冲突缩小到极其有限的范围之内",造成了环境描写不够真实的局限。马克思对巴尔扎克的作品十分赞赏,很大程度上是因其"对现实关系具有深刻的理解"。马克思指出:

---

① 《马克思恩格斯全集》第 2 卷,北京:人民出版社 1957 年版,第 220 页。
② 《马克思恩格斯全集》第 2 卷,北京:人民出版社 1965 年版,第 71 页。
③ 《马克思恩格斯全集》第 36 卷,北京:人民出版社 1974 年版,第 383 页。

以对现实关系具有深刻理解而著名的巴尔扎克,在他最后的一部小说《农民》里,切当地描写了一个小农为了保持住一个高利贷者对自己的厚待,如何情愿白白地替高利贷者干各种活,并且认为,他这样做,并没有向高利贷者献出什么东西,因为他自己的劳动不需要花费他自己的现金。这样一来,高利贷者却可以一箭双雕。他既节省了工资的现金支出,同时又使那个由于不在自有土地上劳动而日趋没落的农民,越来越深地陷入高利贷者的蜘蛛网中。[①]

恩格斯则以莎士比亚的《亨利四世》中成功的环境描写为例,建议斐·拉萨尔注意描写社会环境:

　　介绍那时的五光十色的平民社会,会提供完全不同的材料使剧本生动起来,会给在前台表演的贵族的国民运动提供一幅十分宝贵的背景,只有在这种情况下,才会使这个运动本身显出本来的面目。在这个封建关系解体的时期,我们从那些流浪的叫花子王、无衣无食的雇佣兵和形形色色的冒险家身上,什么惊人的独特的形象不能发现呢!这幅福斯泰夫式的背景在这种类型的历史剧中必然会比在莎士比亚那里产生更强烈的效果。[②]

经典作家对描写社会环境的意见,具有普遍的美学意义。

3. 关于情节

马克思、恩格斯在情节方面有颇为中肯的论述。他们写给斐·拉萨尔的信中,都谈到了情节问题,并把情节的安排作为一个重要方面进行评价。马克思说:"首先我应当称赞结构和情节,在这方面,它比任何现代德国剧本都高明。"恩格斯说:"如果首先谈形式的话,情节的巧妙安排和剧本的从头到尾的戏剧性使我惊叹不已。"恩格斯还在致敏·考茨基的信中,对小说《旧与新》的情节的合理性提出了自己的看法:"在您的作品的这一部分里,情节有的地方是否发展得太急促了一些。"1892年6月25日,恩格斯给奥·倍倍尔的信中还谈到了安岑格鲁伯作品的"绝妙情节":

[①] 《马克思恩格斯全集》第25卷,北京:人民出版社1974年版,第47—48页。
[②] 《马克思恩格斯文集》第10卷,北京:人民出版社2009年版,第176页。

> 尽管安岑格鲁伯有时把他的奥地利农民理想化了,而衬托他那些绝妙情节的背景又极为狭小,然而读起来还是使人对这个出色的民族同德国其他部分分离一事感到痛心。①

在这里,恩格斯淡化了作品的缺陷,突出了绝妙的情节及其带来的认识价值。

情节是各种不同性格、典型成长和构成的历史。在叙事性文学作品中,人物性格的展示、人物之间的关系都是通过情节的发展得以实现的。马克思主义经典作家把文艺作品中情节的构思与人物的塑造当成一个问题的两个方面,提出了人物性格应当随着情节自然而然地表现出来的观点。在马克思、恩格斯看来,只有让人物性格通过情节本身体现出来,才能避免人物性格的抽象化和概念化,避免作品空洞的说教色彩,从而塑造出性格鲜明的艺术形象。譬如,莎士比亚的剧作《温莎的风流娘儿们》,通过温莎的两位家庭主妇对福斯泰夫的嘲笑和戏弄,表现了两个女性的聪明机智和福斯泰夫的愚蠢卑鄙。这些人物的性格,正是通过生动丰富的情节进行刻画的,情节的发展与人物的性格关系非常密切,因此获得了经典作家的高度赞赏,认为"单是《风流娘儿们》的第一幕就比全部德国文学包含着更多的生活气息和现实性。单是那个兰斯和他的狗克莱勃就比全部德国喜剧加在一起更具有价值"②。

恩格斯在谈到 16 世纪文艺作品中的英雄形象时认为:

> 他们的特征是他们几乎全都处在时代运动中,在实际斗争中生活着和活动着,站在这一方面或那一方面进行斗争,有人用舌和笔,有人用剑,有些人则两者并用。因此就有了使他们成为全面的人的那种性格上的丰富和力量。③

情节的生动性是与戏剧性紧密相关的,因为戏剧性存在于剧本情节所表现的复杂而尖锐的矛盾之中,它是情节生动性的前提和基础,所以,经典

---

① 《马克思恩格斯全集》第 38 卷,北京:人民出版社 1972 年版,第 373 页。
② 《马克思恩格斯全集》第 33 卷,北京:人民出版社 1973 年版,第 108 页。
③ 《马克思恩格斯选集》第 4 卷,北京:人民出版社 1995 年版,第 262 页。

作家在谈到情节问题时,一般总是把生动性与戏剧性联系在一起。

莎士比亚的剧作之所以受到马克思、恩格斯的肯定,就在于其利用了许多结构技巧来安排情节,从而增强了情节的生动性和戏剧性。这些结构技巧包括悬念、突转、误会和巧合等等。莎士比亚善于在每一个剧本中都设置悬念,用以推动情节的发展并吸引读者的注意力。例如,《威尼斯商人》中"法庭"一场,安东尼奥的命运就是一个悬念,一方面是夏洛克按照契约要求割安东尼奥的肉,另一方面是安东尼奥自己也准备请人写墓志铭,在情节发展达到高潮、观众无不为安东尼奥捏一把汗时,鲍细亚的出场使情节峰回路转。随着安东尼奥命运的转机和悬念的解除,观众在审美的紧张感中获得了极大的心理满足。突转是情节的突然转变带来的剧情变化,这是造成情节生动性的另一个重要手法。仍以《威尼斯商人》为例,当夏洛克正欲动刀割安东尼奥的肉之时,鲍细亚一声"且慢",在指出契约中存在破绽的同时,剧情发生了急剧变化,造成了情节的曲折跌宕,波澜起伏。关于误会和巧合,在《罗密欧与朱丽叶》中可以看得更清楚。按照神父的安排,朱丽叶服用安眠药以逃婚,在此之前本来应该把朱丽叶假装死去这一消息告诉罗密欧,却因意外情况而耽搁了,从而造成了误会。当罗密欧得知"噩耗"飞奔至墓室,以为朱丽叶真的死了,遂拔剑自刎。朱丽叶醒过来后看到罗密欧已经绝命,竟假戏真做,随他而去……一系列的误会和巧合,使得情节扑朔迷离、曲折生动。

总之,经典作家对莎士比亚剧作的高度赞赏,是与莎翁作品情节的生动性和戏剧性相联系的。据拉法格在《忆马克思》一文中回忆:"他特别热爱莎士比亚,曾经专门研究过他的著作,连莎士比亚剧中最不惹人注意的人物他都很熟悉。"①

在马克思恩格斯对情节的论述中,生动性与丰富性是并行不悖的。如果情节不够丰富,反映的生活容量不够大,即使情节比较生动,也很难满足读者的审美要求。关于这一点,恩格斯在《现代文学生活》一文中评价谷兹科夫的剧作《马里诺·法利埃里》第一幕时说过:"这一幕情节比较简单,它的内容用三言两语就可以说完,因此,演出时连善于鉴赏表演艺术美的人也感到乏味。"②恩格斯的意思很明显,为了增强剧作对观众的吸引力,必须增

---

① [法]拉法格:《回忆马克思恩格斯》,北京:人民出版社1973年版,第4页。
② 《马克思恩格斯全集》第41卷,北京:人民出版社1982年版,第62页。

大剧本所反映的生活容量,只有这样才能提高作品情节的丰富性。在1839年5月写给威·格雷培的信中,恩格斯还谈到了谷兹科夫的诙谐小说《布拉泽多和他的儿子们》,并将其中的主人公布拉泽多称为"当代的唐·吉诃德",认为这个作品的"情节和语言等倒是挺出色的"①。

情节的丰富性主要是通过两种途径表现出来的:一是多条线索交错发展。以莎士比亚的剧作为例,《威尼斯商人》中就存在三条线索,主线是安东尼奥与夏洛克的矛盾冲突,副线分别是巴萨尼奥和鲍细亚的婚恋、罗兰佐和杰西卡的恋爱,三条线索都与夏洛克这个人物形成了直接间接的关系,并在"法庭"一场戏中相互交织,因鲍细亚的出场使夏洛克败诉,全剧达到高潮。二是悲喜剧相互交融。马克思说过:"英国悲剧的一个独特之处在于它把崇高和卑贱、恐怖和滑稽、豪迈和诙谐离奇古怪的混合在一起。"②以莎士比亚为代表的英国戏剧中,悲喜剧因素是相互交融的,形成了英国悲剧的一种特色。在经典作家看来,正是悲喜剧因素的相互交融,才形成了作品情节的丰富性。

马克思主义经典作家认为,情节的描写是否生动、是否丰富,情节的安排是否合理、是否高超,直接决定着作品中人物塑造的成与败,因为人物性格的丰富性是与故事情节的生动复杂密切相关的。

第四节　艺术风格问题

1. "风格即其人"

马克思主义经典作家十分注重文艺作品的风格,多次在其言论和著述中谈到了风格的特征、规律等问题。

文学作品的风格是一个作家的作品与其他作家的作品区别开来的总体特点,风格能反映出作家个人或某一作家群在创作思想、表现手法与技巧等方面的特征。风格不仅属于形式因素,而且属于内容因素,它是在内容与形式的统一中所表现出的某作品不同于其他作品的特色。马克思曾经说过:

> 一时的激情是蹩脚的作家。爱者在十分冲动时写给被爱者的信不

---

① 《马克思恩格斯全集》第41卷,北京:人民出版社1982年版,第496页。
② 《马克思恩格斯全集》第13卷,北京:人民出版社1998年版,第215页。

是范文,然而正是这种表达的含混不清,极其明白、极其显著、极其动人地表达出爱的力量征服了写信者。爱的力量征服了写信者就是被爱者的力量征服了写信者。因此,热恋所造成的词不达意和语无伦次博得了被爱者的欢心,因为有反射作用的、一般的、从而不可靠的语言本性获得了直接个别的、感性上起强制作用的、从而绝对可靠的性质。而对爱者所表示的爱的真诚深信无疑,是被爱者莫大的自我享受,是她对自己的信任。①

这种"含混不清""词不达意""语无伦次"的语言风格,马克思认为对写情书来说是极其合适的。可见,马克思对语言风格的问题思考得是多么认真。

有关风格问题,马克思、恩格斯在不同的场合分别引用过法国作家布封的说法。普鲁士政府颁布新的书报检查令后,为了巩固这一制度,禁止"在出版物中传播错误的和破坏性的理论"。马克思大胆地揭露了其中的文化专制主义本质,他在《评普鲁士最近的书报检查令》一文中指出:

> 真理是普遍的,它不属于我一个人,而为大家所有;真理占有我,而不是我占有真理。我只有构成我的精神个性的形式。"风格如其人。"②

恩格斯在《现代文学生活·现代的论战》中引用布封的原话说:

> 在这种情况下关于我们的作家就不仅可以说 le style c'est l'homme(风格即其人),而且可以说:le style c'est la littérature(风格即文学)。③

"风格即其人",源于法国启蒙运动时期布封的《论风格》,其中谈道:"只有写得好的作品才是能够传世的,作品里面所包含的知识之多、事实之奇,乃至发现之新颖,都不能成为不朽的确实保证。如果包含这些知识、事实与

---

① 《马克思恩格斯全集》第42卷,北京:人民出版社1979年版,第182—183页。
② 《马克思恩格斯全集》第1卷,北京:人民出版社1995年版,第110—111页。
③ 《马克思恩格斯全集》第41卷,北京:人民出版社1982年版,第75页。

发现的作品,只谈论些琐屑对象,如果他们写得无风致、无天才、毫不高雅,那么,它们就会是湮没无闻的。因为知识、事实与发现都很容易脱离作品而转到别人手里,它们经过更巧妙的手笔一写,甚至会比原作还要出色些。这些东西都是身外物,风格就是本人。因此,风格既不能脱离作品,又不能转借,也不能变换。"①

布封的风格理论,突破了此前亚里士多德《修辞学》《诗学》中关于风格的形式论观点,体现了文艺复兴时期进步的人文主义思想对作家本人创作个性的尊重。在这里,布封把风格与作家本人的精神气质、创作个性等联系起来,既说明了风格的来源(即来自于作家的审美追求),又说明了风格的表现形式(即它不能脱离作品,也不能转借或变换,而是通过内容与形式相统一的作品整体表现出来的)。布封的风格理论从作品的整体面貌出发对风格进行把握,触及了"风格"这一问题的核心,因而得到了马克思、恩格斯的认同。

"风格即其人"中的"人",指艺术家个人的本质特点,它包括两个方面:一是情感、气质、兴趣、爱好等一般个性;二是审美观念、审美理想、审美趣味等审美个性。风格的实质,是作品通过内容与形式相统一的总体特征表现出的艺术家创作个性及精神风貌的总和。在恩斯看来,"风格即其人"与"风格即文学"是并列关系,它们包含着多层含义。如风格与作家的个性有关,风格体现于整个作品的形象体系之中,风格是文学作品成熟的标志,文艺作品应该具有独特的风格等。文学创作的成熟与否,关键要看作家作品是否具有独特的风格。换言之,某一作品是否具有特定的风格,是判断其优劣成败的重要标志。所以,恩格斯又给风格作了一个界定:"风格仍然是文学的一面镜子。"②

2. 艺术风格的特点

马克思阐明了艺术风格的多样性,并认为它与"人"的本质的丰富性相伴随。他在《评普鲁士最近的书报检查令》中指出:"同一个对象在不同的个人身上会获得不同的反映,并使自己的各个不同方面变成同样多的不同的精神实质。"③也就是说,作家的创作个性不同,对于同一个事物,不同作家会

---

① 参见《译文》1957年9月号,第151页。
② 《马克思恩格斯全集》第41卷,北京:人民出版社1982年版,第76页。
③ 《马克思恩格斯全集》第1卷,北京:人民出版社1995年版,第112页。

有不同的反映。此外,作家的精神世界具有它的丰富性和复杂性,同一作家在不同时候面对同一个事物也会有不同的反映。这就决定了艺术风格的多样性。

19世纪30至40年代,普鲁士王国正处于资产阶级革命的前夜,反动统治者为巩固其政权,在文化上实行了专制主义,他们一边迫害海涅等革命民主主义作家,一边又强制推行一种他们所认可的"风格",给人们的精神涂上了"官方的色彩"。他们这样做,无疑是"要狮子遵循水螅的生命规律"[①],其结果是严重地窒息了创作的生机。因此,马克思严厉地抨击了普鲁士专制文化试图控制作家风格的政策:

> 你们赞美大自然令人赏心悦目的千姿百态和无穷无尽的丰富宝藏,你们并不要求玫瑰花散发出和紫罗兰一样的芳香,但你们为什么却要求世界上最丰富的东西——精神只能有一种存在形式呢?我是一个幽默的人,可是法律却命令我用严肃的笔调。我是一个豪放不羁的人,可是法律却指定我用谦逊的风格。一片灰色就是这种自由所许可的惟一色彩。每一滴露水在太阳的照耀下都闪现着无穷无尽的色彩,但是精神的太阳,无论它照耀着多少个体,无论它照耀什么事物,却只准产生一种色彩,就是官方的色彩![②]

马克思用"千姿百态"和"无穷无尽"来说明精神产品的复杂多样,因为客观世界是丰富多彩的,文艺作品既然要通过艺术形象反映社会生活,就应该尽可能风格多样;同时,精神作为具有"个体性的形式",也是各不相同的,从而使艺术家对生活的感受和体验有所不同,并影响到了作品的艺术构思、表现手法及语言特点等,这会理所当然地导致风格的多样性。总之,主客观原因决定了作为精神产品之一的文学必然是"世界上最丰富的东西",它不可能只有某种单一的存在形式。

风格的独特性和多样性是一个问题的两个方面,没有作家作品风格的独特性,就不可能有风格的多样性。

马克思主义创始人一直积极地提倡风格的独特性,并在许多通信及书

---

① 《马克思恩格斯全集》第1卷,北京:人民出版社1995年版,第190页。
② 《马克思恩格斯全集》第1卷,北京:人民出版社1995年版,第111页。

评中谈到这一问题。马克思1865年写给施维泽尔的信中,曾谈到了蒲鲁东一个作品的风格,认为在这一著作中,风格方面还算强健的肌肉组织占据优势。1892年3月16日,恩格斯写给奥·倍倍尔的信中谈到弗·梅林的《关于莱辛的传奇》一书,对梅林作品的风格表示赞扬：

> 一般说来,他的观点比较不受拘束,首先是他的表达方式比较果断和明确。①

作家是否能够主动支配自己的写作,决定着作品是否具有独特的风格。一方面,如果一个作家没有支配自己作品的自由空间,就不可能形成独特的风格。另一方面,作家主动支配自己的作品还意味着作家要有不入流俗的勇气,否则也不可能形成独特的风格。关于这一点,马克思、恩格斯的立场是十分鲜明的。在给斐·拉萨尔的信中,恩格斯说："您反对现在流行的恶劣的个性化,是完全正确的。这种个性化不过是玩弄小聪明而已,并且是垂死的模仿文学的一个本质的标记。"②

恩格斯在一篇文章中对德国文学的"现代风格"进行了总结,即"生动具体、措辞锋利、色调丰富",像"傲然飞腾着的激情焰火","焰火到达顶点后,洒下阵阵五彩缤纷的、富有诗意的火花雨,或者迸射出劈啪作响的智慧火星"。1839年10月8日写给威·格雷培的信中,恩格斯还谈道：

> 海涅写得光彩照人,文巴尔克热情明快,谷兹科夫贴切精练,不时闪现出一缕温暖宜人的阳光,奎纳则写得晓畅通达,有点明亮度过多而暗影过少。……如果把让·保尔的华丽同白尔尼的精确结合起来,那就构成了现代风格的基本特点。③

文学风格的民族性问题在经典作家的文艺论述中也比较常见。肯定文学风格的"民族特点",有助于作家发展本民族文学的风格优势并汲取别的民族文学之长,从而有利于其作品风格的成熟。

---

① 《马克思恩格斯全集》第38卷,北京：人民出版社1972年版,第310页。
② 《马克思恩格斯文集》第10卷,北京：人民出版社2009年版,第174页。
③ 《马克思恩格斯全集》第41卷,北京：人民出版社1982年版,第524—525页。

马克思的《福格特先生》一书谈道:"西班牙的剧本中,每个主人公都要配上两个丑角",这是当时西班牙剧本所体现出的民族风格。恩格斯也曾多次谈到"德国民族的戏剧"表现出的风格问题。所谓"德国民族的戏剧",即指反映德国的精神风貌和审美趣味的戏剧作品。在给威·格雷培的信中,恩格斯认为现代德国风格"恰如一束丝绸",而法国风格则"好像蛛丝",这是对德法两国文学的风格差异所作的形象说明。

恩格斯还分析了德国文学风格的发展变化:

> 德国的风格经历了一个辩证的间接表现的过程;从我们的散文的朴素直率中产生了理性的语言,这种语言的顶峰就是歌德的有如大理石那样优雅精妙的风格,还产生了幻想和激情的语言,让·保尔向我们展示了这种语言的全部光辉。白尔尼是间接表现手法的创始人,尽管他的作品中,特别是在《巴黎来信》中,理性的成分还占主导地位;而海涅在诗的方面是自由的。间接表现手法在现代风格中已经形成。幻想和理性如果没有意识的参与就不会交融在一起,但也不会尖锐地相互对立;它们结合于风格之中,就像结合于人的心灵之中一样。由于这种结合是自觉的,因而是牢固的、真正的结合。因此,我不赞同维尔的看法,维尔总是硬说现代风格具有偶然性。我认为它是有机的、符合历史规律的发展。[1]

从马克思、恩格斯关于文学风格的论述不难看出,风格的多样性、独特性源于作家的创作个性和社会生活的多样性。同时,作家和作品的风格又不是凝固不变的,优秀的作家往往会在一种鲜明独特的风格主导之下,根据实际需要不断地加以改变,从而使其作品的风格达到多样化的统一。

3. 关于文字风格

经典作家自身作品的独特风格备受后人推崇。马克思在1855年发表于《新奥得报》上的一篇文章中,曾对一位勋爵的演讲风格提出批评,认为演讲"没有给人留下任何值得一提的独到见解,没有一句至理名言,没有一句真知灼见,没有一点鲜明的记述,没有一点美妙的思想,没有一个生动的隐

---

[1] 《马克思恩格斯全集》第41卷,北京:人民出版社1982年版,第75页。

喻,没有一点幽默的描写,没有一点真实的情感"①。从这八个"没有"中,我们可以发现马克思对风格的严格要求。

马克思写作过程中的严谨与认真是当时的许多作家都承认的。1858年9月21日,马克思在给恩格斯的信中坦白道:

> 除了对已经写好的东西作修辞上的润色外,我没有什么东西好写了,但是有时为了推敲几个句子,仍然一坐就是几个小时。②

几年后,马克思又在写给斐·拉萨尔的信中说:"我还有这样一个特点:要是隔一个月重看自己所写的一些东西,就会感到不满意,于是又得全部改写。"③恩格斯是深知马克思的这一特点的。正因为马克思的文字具有深刻博大的思想性、十分谨严的科学性和最强有力的战斗性,所以恩格斯认为这种风格表现为"在内容上是那样的一个杰作",在形式上它又是一个"艺术的整体",并在给爱·伯恩施坦的信中称其为"马克思所特有的而你所不习惯的文体"④。的确,马克思非常注重作品作为一个整体的完整性,他坦率地承认:

> 我不能下决心在一个完整的东西还没有摆在我面前时,就送出任何一部分。不论我的著作有什么缺点,它们却有一个长处,即它们是一个艺术的整体;但是要达到这一点,只有用我的方法,在它们没有完整地摆在我面前时,不拿去付印。⑤

不仅如此,马克思还以给工人提供优秀的读物为己任,在这方面,他对自己的要求可以说达到了极其苛刻的程度。正如恩格斯所说:"马克思认为自己的最好的东西对工人来说也还不够好,他认为给工人提供不是最好的东西,那就是犯罪!"⑥在写作《资本论》时,马克思对这部巨著的总体风格及

---

① 《马克思恩格斯全集》第11卷,北京:人民出版社1962年版,第432页。
② 《马克思恩格斯全集》第29卷,北京:人民出版社1972年版,第341页。
③ 《马克思恩格斯全集》第30卷,北京:人民出版社1974年版,第617页。
④ 《马克思恩格斯全集》第36卷,北京:人民出版社1974年版,第99页。
⑤ 《马克思恩格斯全集》第31卷,北京:人民出版社1972年版,第135页。
⑥ 《马克思恩格斯全集》第37卷,北京:人民出版社1971年版,第433页。

各部分的结构比例等都仔细考虑,反复推敲,多次修改,精益求精。

马克思的文风极具特色。恩格斯曾多次称赞马克思的风格简洁、有力、朴素、流畅,认为他是"当代具有最简洁最有力的风格的作家之一"[①]。恩格斯在晚年写给理查·费舍的信中有这么一句话:"马克思的文风——句子简短,对比鲜明有力。"[②]恩格斯曾经写了《不应该这样翻译马克思的著作》一文,对试图翻译马克思著作的人进行劝告,以便尽量保持马克思的风格。不仅如此,他还在给伯恩施坦的信中指出:"我在您的稿子上作了很多修改,想来您不会太生气吧。我已经对考茨基说过,虽然我们摹仿不了马克思的文体,但也必须使我们的文体不要同他的截然相反。对此请稍加注意,这样咱们译出的著作才可以毫无愧色地拿出去。"[③]

1873年11月29日,恩格斯写给马克思的信中谈到了他读马克思著作法译本的感受:

> 昨天我读了工厂立法这一章的法译文。我虽然极为尊重用优雅的法语翻译这一章的艺术,但仍然为这出色的一章抱屈。力量、活力、生命力——统统见鬼去了。平庸的作家为了能够用某种优雅的形式来表述自己的思想,是不惜阉割语言的。用这种拘谨的现代法语,是愈来愈难于表述思想了。学究式的形式逻辑几乎到处都要求把语句重新排列,单是这一点就使叙述失去了鲜明性和生动性。我认为,用法译本作为英译本的基础是一个大错误。[④]

原因在于英语的风格特点是"强劲和简洁",它将有可能补偿"拘谨"的现代法语所造成的遗憾。

恩格斯的文风也极有特点。恩格斯著作最明显的风格就是清新、热情、机智。高瞻远瞩的洞察力、火热的激情、乐观的精神、清新的格调,是恩格斯文章尤其是早期作品的主要特点。马克思重读恩格斯的《英国工人阶级的状况》一书后称赞道:

---

① 《马克思恩格斯全集》第21卷,北京:人民出版社1965年版,第267页。
② 《马克思恩格斯全集》第39卷,北京:人民出版社1975年版,第450页。
③ 《马克思恩格斯全集》第36卷,北京:人民出版社1974年版,第80页。
④ 《马克思恩格斯全集》第33卷,北京:人民出版社1973年版,第99—100页。

  这本书写得多么清新、热情和富于大胆的预料,丝毫没有学术上和科学上的疑虑!连认为明天或后天就会亲眼看到历史结果的那种幻想,也给了整个作品以热情和乐观的色彩……①

  恩格斯对文学风格的简洁、明晰十分敏感,早在 1839 年 10 月,他写给威·格雷培的信中谈到 19 世纪 30 年代德国文坛的风格时就曾指出,"现代风格包括了文风的全部优点:言简意赅,一语中的"。他认为这种简洁明快的风格是应当予以肯定的。到了 1892 年,晚年的恩格斯仍然对清晰、明晰的风格情有独钟。比如评论弗·梅林的一部传记作品时,他就特别欣赏其清晰和明确的风格。

复习思考题:
1. 马克思主义经典作家如何看待文学作品内容和形式的关系?
2. 举例说明文学作品艺术性的含义及分析方法。
3. 马克思主义经典作家对文学语言的要求有哪些?
4. 马克思主义经典作家是从哪些方面关注文学的表现手法的?可结合具体作品进行说明。
5. 谈谈文学作品风格的含义及经典作家对风格的理解。
6. 在马克思主义经典作家看来,文学作品风格的多样性与独特性之间具有怎样的关系?
7. 经典作家认为形成风格的主客观条件有哪些?

---

① 《马克思恩格斯全集》第 30 卷,北京:人民出版社 1974 年版,第 339 页。

第五章　文艺批评标准与方法

马克思主义文艺学说充满着批判精神,这是它的特色,也是其固有品格。马克思在谈到他的辩证方法与黑格尔的辩证方法"截然相反"时强调,他的理论方法"按其本质来说,它是批判的和革命的"①,这也是其文艺学说的根本特色。正是这一特色,保证了马克思主义文艺学说的理论锋芒,保证了它的长久不衰的生命力。可以说,马克思主义文艺学说的批判精神,正是其严格的科学性和高度的革命性结合起来的最好体现。

第一节　文艺学说的批判精神

马克思于1843年指出:"什么也阻碍不了我们把我们的批判和政治的批判结合起来,和这些人的明确的政治立场结合起来,因而也就是把我们的批判和实际斗争结合起来,并把批判和实际斗争看做同一件事情。"②十余年后,马克思、恩格斯又一次声明:"我们早已料到,我们在我们党的面前揭露'被俘'的金克尔的这篇辩护词,会惹起所有温情的伪善者和民主主义清谈家的愤懑。这一点我们是毫不在乎的。我们的任务是无情的批判。"③关于马克思主义创始人的理论中表现出的批判精神,列宁曾在一篇文章中引用马克思的原话,对其理论的批判的和革命的性质及其全部价值表示极为赞赏,并认为这一性质"的确完全地和无条件地是马克思主义所固有的"④。

---

① 《马克思恩格斯文集》第5卷,北京:人民出版社2009年版,第22页。
② 《马克思恩格斯全集》第1卷,北京:人民出版社1965年版,第417—418页。
③ 《马克思恩格斯全集》第7卷,北京:人民出版社1965年版,第351页。
④ 《列宁全集》第1卷,北京:人民出版社1984年版,第291页。

马克思恩格斯都是资本主义旧世界的勇敢斗士,他们才华横溢,热血沸腾,具有非凡的创造力和献身精神。他们把文艺批评作为一种武器,毕生投入到推翻旧世界、创造新世界的斗争中去。他们用独特的科学眼光对待文学、历史、政治、经济等现象,因而他们的文章、言论及书评等著作都具有强烈的理性批判精神。这种理性批判精神主要表现在两个方面:一是正视复杂的现实生活,二是冷静地分析解剖现实。他们比较喜爱那种真实反映实际生活的文艺创作,并且极力提倡对丑恶现实进行抨击的批判精神。他们尤其对激烈变动的历史转折时期的社会生活抱以极大的热情,赞赏那种以一身阳刚之气去扫荡旧世界的普罗米修斯式的英雄。他们偏爱的文艺作品,是那些反映了实际生活并认识到物质条件怎样制约着精神现象的作品。这是经典作家形成其理性批判精神的现实基础。

马克思在1865年4月1日的《自白》中回答女儿的提问时说:他喜爱的英雄是斯巴达克,喜爱的散文家是对现实生活充满批判精神的狄德罗,喜爱的箴言是"怀疑一切"。① 恩格斯则对歌德和席勒某些作品中的叛逆精神给予高度称赞:

> 1750年左右,德国所有的伟大思想家——诗人歌德和席勒、哲学家康德和费希特都诞生了;过了不到二十年,最近的一个伟大的德国形而上学家黑格尔诞生了。这个时代的每一部杰作都渗透了反抗当时整个德国社会的叛逆的精神。歌德写了《葛兹·冯·伯利欣根》,他在这本书里通过戏剧的形式向一个叛逆者表示哀悼和敬意。席勒写了《强盗》一书,他在这本书中歌颂一个向全社会公开宣战的豪侠的青年。②

经典作家都对那些开拓了历史新纪元的时代英雄表示崇高的敬意,同时又极力批评那些在作品中无病呻吟、矫揉造作的作家和作品。马克思把欧仁·苏称为"温情的小市民的社会幻想家"③,对浪漫主义诗人夏多布里昂更是厌恶透顶。恩格斯则对"青年德意志派"成员之一卡尔·倍克给予尖锐的讽刺:"怯弱和愚蠢、妇人般的多情善感、可鄙的小资产阶级的庸俗气,这

---

① 《马克思恩格斯全集》第31卷,北京:人民出版社1972年版,第588—589页。
② 《马克思恩格斯全集》第2卷,北京:人民出版社1965年版,第634页。
③ 《马克思恩格斯全集》第7卷,北京:人民出版社1965年版,第115页。

就是拨动诗人心弦的缪斯。"①可以看出,被马克思、恩格斯赞扬过的作家,一般都敢于向现实挑战并毫不屈服地同丑恶现实进行斗争,反之,则要受到他们猛烈地批判。

1. 批判精神的表现

一是对反动"浪漫主义"的批判。"浪漫主义"是18世纪末19世纪初产生于欧洲的一种文学思潮。起初,在浪漫主义内部贯穿着反对旧制度、呼吁新社会、要求个性解放等积极因素,但到了19世纪中叶,浪漫主义日趋衰落,并逐渐演变成一种消极、逆动的文艺思潮。因此,马克思对浪漫主义日益增长着"怀疑和憎恶",并且要"让读者相信他的信念,即浪漫主义的倾向预示它不会给德国和世界带来什么好处"②。具有这种倾向的作家主要有法国的夏多布里昂、英国的托马斯·卡莱尔、德国的哥特弗利德·金克尔等,他们在作品中把封建的田园生活和宗法制度进行美化,主张回到中世纪去,受到了马克思和恩格斯的批判和嘲讽。

恩格斯写给弗·梅林的信中谈到,马克思在柏林和波恩居住期间,就"以相当轻蔑的口吻评论"了一些"庸俗的、词藻华丽而夸夸其谈的作品",并且认为这些作品是受法国浪漫主义影响的结果。③ 马克思的《法的历史学派的哲学宣言》一文,对消极浪漫主义主张虚构的诗歌与真实的散文相结合的"原则"给予严厉批判。马克思还在评普鲁士的书报检查令时批判了浪漫主义的写作手法:"在新的书报检查令中则出现了一种完全不同的深奥,可以说出现了一种精神的浪漫主义。……如果浪漫主义的不确定性、敏感的内心世界和主观的激昂情绪都变成了下面这种纯外在的现象,即外在的偶然性已不再表现为它那种实际的确定性和局限性,而表现为某种奇妙的灵光、表现为某种虚构的深奥和壮观,那么,检查令也未必能逃脱这种浪漫主义的命运。"④

在《资本论》中,马克思对"浪漫主义献媚者"亚当·弥勒进行了讽刺:"我们这位弥勒所用的方法,具有一切行业的浪漫主义的特征。它的内容是由日常的偏见构成的,是从事物最表面的假象取来的。然后,这种错误的平

---

① 《马克思恩格斯全集》第4卷,北京:人民出版社1965年版,第224页。
② 参见[英]柏拉威尔:《马克思和世界文学》,北京:三联书店1980年版,第55页。
③ 《马克思恩格斯全集》第38卷,北京:人民出版社1972年版,第480页。
④ 《马克思恩格斯全集》第1卷,北京:人民出版社1995年版,第127—128页。

庸的内容被用神秘的表达方法'提高'和诗化了。"①对于法国浪漫主义作家夏多布里昂,马克思的批判更加尖锐:

> 这个作家我一向是讨厌的。如果说这个人在法国这样有名,那只是因为他在各方面都是法国式虚荣的最典型的化身,这种虚荣不是穿着18世纪轻佻的服装,而是换上了浪漫的外衣,用新创的词藻来加以炫耀;虚伪的深奥,拜占庭的夸张,感情的卖弄,色彩的变幻,文字的雕琢,矫揉造作,妄自尊大,总之,无论在形式或在内容上,都是前所未有的谎言的大杂烩。②

谈到英国作家托马斯·卡莱尔时,马克思、恩格斯认为他的世界观中有托利党浪漫派残余的存在,其目的是要恢复浪漫的封建主义。他们说:

> 在这种关于纯粹是胡说八道的智慧的有教训意义的实例后面,卡莱尔又给我们举出一个证据,说明凌空飞翔的高贵气概一旦从格言和词藻的天国堕入现实关系的尘世时,如何立即变成了露骨的卑劣行为。③

需要说明的是,经典作家虽然对消极浪漫主义者不遗余力地进行批判,但对于积极浪漫主义作家,如"满腔热情"的拜伦、"天才的预言家"雪莱及"妇女权利的勇敢捍卫者"乔治·桑等,则给予肯定和赞扬,原因在于他们"辛辣讽刺现社会"的精神和品格。

一是对"青年德意志"派的批判。"青年德意志"派是19世纪30年代出现于德国的一个思想派别,其成员多持有"激进的、共和主义的、民主的"政治原则,喜欢探讨一些"十分琐细的、几乎看不见的、于事无补的"社会问题。卡尔·倍克、卡尔·格律恩等是"青年德意志"派的代表。恩格斯以"时代概念"作为思想斗争的准则之一,在对"青年德意志"作品的评论中表现出强烈的否定和嘲讽。他曾多次评价倍克的诗歌,并将其作为"青年德意志"派的

---

① 《马克思恩格斯文集》第7卷,北京:人民出版社2009年版,第448页。
② 《马克思恩格斯全集》第33卷,北京:人民出版社1973年版,第102页。
③ 《马克思恩格斯全集》第7卷,北京:人民出版社1965年版,第309页。

代表人物进行批评。恩格斯认为,诗歌不应只表现悲观厌世的消极情绪,而应该成为反对专制、争取自由和进步的武器。在《现代文学生活》一文中,恩格斯从整体上批评"青年德意志"运动,不仅对其思想倾向表现出极大的反感,而且尖锐地指出这个派别内部存在的问题,一是许多成员在思想上并不统一,搞"内耗";二是他们所进行的争论既无原则,也无意义。

《评亚历山大·荣克的〈德国现代文学讲义〉》(1842年6月)和《在瑞士的"青年德意志"》(1845年9月),是恩格斯集中对亚历山大·荣克及"青年德意志"派进行批判的著作。他指出:

> 在任何一种运动、任何一种思想斗争中间,总有一些只有滚在污水里才会感到非常舒服的糊涂虫。在原则本身还没有确定以前,人们对这种人还可以容忍;当每个人还在竭力辨明原则的时候,要认清这种人的那副生就的糊涂相是不容易的。但是当各种成分分离开来、各种原则相互对立起来的时候,抛弃这些废物、清算他们的时机就到来了,因为这时他们的空虚已经骇人听闻地暴露了出来。[①]

恩格斯认为,荣克正是这样的"糊涂虫",其《普鲁士的科尼斯堡和地方虔诚主义的极端》一书,"像泼水似的向我们泼来成桶的、未确定的、未加批判的论断、糊涂的见解、空洞的词句和狭隘得可笑的观点"。恩格斯说,荣克"本人就是一个渺小的、软心肠的、不能自主的和喜欢吹拍的人","是德国最无气节、最软弱、最糊涂的作家",毫不怀疑地将荣克归入到"莠草"之列。

再一是对"青年黑格尔派"的批判。"青年黑格尔派"是继"青年德意志"派之后在德国兴起的一个思想派别,其代表人物有鲍威尔、亚历山大·荣克等,欧仁·苏的小说《巴黎的秘密》是这一派别的思想观点在文学上的表现。马克思和恩格斯的《神圣家族》一书中有相当一部分篇幅,对《巴黎的秘密》及其评论者"青年黑格尔"分子施里加进行了多方面的批判。《巴黎的秘密》虽然描写了大城市里"小人物"贫困的生活和道德现状,某种程度上反映了资本主义文明的负面效应及其所带来的社会问题,但在思想倾向上存在着严重的错误。具体说来,欧仁·苏把虚伪的道德家当作"理想人物"来歌颂,把"现钱"作为实现其救世理想的灵丹妙药,宣扬抽象的博爱主义和人道主

[①] 《马克思恩格斯全集》第1卷,北京:人民出版社1965年版,第519页。

义观念,从而与施里加等人的思想倾向相投合。马克思颇含讽刺意味地指出:"施里加一维什努所体现的'批判的批判'把《巴黎的秘密》崇奉为神。欧仁·苏被誉为'批判的批判家'"①,并提出了尖锐的批评意见:

> 施里加先生则把现今人世的一切关系都看做秘密。如果说费尔巴哈揭露了现实的秘密,那么施里加先生却反而把现实的平凡的东西变成了秘密。他的本领不是要揭露被掩盖的东西,而是要掩盖已经被揭露的东西。
>
> 于是,他把文明中的野蛮(罪犯的存在)和国家中的无法纪与不平等都说成秘密。②

马克思对《巴黎的秘密》及其吹捧者进行批判时,将斗争的锋芒直指思想领域内的唯心史观,把文艺批评变成当时无产阶级革命斗争的一个组成部分。

马克思抓住施里加评论《巴黎的秘密》时对"爱情的秘密"所持有的唯心主义观点,不留情面地对"青年黑格尔派"的思辨哲学进行了层层揭露:

> 依照思辨的神学的精神,牧师劝我们承认情欲是我们自己的本性,说这样才能在以后去克制它,即撤回这种承认。如果情欲想牺牲理性(同情欲相对立的意志力和爱情是属于理性的领域的)以表现自己,他诚然是要立刻加以克制的。但是只要情欲不力图牺牲真正的理性,即信仰,牺牲真正的爱情,即对上帝的爱,牺牲真正的意志力,即基督的意志,以表现自己,那么,就是非思辨的基督徒也是会承认情欲的。……牧师说得一针见血:要克制情欲,他首先得克制神经传达和快速的血液循环。——在说到"狭"义的情欲时,施里加先生认为高度的体温是由血管里血液的沸腾而来。他不知道温血动物之所以称为温血动物,是因为他们血液的温度尽管有若干细小的变化,但始终保持在同一的高度上。——只要神经传达一中止,血管里的血液一冷却,这罪恶的肉体,这情欲的栖息之所,就成了一具尸首,而魂灵们也就能顺利无阻地

---

① 《马克思恩格斯全集》第2卷,北京:人民出版社1965年版,第68页。
② 《马克思恩格斯全集》第2卷,北京:人民出版社1965年版,第69页。

彼此谈论"普遍理性""真正的爱情"和"纯正的道德"。①

在此,马克思不仅批评了施里加关于"情欲""肉体"及"体温"等方面的常识性错误,而且借"尸首"的魂灵们"谈论'普遍理性'、'真正的爱情'和'纯正的道德'"这一幽默的说法,对"青年黑格尔派"的唯心主义理论给予强烈的讽刺。

再一是对"真正的社会主义"的批判。"真正的社会主义"是从1844年起"瘟疫般"在德国流行起来的一股思潮,并迅速遍及政治、哲学、文艺等领域。恩格斯分析了它的特点:

> 从1844年起在德国的"有教养的"人们中间像瘟疫一样传播开来的"真正的社会主义",正是同费尔巴哈的这两个弱点紧密相连的。它以美文学的词句代替了科学的认识,主张靠"爱"来实现人类的解放,而不主张用经济上改革生产的办法来实现无产阶级的解放,一句话,它沉溺在令人厌恶的美文学和泛爱的空谈中了。②

"真正的社会主义"的代表人物有两个:在创作方面是卡尔·倍克,在批评方面是卡尔·格律恩。其理论基础是将法国空想社会主义的消极内容与德国哲学特别是黑格尔的唯心主义"混为一团"而构成的思辨哲学,其创作则是服务于理论的一种"美文学"式的宣传。马克思、恩格斯在《德意志意识形态》中指出:

> "真正的社会主义"显然给一批青年德意志的美文学家、江湖医生和其他著作家打开了利用社会运动的大门。由于德国没有现实的、激烈的、实际的党派斗争,社会运动在开始时也就变成了纯粹的文学运动。"真正的社会主义"就是最完备的社会文学运动……③

恩格斯在《诗歌和散文中的德国社会主义》一文中,对这个派别的文艺

---

① 《马克思恩格斯全集》第2卷,北京:人民出版社1965年版,第81—82页。
② 《马克思恩格斯选集》第4卷,北京:人民出版社1995年版,第222页。
③ 《马克思恩格斯文集》第1卷,北京:人民出版社2009年版,第590页。

思想也进行了辛辣的嘲讽。"真正的社会主义"的文学创作,充满了对生活的随心所欲的虚假描写,其目的是试图用思辨的外衣装饰他们那几条干瘪的"永恒真理",从而增加他们理论的销路和欺骗性。在恩格斯看来,以倍克为代表的"真正的社会主义"者,不仅不能正确表现剥削阶级的典型人物,而且不能正确表现被剥削的工人阶级形象。他说:

> 倍克歌颂胆怯的小市民的鄙俗风气。歌颂"穷人",歌颂 pauvre honteux(耻于乞讨的穷人)——怀着卑微的、虔诚的和互相矛盾的愿望的人,歌颂各种各样的"小人物",然而并不歌颂倔强的、叱咤风云的和革命的无产者……是由于对路特希尔德家族的势力抱着幼稚的幻想,完全不了解这一势力和现存各种关系之间的联系,对路特希尔德家族为了成为一种势力并永远保存这种势力而必须使用的那些手段持有非常错误的见解。①

正是因这种所谓的人道主义思想,"真正的社会主义"的文学作品将无产阶级描述为浑浑噩噩的奴才,将统治阶级描述为仁慈友善的博爱家,并想当然地让两个对立的阶级握手言和甚至互相拥抱。这些诗歌所起的作用,是"止血用的三包沸腾散",于革命无益;它们鼓吹的社会主义,是"哭哭泣泣的社会主义"。原因在于,"真正的社会主义"者所持有的资产阶级人道主义世界观,有碍于他们正视现实,比如格律恩就曾宣布:"不管国家的经济情况及其目前的政治局势会导致什么结果,在任何情况下,只有人道主义的世界观才可能开辟通向人类未来生活的道路。"②

海尔曼·克利盖在他主编的《人民论坛报》上,更是大谈其"爱"和人道主义,要么是说"爱和自制可以获得一切",要么是说"用爱把一切人团结起来",要么干脆说"最神圣的要求就是完全把个人融在相爱者的社会中"。克利盖声称:"难道我们就不能严肃地对待长期受抑制的宗教心的激动,不能为彻底实现穷人、不幸者、被压迫者的兄弟友爱的乐园而斗争吗?""为了这个爱的宗教,我们要求:饿的人有饭吃,渴的人有水喝,裸体的人有衣穿。"③

---

① 《马克思恩格斯全集》第 4 卷,北京:人民出版社 1965 年版,第 223—224 页。
② 《马克思恩格斯全集》第 3 卷,北京:人民出版社 1960 年版,第 578 页。
③ 《马克思恩格斯全集》第 4 卷,北京:人民出版社 1965 年版,第 14—15 页。

对此,经典作家一针见血地指出:

> 他像牧师一样在这里替别人说话,就是说替"穷人"说话,来证明他的"宗教心"。因此他一开始斗争时,就向人表明,他本人并不需要共产主义,他之所以参加斗争只是由于他对"穷人、不幸者、被压迫者"的宽宏大量的、自我牺牲的、含糊不清的忘我精神,因为这些人需要他去帮助。在孤寂和忧郁的时刻,这种崇高的情感就充满这位善良人的心,成为他消除万恶世界一切不幸的灵丹。①

究其实质,"真正的社会主义"不过是德国政府用来镇压工人起义的专制制度的宣传工具罢了。因此,马克思、恩格斯在《诗歌和散文中的德国社会主义》《德意志意识形态》《反克利盖的通告》《共产党宣言》等著作中,多次对其进行了揭露和批判。

2. 批判精神的成因

马克思主义经典作家在文艺评论中表现出的理性批判精神,有着主观和客观两方面的原因。从主观方面说,马克思、恩格斯都具有旺盛的精力、豪迈的性格、开放式的思维和先进的人生观,因而形成了扫荡旧世界的博大胸怀,习惯于对诸种看似权威、经典、规范的事物和现象进行嘲讽,敢于反抗现实世界的一切。马克思热爱那些反映了人类历史上各个剧变时期的生活的作品,热爱那些以一往无前的磅礴气势开拓新时代的艺术形象,而对不符合历史潮流的作品及其中的人物形象,则给予批判和嘲讽。在评价巴尔扎克的小说时,马克思就曾把其中的高布赛克称为"老糊涂虫",原因在于高布赛克的行为不符合历史潮流。恩格斯的《时代的倒退征兆》一文,把批判的矛头指向"自查理大帝以来登上舞台的各种思想,五百年间不断相互排斥的各种风尚",指向"中世纪的封建主义和路易十四的专制制度、罗马的教阶制度和上一世纪的虔诚主义",认为"所有这些旧思想由于相互冲突必将化为灰烬,并将被向前推进的时代的金刚石般的步伐踏得粉碎"。② 对于那些不关心现实,试图拉着历史的车轮向后退的人,恩格斯更是表明了他的否定态度。比如在评亚历山大·荣克的《德国现代文学讲义》时,恩格斯不无讽刺

---

① 《马克思恩格斯全集》第 4 卷,北京:人民出版社 1965 年版,第 15 页。
② 《马克思恩格斯全集》第 41 卷,北京:人民出版社 1982 年版,第 32 页。

地说:

> 当整个德国都响起了战斗的号角的时候,当就在他的耳边讨论新的原则的时候,荣克先生却坐在自己的屋子里啃笔杆,反复咀嚼"现代事物"这个概念。他什么也听不见,什么也看不见,因为他把头埋到现在已经全然无人问津的书堆里了,并一心一意、有条有理地把个别事物归入黑格尔学说的范畴。①

在恩格斯看来,如此缺乏现实责任心和历史使命感的人,根本无力承担时代的重任。

从客观方面说,其一,这种批判精神有着深刻的理论基础。经典作家进行文学评论时提倡批判精神,其理论基础与他们所从事的职业有关。他们不是专职的文学评论家,而是以研究社会科学为主要工作的思想家和革命家,文学评论只是他们进行革命斗争的一个组成部分,他们的文学观是服从并服务于其社会科学观念的。可以说,当马克思和恩格斯考虑到文学时,他们是在一种广泛的经济、社会、历史的条件下考虑到文学的。表现在文学评论中,马克思、恩格斯一贯对那些真实地反映了社会生活、正确地预示了历史发展趋势的作品给予赞扬和鼓励。如果文学作品不符合历史潮流或者故意歪曲事实,他们则给予无情的否定和批判。

其二,马克思主义的批判精神还有着坚实的现实基础,那就是对文学的革命功利性的提倡。马克思、恩格斯很少把文学当作消遣的工具,相反,他们时时坚持为全人类工作的信念,将为解放全人类而斗争作为他们思想和行动的出发点。这是他们在评论作家作品时总是表现得无所顾忌的重要原因。马克思、恩格斯对那些具有强烈战斗性的作家和作品,通常都给予高度评价,并寄希望于文学介入实际的革命斗争中去。恩格斯的《暴力在历史中的作用》一文特别提到了两首民歌:"当时,出现了两首从16世纪以来最优秀的政治性民歌:《切希市长之歌》和《冯·德罗斯特-菲舍林男爵夫人之歌》,它们的大不敬性质今天简直使一些老年人震惊。"②恩格斯对这种"大不敬性质"是持赞赏态度的。恩格斯欣赏维尔特的作品,其中也有革命功利主

---

① 《马克思恩格斯全集》第1卷,北京:人民出版社1965年版,第521页。
② 《马克思恩格斯全集》第21卷,北京:人民出版社1965年版,第482页。

义的成分,他在 1883 年 6 月写给爱·伯恩施坦的信中指出:"维尔特的所有作品和道貌岸然的弗莱里格拉特相反,都是讽刺性的和幽默的。丝毫没有'一本正经'的痕迹。"①恩格斯还说:

> 我称他(指维尔特——引者注)为德国无产阶级第一个和最重要的诗人。的确,他的社会主义的和政治的诗作,在独创性、俏皮方面,尤其在火一般的热情方面,都大大超过弗莱里格拉特的诗作。他常常利用海涅的形式,但仅仅是为了以完全独创的、别具只眼的内容来充实这个形式。②

维尔特作品的这一特点,与马克思、恩格斯对文学功能的提倡是一致的。

列宁也曾强调,无产阶级要有自己的文学批评,要使这种批评在思想战线上发挥革命的战斗作用。他在写给高尔基的一封信中说:"文学批评最好由政治报纸,由《无产者报》刊载。哎,各种半党派性杂志和非党杂志所刊载的专门的文学批评文章,长篇大论,没有什么好东西!我们最好设法远远离开这种知识分子的陈旧的老爷派头,也就是说,把文学批评也同党的工作,同领导全党的工作更紧密地联系起来。"③

如何把文学批评同党的工作联系起来呢?恩格斯指出:

> 愤怒出诗人,在描写这些弊病或者抨击那些替统治阶级效劳而否认或美化这些弊病的和谐派的时候,愤怒是适得其所的,可是愤怒在每一个这样的场合下能证明的东西是多么少,这从下面的事实中就可以清楚地看到:到现在为止的全部历史中每一个时代,都能为这种愤怒找到足够的材料。④

一个革命作家和批评家,如果面对旧世界的黑暗、面对统治阶级的罪恶

---

① 《马克思恩格斯全集》第 36 卷,北京:人民出版社 1974 年版,第 36 页。
② 《马克思恩格斯全集》第 21 卷,北京:人民出版社 1965 年版,第 7—8 页。
③ 《列宁全集》第 45 卷,北京:人民出版社 1990 年版,第 171 页。
④ 《马克思恩格斯文集》第 9 卷,北京:人民出版社 2009 年版,第 156 页。

行径丝毫也不愤怒,怎么谈得上发挥文学的革命功利性?没有愤怒,没有火一般的热情,一个作家和批评家是不可能真正发扬文学的批判精神的。

第二节　文艺批评的标准

文艺批评必须依照一定的标准,才能对作品的形式、内容等方面进行有效的分析和判断。所谓批评标准,是指进行文艺批评时所依据的尺度和原则,是人们对文艺的本质特征及社会作用的认识在评价作品时的反映。

1. 文艺批评"最高的标准"

马克思主义文艺批评将"美学观点"和"历史观点"的相一致作为进行批评时"最高的标准"。

这一见解的提出,在马克思主义文艺批评史上有一个过程。1846年,恩格斯评论卡尔·格律恩的《从人的观点论歌德》时说:

> 我们并不像白尔尼和门采尔那样责备歌德不是自由主义者,我们是嫌他有时居然是个庸人;我们并不是责备他没有热心争取德国的自由,而是嫌他由于对当代一切伟大的历史浪潮所产生的庸人的恐惧心理而牺牲了自己有时从心底出现的较正确的美感;我们并不是责备他做过宫臣,而是嫌他在拿破仑清扫德国这个庞大的奥吉亚斯的牛圈的时候,竟能郑重其事地替德意志的一个微不足道的小宫廷做些毫无意义的事情和寻找 menus plaisirs。[①] 我们决不是从道德的、党派的观点来责备歌德,而只是从美学和历史的观点来责备他;我们并不是用道德的、政治的或"人的"尺度来衡量他。[②]

十几年之后的1859年,恩格斯在评价斐·拉萨尔的悲剧《济金根》时,又一次提出把"美学观点和史学观点"作为文学批评的标准。他说:

> 我是从美学观点和史学观点,以非常高的亦即最高的标准来衡量您的作品的,而且我必须这样做才能提出一些反对意见,这对您来说正

---

① 德文,原指"小小的乐趣",在此转意为"花在各种怪癖上的额外费用"。
② 《马克思恩格斯全集》第4卷,北京:人民出版社1965年版,第257页。

是我推崇这篇作品的最好证明。①

恩格斯从最初提出"美学的和历史的观点",到最后明确地主张以"美学观点和史学观点"作为文艺批评"最高的标准",是他若干年间反复思索和从事批评实践的产物。这一标准是符合文艺实际和批评规律的。在这方面,马克思虽然没有明确的表述,但从他本人的批评成果及有关言论来看,在文艺批评标准这一问题上,他同恩格斯的见解是一致的。比如,他非常喜欢巴尔扎克的作品,并认为《人间喜剧》是用诗情画意的镜子反映了整整一个时代。② 其中"诗情画意"体现的是美学观点,"反映了整整一个时代"体现的是历史观点,结合起来看,便是对文艺批评最高标准的提倡与实际应用。

文艺批评的标准除了包含在最高标准中的"美学观点"和"史学观点"之外,还有"真"的、"善"的、"道德"的、"宗教"的、"政治"的及"'人'"的等其他方面。肯定美学观点和历史观点是文艺批评的最高标准,并非要贬低或否认其他标准的重要性,而是要将其他的标准寓于美学的和历史的标准之中,只有这样,才能保证批评的有效性和科学性。

2. 批评的美学观点和史学观点

美学观点指衡量作家是否按照美的规律进行创作,及作品是否具有艺术感染力和较高的审美价值。将美学观点运用于文学批评,实际上就是要求按照文艺反映和表现生活的特点和规律来对作品进行分析和评价。马克思指出:

> 要是你们想在自己的美学批评中表现得彻底,你们就得禁止过分严肃和过分谦逊地去探讨真理,因为过分的严肃就是最大的滑稽,过分的谦逊就是最辛辣的讽刺。③

这就是要求用事物本身的语言来表达其本质特征,按照事物本质的要求去对待各种事物。运用于文艺批评,便是按照美的规律对作品进行评价。经典作家正是遵循这一原则,从审美的角度对作品进行评价的。

---

① 《马克思恩格斯文集》第 10 卷,北京:人民出版社 2009 年版,第 177 页。
② 参见[德]弗·梅林《马克思传》,北京:人民出版社 1965 年版,第 623 页。
③ 《马克思恩格斯全集》第 1 卷,北京:人民出版社 1995 年版,第 112 页。

关于美学观点，前一章论述的许多内容都可以作为参考。这里，我们再具体介绍一些马克思主义经典作家的意见。譬如，他们希望文艺作品要具有"情节的生动性和丰富性"，赞赏"情节的巧妙安排和剧本从头到尾的戏剧性"，夸奖莎士比亚作品中"福斯泰夫式的背景"所产生的美学效果；他们希望作品中的人物性格不是无源之水、无本之木，人物形象应该符合自身的各种社会关系，并打上时代和阶级的烙印，反对当时颇为流行的"恶劣的个性化"倾向，主张要对有代表性的性格做出卓越的个性刻画；他们希望作家、艺术家创作时不要丧失激情和热情，应当努力增强文艺作品的精神感染力的效果。

除了以上几个方面之外，美学观点还包括结构、比例、语言、韵律等其他方面的标准和要求。马克思曾经这样打比方：

> 如果我向一个裁缝定做的是巴黎式燕尾服，而他却给我送来一件罗马式的长袍，因为他认为这种长袍更符合美的永恒规律，那该怎么办啊！①

由这一段风趣幽默的话，不难看出马克思对形式美规律的尊重。在写作《资本论》时，马克思对这部巨著的整体结构和各部分的比例都仔细推敲，力图使之符合形式美的规律。马克思在一封信中还告诫魏德迈："要精心把诗印好，诗节之间应有适当的间隔，总之，不要吝惜版面。如果间隔小，挤在一起，诗就要受很大影响。"这段话讲的纯粹是形式问题，目的是要版面设计符合美的要求和视觉的规律。

在马克思主义创始人的思想体系中，历史是一个内涵深广的概念，它不是指从前那种被时间地点所局限的历史片断，而是指自然、社会、人类思维等普遍范畴。恩格斯曾明确指出："历史就是我们的一切，我们比任何一个哲学学派，甚至比黑格尔都更重视历史。"②列宁也认为："在分析任何一个社会问题时，马克思主义理论的绝对要求，就是要把问题提到一定的历史范围之内。"③

---

① 《马克思恩格斯全集》第1卷，北京：人民出版社1995年版，第192—193页。
② 《马克思恩格斯全集》第1卷，北京：人民出版社1965年版，第650页。
③ 《列宁选集》第2卷，北京：人民出版社1995年版，第375页。

经典作家不仅认为历史是一个普遍范畴，而且明确宣布："我们仅仅知道一门惟一的科学，即历史科学。"①文艺当然也在历史科学的范围之内。恩格斯在1890年8月5日写给康·施米特的信中说道：

> 我们的历史观首先是进行研究工作的指南，并不是按照黑格尔学派的方式构造体系的杠杆。必须重新研究全部历史，必须详细研究各种社会形态的存在条件，然后设法从这些条件中找出相应的政治、私法、美学、哲学、宗教等等的观点。②

马克思主义文艺批评的史学观点，是上述历史观在文艺批评中的具体运用，它要求把作家作品放到一定的时代和历史范围内加以考察，把作品是否符合社会生活的实际、是否有利于人类的进步、是否有利于历史的发展，作为衡量文艺作品的尺度，并对作家作品进行具体的历史的分析和评价。文艺批评的历史观点，除了考察作家在作品中写了什么，还要在此基础上进一步追问作家为什么要这样写，从而搞清这些作品的出现与一定历史语境的内在关系——作家为什么会与历史的潮流相一致而表现出进步倾向？为什么会违背历史潮流而显出逆反倾向？为什么会集"伟大"和"渺小"于一身而显出"两重性"？诸如此类的问题，只有在历史观点这一标准的烛照之下才能找到答案。史学观点具体有以下几个方面：

一是评价作家和作品中的人物时要注意人的自然属性和社会属性的统一。经典作家很早就提出了"历史是自然史和社会史的统一"的观点，一方面，人是自然高度发展的产物，人的历史中必然包含着自然的特性；另一方面，人的本质"在其现实性上，它是一切社会关系的总和"。批评家对文艺作品中的人物进行分析时，既要注意人的自然属性，更要注意人的社会属性。文艺具有历史性，而历史除了主要研究人与人的社会关系，还要"深入研究人们自身的生理特性"及"人们所遇到"的"各种自然条件——地质条件、地理条件、气候条件"等，"任何历史记载都应当从这些自然基础以及它们在历史进程中由于人们的活动而发生的变更出发"③。马克思指出：

---

① 《马克思恩格斯选集》第1卷，北京：人民出版社1995年版，第66页注②。
② 《马克思恩格斯文集》第10卷，北京：人民出版社2009年版，第587页。
③ 《马克思恩格斯全集》第3卷，北京：人民出版社1960年版，第23—24页。

> 历史本身是自然史的一个现实部分,即自然界生成为人这一过程的一个现实部分。自然科学往后将包括关于人的科学,正像关于人的科学包括自然科学一样:这将是一门科学。①

马克思主义创始人对作家本人及作品中的人物进行评价时,一方面非常注意将人的自然特征融合到社会特征中去,譬如,列宁谈到托尔斯泰时指出"托尔斯泰的学说不是什么个人的东西,不是什么反复无常和标新立异的东西,而是由千百万人在相当长的时期内实际所处的一种生活条件产生的思想体系。"②另一方面,他们也十分注意对人的自然因素加以强调。马克思在评论欧仁·苏的小说《巴黎的秘密》中的人物玛丽花时,就曾批评作者忽略了她的年龄特征,让一个天真的少女过多地进行有关权利的"说教",违背了人的自然属性。列宁在《一本有才气的书》一文中也认为,《插到革命背上的十二把刀子》的作者让一个八岁多的小女孩过多地说出布尔什维克如何不好、正在进行的革命战争如何对人造成了危害等,也是不符合人物的年龄特征和性格特点的,是作者将阶级意识强加于这个小女孩的结果。

二是评价作品时要看其是否符合历史发展的趋势。对人类历史发展规律性的揭示,是马克思主义的重大贡献之一。马克思主义的文艺批评强调,在评价反映和表现了人类社会生活的作品时,必须搞清其是否符合历史发展的规律。恩格斯说:

> 巴尔扎克,我认为他是比过去、现在和未来的一切左拉都要伟大得多的现实主义大师,他在《人间喜剧》里给我们提供了一部法国"社会",特别是巴黎上流社会的无比精彩的现实主义历史,他用编年史的方式几乎逐年地把上升的资产阶级在1816—1848年这一时期对贵族社会日甚一日的冲击描写出来……③

马克思主义经典作家认为,巴尔扎克的作品正确地反映了法国社会历史发展的必然趋势。对这一历史趋势的把握,在某种程度上说,不是作者从

---

① 《马克思恩格斯文集》第1卷,北京:人民出版社2009年版,第194页。
② 《列宁全集》第20卷,北京:人民出版社1989年版,第103页。
③ 《马克思恩格斯文集》第10卷,北京:人民出版社2009年版,第570页。

主观思想上清醒地自觉地意识到的,而是通过成功地塑造了几类人物的形象表现出来的。巴尔扎克以其如椽之笔,提前探触到了未来资本主义社会中人物的脉搏,并由人物的命运预示了社会发展的走向。正是因此,经典作家将巴尔扎克笔下的有些人物称为直到拿破仑第三时代,即在巴尔扎克死了以后才发展成熟的典型人物,并由此说明,巴尔扎克的作品对现存事物的肯定的理解中包含对现存事物的否定的理解,即对现存事物必然灭亡的理解。

同样,在列宁看来,托尔斯泰的作品也有力地表现了俄国农奴制崩溃、资本主义崛起的历史发展总趋势。列宁说:

> 托尔斯泰的主要活动,是在俄国历史的两个转折点之间即1861年和1905年之间的那个时期进行的。在这个时期,俄国整个经济生活(特别是农村经济生活)和整个政治生活中处处可见农奴制的痕迹和它的直接残余。同时,这个时期正好是资本主义从下面蓬勃生长和从上面得到培植的时期。①

> 列·托尔斯泰所处的时代,他的天才艺术作品和他的学说中非常突出地反映出来的时代,是1861年以后到1905年以前这个时代。诚然,托尔斯泰文学活动开始得要比这个时期早,其结束则要比这个时期晚,但是列·托尔斯泰作为艺术家和思想家,正是在这个时期完全成熟的。②

当时的俄国社会存在着三种阶级矛盾,一是农民与地主之间的矛盾,二是农民与资产者之间的矛盾,三是地主与资产者之间的矛盾。为了表现这三种矛盾之间的斗争,托尔斯泰塑造了三种人物形象——"连放鸡的地方都没有"的农民形象,惊叹"一切都颠倒过来"的列文式的贵族地主形象和贪婪凶狠、机警狡诈而又厚颜无耻的资产者形象。列宁对托尔斯泰塑造的人物形象及其所代表的阶级关系的变动表示赞赏。他说:

---

① 《列宁全集》第20卷,北京:人民出版社1989年版,第39页。
② 《列宁全集》第20卷,北京:人民出版社1989年版,第100页。

在《安娜·卡列尼娜》一书中,托尔斯泰借康·列文之口非常清楚地道出了这半个世纪俄国历史所发生的转变。……"现在在我们这里,一切都颠倒过来,而且刚刚开始形成",——很难想象还有比这更能恰当地说明1861—1905年这个时期特征的了。那"颠倒过来"的东西,是每个俄国人都非常了解的,至少也是很熟悉的。这就是农奴制度以及与之相适应的整个"旧秩序"。那"刚刚开始形成"的东西,却是最广大的人民群众完全不熟悉的,陌生的,不了解的。托尔斯泰模模糊糊地看到的这个"刚刚开始形成"的资产阶级制度是一个像英国那样的吓人的怪物。[①]

托尔斯泰正是通过上述三种人物形象之间的关系与斗争,表现了与之相对应的三种社会矛盾的激化,形象地反映了当时俄国经济结构的变更和阶级关系的调整,从而预示了俄国农奴制消亡、资本主义崛起的历史发展趋势。因此,列宁指出,托尔斯泰创造了属于未来的东西,即群众在推翻地主和资本家的压迫并为自己建立了人的生活条件后将永远珍视和阅读的艺术作品。

三是文学作品要真实地描写现实关系。马克思主义认为,历史发展的动力存在于人类历史的内部,因此,文艺作品应该如实地揭示现实存在的各种关系。马克思、恩格斯批评拉萨尔的悲剧《济金根》,是因为作者没有正确地反映16世纪德国的阶级关系,不恰当地"把路德式的骑士反对派看得高于闵采尔式的平民反对派",因而出现了抽象化、概念化的弊病。在欧仁·苏的小说《巴黎的秘密》中,人物形象及其关系的描绘之所以受到马克思的批评,原因也在于它没有正确地表现资本主义社会中错综复杂的现实关系,而是"把现实的人变成了抽象的观点"。马克思要求作者按照现实关系描绘出人物"本来的形象",并且指出:

> 如果说黑格尔的《现象学》尽管有其思辨的原罪,但还是在许多方面提供了真实地评述人类关系的因素,那么鲍威尔先生及其伙伴却相反,他们只是提供了一幅毫无内容的漫画,这幅漫画只是满足于从某种精神产物中或从现实的关系和运动中撷取一种规定性,把这种规定性

[①] 《列宁全集》第20卷,北京:人民出版社1989年版,第100—101页。

变为想像的规定性、变为范畴,并把这个范畴充作产物、关系或运动的观点。①

列宁认为,美国作家约翰·里德的《震撼世界的十天》一书,"真实地、异常生动地记述"②了俄国的革命事件;他指出昂利·巴比塞的小说《火线》:

> 这本书非常有力地、天才地、真实地描写了一个完全无知的、完全受各种观念和偏见支配的普通居民,普通群众,正是因受战争的影响而转变为一个革命者。③

列宁夫人回忆道,列宁是"把对社会问题的看法和从艺术上反映现实这两者结合起来的。他不把这两件东西分开来,正像车尔尼雪夫斯基把他的思想充分反映在他的艺术作品里,弗拉基米尔·伊里奇在选择作品时就特别喜爱那些鲜明地反映了这种或那种社会思想的文学作品",④而且"艺术作品愈是完整、全面而又深刻地反映出生活,就愈是纯朴,也就愈为列宁所重视"⑤。

马克思主义经典作家把艺术的真实性作为衡量一个作家或一部作品成就高低的重要因素之一。而这种真实性的关键就在于"对现实关系的真实描写"⑥。

3. 美学观点和史学观点的关系

从以上的论述可以看出,经典作家的美学观点中包含着历史的要求,史学观点中包含着美学的解释,美学观点与历史观点是一体两面的关系。两者互相包容、互相渗透,共同组成了马克思主义文艺批评观中最高的标准。

学界有一种流行的说法,认为任何一个作品都由形式与内容两部分构成,因此,艺术批评有两个标准,一个是思想政治标准,一个是艺术标准。这一说法是值得斟酌的。实际上,包括文艺作品在内的任何事物都是形式和

---

① 《马克思恩格斯全集》第2卷,北京:人民出版社1965年版,第246页。
② 《列宁全集》第38卷,北京:人民出版社1986年版,第60页。
③ 《列宁全集》第37卷,北京:人民出版社1986年版,第98页。
④ 《列宁论文学与艺术》,北京:人民文学出版社1983年版,第404页。
⑤ 《列宁论文学与艺术》,北京:人民文学出版社1983年版,第406页。
⑥ 《马克思恩格斯文集》第10卷,北京:人民出版社2009年版,第545页。

内容的统一,将形式与内容割裂开来,以美学观点衡量作品的形式,以史学观点衡量作品的内容,不仅不会收到应有的效果,而且有违于文艺作品作为一个艺术整体的客观情况。上述观点割裂了形式与内容、艺术标准与思想政治标准之间的紧密联系,既不符合经典作家的思想,又不符合文学的实际,因而是缺乏科学性的。

正如前一章所述,文艺作品中形式与内容的区分是相对的、暂时的,即使某些时候将它们分开并单独进行讨论,那也是为了研究的需要。究其实质,文艺作品的形式和内容不仅不可分割,而且是互相渗透、互相融合的,根本不可能割裂开来,这就决定了进行文艺批评时所运用的美学观点和史学观点也是不可分割的。退一步讲,即使把两者分开来谈,内容是一定时代的反映,评价作品内容时的确离不开历史观点,但形式方面的创作技巧、作品风格等因素同样要受时代的制约,也必须放到特定的历史背景中予以考察。总之,美学观点和史学观点之间的关系只能是辩证统一的。

美学观点中包含着史学观点。马克思认为,古典主义戏剧家从理论上构想的那种"三一律","是建立在对希腊戏剧(及其解释者亚里士多德)的曲解上的。但是,另一方面,同样毫无疑问,他们正是按照他们自己艺术的需要来理解希腊人的,因而在达西埃和其他人向他们正确解释了亚里士多德以后,他们还是长时期地坚持这种所谓的'古典'戏剧"①。马克思明白"三一律"作为评价戏剧作品的"美学标准"有其不足之处,却又提醒人们注意,"三一律"的出现与一定的历史条件分不开,即历史的发展造成了人们对形式的不同需要,这是美学观点中包含史学观点的一个具体例子。在谈及神话和史诗的发展变化时,马克思还指出:

> 就某些艺术形式,例如史诗来说,甚至谁都承认:当艺术生产一旦作为艺术生产出现,它们就再不能以那种在世界史上划时代的、古典的形式创造出来;因此,在艺术本身的领域内,某些有重大意义的艺术形式只有在艺术发展的不发达阶段上才是可能的。②

史诗作为一种艺术形式,随着特定的历史条件而产生,并随着特定的历

---

① 《马克思恩格斯全集》第30卷,北京:人民出版社1974年版,第608页。
② 《马克思恩格斯文集》第8卷,北京:人民出版社2009年版,第34页。

史条件而消亡,这也说明史学观点被包含在美学观点之中。

史学观点中同样包含着美学观点。众所周知,马克思认为历史科学包括美学、文艺学。恩格斯在介绍自己不同于黑格尔的历史观时也曾谈到,"全部历史"应该包括"各种社会形态的存在条件",以及与之"相应的政治、私法、美学、哲学、宗教等等的观点"[①]。在具体的批评实践中,因为人类历史是自然史和社会史的统一,史学观点既要考察人与人的社会关系,又要考察人物的生理、心理及性格特点。

恩格斯写给斐·拉萨尔的信中说过:古代人的性格描绘在今天是不再够用了。其中"性格描绘"属于艺术技巧的范畴,需要用美学观点来衡量,恩格斯又将性格描绘放入古代和今天的不同视野中,从而说明史学观点是包含着美学观点的。恩格斯在此提醒拉萨尔不要照搬古代人的性格描绘方法,而最好学习莎士比亚化的写作技巧。原因在于,随着时代的发展和创作经验的积累,古代人的性格描写方法已经不适应了。列宁主张在分析任何一个社会问题时,都要把它提到一定的社会历史范围之内。按照这一说法,评价文艺作品时也要将其提升到一定的社会历史范围之内,这就必然会得出史学观点中包含着美学观点的结论。

美学观点和史学观点是互相渗透的。经典作家认为,美学属于社会意识形态的形式,美学问题要放在社会的广阔领域中进行研究;而艺术生产是社会生产的一种特殊形态,这样,就由"生产"将美学观点和史学观点交融在了一起。马克思主义文艺学说的美学观点中都含有或淡或浓的历史色彩,史学观点中也都含有直接间接的美学意义。马克思说过,希腊艺术对我们所产生的魅力,同它在其中生长的那个不发达的社会阶段并不矛盾,显然意味着美学观点和史学观点的互相渗透。

总之,美学观点和史学观点所评论的是同一个对象,即形式和内容辩证统一的文艺作品整体,既然形式和内容不可分,美学观点和史学观点就不可分。如果一定要找出两者之间的区别,那么,可以说美学观点侧重于文艺的内部联系,即要求按照文艺自身的规律对文艺进行评价和衡量;而史学观点则侧重于文艺的外部联系,要求把作家作品放到一定的社会历史背景中去进行考察和分析。当然,这样的区分也是相对的。

[①] 《马克思恩格斯文集》第10卷,北京:人民出版社2009年版,第587页。

第三节　文艺批评方法

文艺批评若想达到一定的科学性,除了要按照一定的批评标准,还要运用一定的批评方法。马克思说过:"不仅探讨的结果应当是合乎真理的,而且得出结果的途径也应当是合乎真理的。"[①]这一观点同样适用于文艺批评,其中"引向结果的途径"指的就是研究方法。经典作家为了使自己的文艺批评具有科学性、合理性并适应社会的需要,总是力图寻找有效的批评方法,以保证"引向结果的途径"及"探讨的结果"都尽量合乎真理。

综观马克思主义经典作家的文艺批评,经常用到的方法主要有以下几种:

1. 比较批评方法

这是马克思、恩格斯最常运用的批评方法之一。恩格斯说过:

> 某个作家有一点点天才,有时写点微末的东西,但如果他毫无用处,他的整个倾向、他的文学面貌、他的全部创作都一文不值,那末这和文学又有什么相干呢?任何一个人在文学上的价值都不是由他自己决定的,而只是同整体的比较当中决定的。[②]

恰当地运用比较方法,不仅可以显出作家的特长和风格,而且可以显出作品中不同人物形象的意义和作品的特色,并有利于通过比较寻找差距,促进文艺的健康发展。当施蒂纳等人鼓吹所谓的"无比性学说"时,马克思、恩格斯通过举出歌唱家倍尔西阿尼的例子及比较法在比较解剖学、比较植物学、比较语言学等学科中的普遍运用,认为"这些科学正是由于比较和确定了被比较对象之间的差别而获得了巨大的成就,在这些科学中比较具有普遍意义"[③]。而施蒂纳"害怕比较"并"禁止自己进行任何比较"是荒唐可笑的。

在经典作家的文艺批评中,对比较法的运用主要体现在以下几个方面:

---

① 《马克思恩格斯全集》第 1 卷,北京:人民出版社 1995 年版,第 112—113 页。
② 《马克思恩格斯全集》第 1 卷,北京:人民出版社 1965 年版,第 523—524 页。
③ 《马克思恩格斯全集》第 3 卷,北京:人民出版社 1960 年版,第 518 页。

一是作家比较。马克思把莎士比亚与席勒进行了比较,因莎士比亚剧作情节的生动性、丰富性及其人物形象的成功塑造,马克思多次建议其他作家学习莎士比亚化的手法。席勒作品中的强烈倾向虽然值得肯定,但他"把个人变成时代精神的单纯的传声筒",这种席勒式的做法易于造成人物形象的过分抽象。恩格斯比较了维尔特和弗莱里格拉特诗作的不同,他认为无产阶级诗人维尔特的"社会主义的和政治的诗作"都"大大超过弗莱里格拉特的诗作",维尔特的作品充满了"独创性""俏皮""火一般的热情",而弗莱里格拉特则显得"道貌岸然"。恩格斯也对维尔特与海涅、歌德及弗莱里格拉特等人进行了比较。[1]

恩格斯还谈到,歌德与席勒都有鄙俗的一面,但两者表现鄙俗的方式却大不相同,歌德有时表现为平庸,而席勒则带有夸张的特点。另外,卢格、黑格尔、海涅都曾反对浪漫主义,恩格斯也把他们进行了比较:

> 他(指卢格——引者注)所以也勇敢地反对浪漫主义精神,正好是因为黑格尔在《美学》中用批判的方式,而海涅在《浪漫主义学派》(现译为《论浪漫派》——引者注)中用文学的方式早已给它送了终。但是,和黑格尔不同,他和尼古拉一致认为,作为浪漫主义精神的敌人,他以为自己有权把庸夫俗子,首先是他本人这样的庸俗人物推崇为最完美的理想人物。为了这个目的,也为了在他自己的领域内战胜敌人,卢格也作起诗来,这些诗枯燥无味得胜过任何一个荷兰人的最高成就,但卢格却把它们当作挑战书,傲慢地向浪漫主义者的脸上扔去。[2]

卢格反对消极浪漫主义,这本身并不错,但恩格斯通过比较说明,当时浪漫主义早已被击溃,比起黑格尔和海涅来,卢格不过是做了一次唐·吉诃德罢了。

关于作家的比较,不仅可以比较差异之处,而且可以比较相似之处。恩格斯就曾在《流亡者文献》中称,俄国是"一个产生了杜勃罗留波夫和车尔尼雪夫斯基这样两个作家、两个社会主义的莱辛的国家",充分肯定了这两位作家及其作品对于当时俄国产生的重大意义和影响。

---

[1] 《马克思恩格斯全集》第21卷,北京:人民出版社1965年版,第8—9页。
[2] 《马克思恩格斯全集》第8卷,北京:人民出版社1961年版,第307页。

二是作品比较。马克思、恩格斯曾把斐·拉萨尔的《济金根》与莎士比亚、塞万提斯、歌德、席勒、萨克雷、德国官方诗人、当时专事模仿的诗人等作家的作品进行了不同侧面的比较,在多层次多角度的对照中,让读者对它们的优劣有了比较清醒的认识。恩格斯通过比较倍克的《战鼓之歌》和海涅的《壁画十四行诗》,认为虽然两人的诗歌写的都是德国小市民的生活,题材相同,诗的境界却大相径庭:海涅以自己的大胆激起了市民的愤怒,倍克则因自己和市民意气相投而使其感到慰藉。这样,两个人的作品孰优孰劣,就昭然若揭了。

三是作品中人物的比较。经典作家在1859年写给斐·拉萨尔的信中,把拉萨尔《济金根》中的济金根、歌德《葛兹》中的葛兹·冯·伯利欣根、塞万提斯《唐·吉诃德》中的唐·吉诃德等形象进行了比较,认为济金根作为骑士的代表起来反对现存制度的新形式不可能成功,济金根自认为是一个革命者,被描写成英雄,但终究难免失败的命运;而葛兹·冯·伯利欣根则代表了骑士对皇帝和诸侯所作的悲剧性反抗,歌德选择葛兹做主人公是正确的。比较起来,唐·吉诃德"是按骑士的方式发动叛乱的",济金根则"实际上只不过是一个唐·吉诃德"。塞万提斯对待唐·吉诃德的态度是嘲讽的、批评的,而拉萨尔对待济金根的态度则是竭力歌颂的。通过作品中人物的比较,恩格斯对歌德和塞万提斯给予肯定,而对拉萨尔则提出了批评。

四是现实中人物与作品中人物的比较。在《福格特先生》一书中,马克思将莎士比亚笔下的喜剧人物福斯泰夫比作庸俗自由主义的波拿巴分子福格特的老祖宗,并且说道:

> 这是卡尔·福格特的老祖宗、不朽的约翰·福斯泰夫爵士兴高采烈地讲述的那个关于草绿色麻布衣的老故事。这位爵士现在又借卡尔·福格特的肉身还魂了,而且丝毫也未减当年的风韵。①

不仅如此,福格特还"把他的荒诞的故事写成一本'书'。因此,他详加铺叙,造谣诽谤,涂涂抹抹,乱画一顿,大肆渲染,任意涂改,胡吹乱扯,随便发挥,故意搅乱,引经据典,无中生有,fa del cul trombetta。② 这样一来,福

---

① 《马克思恩格斯全集》第14卷,北京:人民出版社1965年版,第405页。
② 讽刺性的说法,意为"把臀部也变成了喇叭"。

斯泰夫的灵魂也就透过这些虚构的事实到处显现出来"①。比较的结果,是使福格特的庸俗与可笑面目跃然纸上。

　　五是不同国家文学的比较。马克思曾指出,英国悲剧那种崇高和卑贱、恐怖和滑稽、豪迈和诙谐离奇古怪地混合在一起的特点,使法国人如此地反感,"以致伏尔泰竟把莎士比亚称为喝醉了的野人"②。恩格斯则在《丹麦和普鲁士的休战》一文中说:"丹麦从德国获得全部文学资料,正如获得物质资料一样,因此丹麦文学(除了霍尔堡以外)实际上是德国文学拙劣的翻版。"③通过比较,马克思、恩格斯指出了不同国家文艺之间的不同特点。如果说前一个例子侧重于接受过程中读者对不同民族文学的不同反应,那么后一个例子则侧重于经济基础对文学的影响。

　　比较方法是文艺批评的重要方法之一,它既便于确定作家在文艺史上的地位,又便于鉴别一部作品区别于其他作品的特色,但在运用比较方法时需要注意以下两个问题:一是所比对象之间的可比程度有一定的规定性。通过比较认识事物之间的差异或同一,是比较的实质。因此要在同类事物之间进行比较,而且要确定合适的逻辑起点,否则就无法衡量对象的异同。如果不顾对象的性质和特点而胡乱进行对比,就会得出荒谬可笑的结论。马克思曾以意大利女歌唱家倍尔西阿尼为例指出:

　　　　倍尔西阿尼所以是一位无比的歌唱家,正是因为她是一位歌唱家,而且人们把她同其他歌唱家相比较;人们根据他们的耳朵的正常组织和音乐修养作了评比,所以他们能够认识倍尔西阿尼的无比性。倍尔西阿尼的歌唱不能与青蛙的鸣叫相比,虽然在这里也可以有比较,但只是人与一般青蛙之间的比较,而不是倍尔西阿尼与某只唯一的青蛙之间的比较。只有在第一种情况下才谈得上个人与个人之间的比较,在第二种情况下,只是他们的种特性或类特性的比较。我们把第三种无比性——倍尔西阿尼的歌唱同彗星尾巴的无比性——交给桑乔去进行"自我享乐"吧,因为桑乔显然会在这样的"荒唐判断"中寻找快乐的。④

---

① 《马克思恩格斯全集》第14卷,北京:人民出版社1965年版,第697页。
② 《马克思恩格斯全集》第10卷,北京:人民出版社1962年版,第188页。
③ 《马克思恩格斯全集》第5卷,北京:人民出版社1958年版,第464页。
④ 《马克思恩格斯全集》第3卷,北京:人民出版社1960年版,第517—518页。

我们可以将倍尔西阿尼与其他歌唱家相比,但不能与青蛙或彗星尾巴相比,因为她与它们不属于同一类事物,因而超出了可比的范围。二是比较要有实际价值。通过比较找出尚未发现的规律和某一事物的特性,是比较的目的。因此,比较不是为了指出表面上的异同,更不是为了重复一些尽人皆知的常识,否则,比较就失去了它存在的价值和必要性。马克思曾对"无比性学说"的鼓吹者桑乔讽刺道:

> 桑乔只熟悉下流作家和空谈家所用的比较方法,用这种方法可以得出这样奥妙的结论:桑乔不是布鲁诺,布鲁诺不是桑乔。但是对于像比较解剖学、比较植物学、比较语言学等等科学,他自然是一窍不通的;这些科学正是由于比较和确定了被比较对象之间的差别而获得了巨大的成就,在这些科学中比较具有普遍意义。①

桑乔的确不是布鲁诺,布鲁诺也不是桑乔,通过上述比较所得出的结论虽然不能说是错误的,却没有任何实际意义。

2. 综合批评方法

把所研究的对象放到更广阔的范围内,放到与周围事物的复杂联系中进行综合的、系统的考察,也是经典作家常用的批评方法。

他们认为,如果研究对象是文艺作品,就要把它作为一个整体,考察其得以形成的社会条件、所具有的历史意义和时代特点、所产生的社会影响等;如果研究对象是文艺家,要从文艺家与时代的关系入手对作品进行分析。因为作品的特点、作家的特性都是一定社会的产物、一定时代精神的折射,只有在具体的社会生活背景中才能找到作家作品呈现出某种特点的原因。例如歌德,他在自己的作品中对当时德国社会的态度带有两重性,原因就在于当时德国的时代特征。一方面,当时德国"一切都很糟糕";另一方面,其中"卑鄙的、奴颜婢膝的、可怜的商人习气渗透了全体人民",致使歌德本人无力战胜德国的鄙俗气,相反倒是鄙俗气战胜了他。列夫·托尔斯泰的作品也有两重性,其学说和观点中也存在一系列的矛盾,按照列宁的说法,这也是由当时那"你又贫穷,你又富饶,你又强大,你又衰弱"的"俄罗斯母亲"所具有的特殊社会环境造成的。因此,评价作家时必须结合其所处的

---

① 《马克思恩格斯全集》第3卷,北京:人民出版社1960年版,第518页。

社会地位进行考察。

世界上的一切事物都处于运动、变化、发展之中,经典作家在对作家作品进行考察时,不是采用静态的观点,而是结合作家的发展道路进行具体研究。比如,"狂飙运动"时期的歌德写出《少年维特之烦恼》,揭露并批判了日趋灭亡的封建社会中的种种腐朽和虚伪;担任魏玛枢密顾问的歌德写出《流浪者之夜歌》,抒发了其政治理想难以实现的内心痛苦;在意大利旅行期间的歌德因访问文化古城、欣赏古迹并研究古代艺术,创作了《塔索》等古代题材的剧本;与席勒相识以后,歌德则完成了《浮士德》等重要作品,使德国文学达到了前所未有的高度。综观歌德各个时期的代表作品,可以说其中都打上了当时的时代生活和作家心路历程的印记。

马克思主义经典作家认为,席勒、巴尔扎克、托尔斯泰等作家的思想也曾经历过转变,并在他们的作品中有一定的反映。恩格斯谈到,歌德和席勒在青年时代分别写出了《葛兹·冯·伯利欣根》和《强盗》等优秀作品,但随着年龄的增长,他们"年纪一大,便丧失了一切希望",后期的歌德只写些极其辛辣的讽刺作品,席勒则转向了古希腊和古罗马的历史研究,而没有再在文学方面取得更大的成就。[①] 通过歌德和席勒思想变化的轨迹,经典作家找到了他们作品的风格发生变化的原因。

3. 分析批评方法

包括文艺作品在内的任何事物都是一分为二的,既有长处,又有短处。在对作家和作品进行分析时,既不能夸大其优势,也不能隐瞒其缺点,只有这样,才能保证文艺批评的科学性。

欧仁·苏的小说《巴黎的秘密》中存在为投合读者的心理而胡乱编造故事的情况,受到了马克思的批评;但同时作品对一些人物进行了真实描绘,并塑造了一些比较成功的人物形象,对此马克思则给予了肯定。虽然席勒因《强盗》《阴谋与爱情》等优秀作品而受到了恩格斯的赞扬,但同时又因其他作品中的唯心主义倾向而受到了恩格斯的批评。

文学批评的分析方法,主张从实际出发,反对盲目吹捧作家作品的现象。恩格斯在《评亚历山大·荣克的〈德国现代文学讲义〉》时,就曾针对荣克不加分析地胡乱吹捧的情况提出了尖锐批评:

---

① 《马克思恩格斯全集》第2卷,北京:人民出版社1965年版,第634页。

> 谈到"现代"文学,马上就不分青红皂白地大吹大擂阿谀奉承起来。简直是没有一个人没有写过好作品,没有一个人没有杰出的创作,没有一个人没有某种文学成就。这种永无止境的恭维奉承,这种调和主义的妄图,以及扮演文学上的淫媒和掮客的热情,是令人无法容忍的。①

经典作家在具体运用分析批评方法的过程中,都习惯于以客观的态度来描述研究对象的特征,从而全方位地、如实地揭示出作家作品本身存在的矛盾现象。恩格斯分析歌德及其作品时是这样,列宁在分析列夫·托尔斯泰的思想与作品时也是这样。列宁坚持肯定与否定的辩证统一,运用分析的方法,对托尔斯泰进行了如实的科学的评价。经典作家正是站在唯物辩证法的理论高度选择科学的批评方法,才能透过现象看本质,才能得出符合作家作品实际情况的准确结论。

第四节　文艺批评方法的本质特征

马克思主义经典作家的文艺批评方法,前面介绍了几种。在此之前,我们还介绍了恩格斯的"美学观点和史学观点"的批评标准——"最高的标准"。学界有一种看法,认为"美学和史学的观点"就是马克思主义的文艺批评方法,应该说这是不确切的。因为"标准"不能等同于"方法"。方法虽然很多,但马克思主义的文艺批评方法是有其本质特征的。

那么,马克思主义文艺批评方法的本质特征是什么呢?

认识这个问题,需要根据马克思主义经典作家文艺批评思想体系和理论文本的整体来加以解决。

1. 自觉的辩证法基础

1868年马克思在致路德维希·库格曼的信中说:

> 我的阐述方法不是黑格尔的阐述方法,因为我是唯物主义者,而黑格尔是唯心主义者。黑格尔的辩证法是一切辩证法的基本形式,但是,只有在剥去它的神秘的形式之后才是这样,而这恰好就是我的方法的

---

① 《马克思恩格斯全集》第1卷,北京:人民出版社1965年版,第523页。

特点。①

恩格斯在《反杜林论》"序言"中也说：

> 马克思和我，可以说是唯一把自觉的辩证法从德国唯心主义哲学中拯救出来并运用于唯物主义的自然观和历史观的人。②

这两句话，可以看作是理解马克思主义文艺批评方法的一把钥匙。马克思明确说了他的阐述"方法的特点"，就是唯物主义的辩证法。恩格斯话中的"唯一""自觉的辩证法""拯救""运用""历史观"等字眼儿，率直地表明了他和马克思是将唯物论与辩证法注入自然和历史的研究作为自己自觉的理论追求的。可以说，正是这一方法论上的特点，使马克思主义创始人同各种各样的唯心论和机械唯物论划出了鸿沟。

如果把这一思想运用到文艺批评方法上，那么，我们说从马克思、恩格斯才开始以普遍联系和对立统一的观点来观察文艺现象和文艺问题，既不赞成单纯的所谓"内部研究"或"艺术自律"，也不赞成单纯的所谓"外部研究"和"社会历史批评"，而是力图将这两者辩证有机地结合起来，反对各种"自足化"和"非兼容性"，应该是成立的。可以这样说，马克思主义文艺批评既不是单一的"美学批评"，也不是纯粹的"社会历史批评"，而是"美学观点"与"史学观点"并用，"内在分析"与"外在分析"相结合的一种批评。也就是说，要在唯物史观的基础上把辩证法运用到文艺批评中去，这才是马克思主义经典作家文艺批评方法的灵魂与核心。在这个意义上，可以把马克思主义文艺批评的本质特征界定为一种辩证法批评，其方法是一种辩证批判方法。这是马克思主义文艺批评所独有的东西。

马克思在《第六届莱茵省议会的辩论》一文中有这样一段话。他说："在宇宙系统中，每一个单独的行星一面自转，同时又围绕太阳运转，同样，在自由的系统中，它的每个领域也是一面自转，同时又围绕自由这一太阳中心运转。"③这个形象的比喻性说法，体现了辩证法。文艺无疑是属于"自由的系

---

① 《马克思恩格斯文集》第 10 卷，北京：人民出版社 2009 年版，第 280 页。
② 《马克思恩格斯文集》第 9 卷，北京：人民出版社 2009 年版，第 13 页。
③ 《马克思恩格斯全集》第 1 卷，北京：人民出版社 1995 年版，第 191 页。

统"的,它也应当符合"公转"和"自转"统一这一规律。即是说,文艺的"公转"和"自转"现象的各个方面,不是各自孤立运行的,而是彼此同时发生、互相依存、普遍联系、不能分割的。"公转"和"自转"的比喻,其内里就是从发展运动中全面研究事物的唯物辩证法。这个规律的表述,已经同关于精神现象的各样形而上学观点完全不同了。任何轻视"公转"和"自转"的内在联系,"单打一",只强调一面而忘记或排斥另一面的做法,都是难免要犯庸俗社会学、机械唯物论或形式主义、唯美主义错误的。马克思讲的"公转"和"自转"的方法论,运用到文艺批评上,就是所谓文艺"外部研究"和"内部研究"、"审美批评"和"历史批评"以及各种观察视角的相互联系、辩证统一。

马克思在上述这段话里把"自由"比作行星围绕的"太阳",是运转的"中心"。而众所周知,马克思的"自由"概念是具有历史维度的,不是抽象的。依照马克思的观点,经过社会改造实践而消灭剥削,消灭私有制,达至个人和社会共同合理的自由,这才是未来的理性诉求,才是自由观的根本取向。在这一新的历史坐标中,人的自由不再仅仅是立足于个人意志自由的存在,而是被置于人类社会整体存在的立场上来理解。马克思在使用上面这个比喻之前,还说到"如果一种自由只有在其他各种自由背叛它们自己而自认是它的附庸时,它才允许它们存在,这是这种自由气量狭窄的表现"[①]。马克思主义给文艺批评的自由观输入了总体性思想,也给其"自转"和"公转"的比喻注入了价值论的成分。

2. 文艺批评方法的最高境界

通过以上分析可以发现,只有承认文艺"公转"和"自转"辩证统一的理论,才算悟到了马克思主义文艺批评方法本质特征的真谛,才算触及了马克思主义文艺批评律动的真实脉搏。这是因为,承认这种文艺"公转"和"自转"的统一,才有条件杜绝二元对立式的批评思维方式,才会在解释文艺现象时避免于艺术/政治、审美性/思想性、自律/他律、外部研究/内部研究等据说是处于矛盾或对立关系的两项中做出顾此失彼或非此即彼的片面选择。如果无视马克思文艺批评方法的这个既唯物又辩证的特点,把马克思主义文艺批评方法泛化,或者把马克思主义文艺批评方法分成人类学模式、政治学模式、意识形态模式和经济学模式,随意将它同别的观念和方法对接,使之成为一个与现代西方文艺批评理念和方法几乎没有差别、无所不

[①] 《马克思恩格斯全集》第 1 卷,北京:人民出版社 1995 年版,第 190 页。

包、无所不能的概念,那么,其结果只能是模糊、淡化、扭曲或消解马克思主义文艺批评方法的特质,只能是自觉不自觉地向各种非辩证法和非历史唯物论的批评观倾斜。这对了解马克思主义文艺批评的真相,发展和创新马克思主义文艺批评方法是很不利的。

马克思主义的辩证批评方法,可以对文艺批评的"美学和史学"观点进行很好的解释,那就是必须把"美学批评"和"史学批评"结合成一体,不能在批评实践中人为地将之分为两个步骤、两个阶段或两个标准。也就是说,面对复杂的文艺对象时,在进行可操作的文艺批评时,要把美学批评和史学批评具体贯彻到批评过程的始终,要把历史批评的唯物史观思想完全融入审美批评之中。只有如此地实现二者的真正结合,才能发挥出辩证批评的作用,才能使文艺批评从审美经验的实在分析中也能科学地阐释出作品的思想意识面貌。可以说,坚持马克思主义的辩证批评的方法,这是文艺批评的最高境界。因为这种方法会在不同范式的张力与冲突中,能有效地汲取一切有益的东西,能展示出文艺批评的理想途径。当代美国文论家詹姆逊曾经说过:文艺批评若能"把社会历史领域同审美—意识形态领域熔于一炉应该是更令人兴趣盎然的事情"[1]。这种"兴趣盎然的事情",其实就是批评中"公转"律和"自转"律的统一。在他看来,文艺文本的形式化体现了基础与上层建筑的关系,但不能把它看作是同源的一种反映。"基础和上层建筑的关系应视为在意识形态或象征领域内解决更基本矛盾的一种综合行为,因为这些矛盾在政治或社会——经济层面上被连接起来。通过这种对象征的有力的重构,我们可以进入文本、作者和历史语境的整体网络。"[2]无疑,这也可以看作是主张文艺批评方法应进入"熔于一炉"的整体性的一个辩证思考。

马克思主义经典作家文艺批评对辩证法情有独钟,是因为他们认识到辩证法可以使人的批评认识成为科学。用马克思的话说:

> 因为辩证法在对现存事物的肯定的理解中同时包含对现存事物的否定的理解,即对现存事物的必然灭亡的理解;辩证法对每一种既成的形式都是从不断的运动中,因而也是从它的暂时性方面去理解;辩证法

---

[1] [美]弗·詹姆逊:《晚期资本主义的文化逻辑》,北京:三联书店1997年版,第13页。
[2] [美]弗·詹姆逊《政治无意识》,北京:中国社会科学出版社1999年版,第9页。

不崇拜任何东西,按其本质来说,它是批判的和革命的。①

正是这个特质和要义,使马克思主义的文艺批评方法充满了活力。

马克思主义的辩证法同德国古典哲学家的辩证法是不同的。马克思坦言:"我的辩证方法,从根本上来说,不仅和黑格尔的辩证方法不同,而且和它截然相反。"②也就是说,马克思对黑格尔的理论是辩证否定、批判扬弃的,绝不是像当时就有人指责的那样,认为"这里的一切都不过是他们的穿旧了的理论外衣的翻新"③。"马克思的观点极其彻底而严整,这是马克思的对手也承认的。"④马克思曾经指出:"辩证法在黑格尔手中神秘化了。""在他那里,辩证法是倒立着的。必须把它倒过来,以便发现神秘外壳中的合理内核。"⑤

可见,把颠倒的辩证法再"倒过来",这才是问题的关键。如果仍然像黑格尔那样,只从上层建筑内部寻找文艺变迁和衰落的症结,将文艺视为绝对理念的感性显现,割裂文艺"公转"和"自转"结合所构成的文艺与社会历史间的内在联系,在满含辩证法的分析中着意赋予文艺的历史以完全心灵和精神的意涵,将独立主体的思维过程看成现实事物的创造主,把现实事物当作只是思维过程的外部表现,那么就会在极接近唯物主义的地方,背转过身去又陷入唯心主义的泥淖。文艺批评理论,倘若将马克思主义的批评方法和观念任意地同西方或古代文艺批评学说"组合""嫁接""融会",其所犯的毛病就是将某些"倒立着的"东西仍然让它"倒立着"。马克思主义文艺批评实践正是不仅看到了文艺"公转"的一面,而且看到了文艺"自转"的一面,不仅看到了主观性的一极,而且看到了客观性的一极,并把这二者辩证地联系起来、综合起来,由此才形成了让真理占有自己而不是自己占有真理的鲜明批评特征。

3. 文艺批评实践举例

在《神圣家族》中,马克思尖锐地批评道:"黑格尔的历史观以抽象的或绝对的精神为前提,这种精神是这样发展的:人类只是这种精神的无意识或

---

① 《马克思恩格斯文集》第5卷,北京:人民出版社2009年版,第22页。
② 《马克思恩格斯文集》第5卷,北京:人民出版社2009年版,第22页。
③ 《马克思恩格斯全集》第3卷,北京:人民出版社1960年版,第261页。
④ 《列宁专题文集(论马克思主义)》,北京:人民出版社2009年版,第7页。
⑤ 《马克思恩格斯文集》第5卷,北京:人民出版社2009年版,第22页。

有意识的承担者,即群众。可见,黑格尔是在经验的、公开的历史内部让思辨的、隐秘的历史发生的。人类的历史变成了抽象精神的历史,因而也就变成了同现实的人相脱离的人类彼岸精神的历史。"[1]在评论长篇小说《巴黎的秘密》的时候,马克思指出,正是作者欧仁·苏及其鼓吹者受到某种历史观的影响,才充当了"感伤的小市民的社会幻想家"的角色。马克思说:"欧仁·苏通过穆尔弗的口向我们揭露了非思辨的丽果莱特的秘密。她是一个'非常漂亮的浪漫女子'。在她身上,欧仁·苏描写了巴黎浪漫女子的亲切的、富于人情的性格。可是又由于对资产阶级恭顺,而生性又好夸大,他就一定要在道德上把浪漫女子理想化。他一定要把她的生活状况和性格的尖锐的棱角磨掉,也就是消除她对结婚的形式的轻视、她和大学生或工人的纯朴的关系。正是在这种关系中,她和那些虚伪、冷酷、自私自利的资产者的太太,和整个资产阶级的圈子即整个官方社会形成了一个真正人性的对比。"[2]马克思评价该小说主人公鲁道夫和玛丽花,也是从这一视角出发的。不难看出,马克思正是发现作者欧仁·苏在文艺"公转"和"自转"处理上存在矛盾:书中人物的"理想化",其实是"小市民化";磨掉生活状况和性格上的"棱角",其实是庸俗化、资产者化。这样迎合性的伪善的所谓"公转"的努力,就把文艺本应有的表现"真正人性"的"自转"破坏掉了,各种人物都成了"青年黑格尔"派哲学"自己证明自己的自动机器"。这是马克思最不满意的地方。

马克思和恩格斯对拉萨尔历史剧本《济金根》的评论,也是文艺辩证批评的典范。在给作者的信中,马克思写到:"我只能完全赞成把这个冲突当做一部现代悲剧的中心点。但是我问自己:你所探讨的主题是否适合于表现这种冲突?"马克思认为剧中主要人物济金根和胡登的覆灭,"并不是由于他的狡诈。他的覆灭是因为他作为骑士和作为垂死阶级的代表起来反对现存制度,或者说得更确切些,反对现存制度的新形式"。而济金根"实际上只不过是一个唐·吉诃德,虽然是被历史认可了的唐·吉诃德。他在骑士纷争的幌子下发动叛乱,这只意味着,他是按骑士的方式发动叛乱的。如果他以另外的方式发动叛乱,他就必须在一开始发动的时候直接诉诸城市和农民,就是说,正好要诉诸那些本身的发展就等于否定骑士制度的阶级"。接

---

[1] 《马克思恩格斯文集》第1卷,北京:人民出版社2009年版,第291—292页。
[2] 《马克思恩格斯全集》第2卷,北京:人民出版社1957年版,第97页。

着指出,作者一方面使人物"变成当代思想的传播者;另一方面又在实际上代表着反动阶级的利益"。因之,认为这些贵族代表"不应当像在你的剧本中那样占去全部注意力,农民和城市革命分子的代表(特别是农民的代表)倒是应当构成十分重要的积极的背景。这样,你就能够在更高得多的程度上用最朴素的形式恰恰把最现代的思想表现出来,而现在除宗教自由以外,实际上,市民的统一就是你的主要思想。这样,你就得更加莎士比亚化,而我认为,你的最大缺点就是席勒式地把个人变成时代精神的单纯的传声筒。"[①]通过这个分析,可以看到,马克思主义经典作家是要求文艺家应掌握历史辩证法和艺术辩证法相统一的原则的,是要求对历史事件和人物的多面性与矛盾性有清醒的认识的,是要求艺术的"自律"性同"他律"性即艺术逻辑和历史逻辑要能够相互吻合的。

文艺作品中所谓"矛盾""复杂""多重性",其实都是作品中的对立统一因素造成的。面对这复杂、矛盾的文艺现象,只有辩证的批评方法才能奏效。前面我们多次谈到的恩格斯对诗人歌德的评论,就是个典型的例证。当德国的政论家格律恩把歌德变成"费尔巴哈的弟子",变成所谓"真正的社会主义"者的时候,恩格斯指出:"歌德在自己的作品中,对当时的德国社会的态度是带有两重性的。有时他对它是敌视的;如在《伊菲姬尼亚》里和在意大利旅行的整个期间,他讨厌它,企图逃避它;他像葛兹、普罗米修斯和浮士德一样地反对它,向它投以靡菲斯特斐勒司的辛辣的嘲笑。有时又相反,如在《温和的讽刺诗》诗集里的大部分诗篇中和在许多散文作品中,他亲近它,'迁就'它,在《化装游行》里他称赞它,特别是在所有谈到法国革命的著作里,他甚至保护它,帮助它抵抗那向它冲来的历史浪潮。问题不仅仅在于,歌德承认德国生活中的某些方面而反对他所敌视的另一些方面。这常常不过是他的各种情绪的表现而已;在他心中经常进行着天才诗人和法兰克福市议员的谨慎的儿子、可敬的魏玛的枢密顾问之间的斗争;前者讨厌周围环境的鄙俗气,而后者却不得不对这种鄙俗气妥协,迁就。因此,歌德有时非常伟大,有时极为渺小;有时是叛逆的、爱嘲笑的、鄙视世界的天才,有时则是谨小慎微、事事知足、胸襟狭隘的庸人。连歌德也无力战胜德国的鄙俗气;相反,倒是鄙俗气战胜了他;……歌德过于博学,天性过于活跃,过于富有血肉,因此不能像席勒那样逃向康德的理想来摆脱鄙俗气;他过于敏

[①] 《马克思恩格斯文集》第10卷,北京:人民出版社2009年版,第169—171页。

锐,因此不能不看到这种逃跑归根到底不过是以夸张的庸俗气来代替平凡的鄙俗气。他的气质、他的精力、他的全部精神意向都把他推向实际生活,而他所接触的实际生活却是很可怜的。他的生活环境是他应该鄙视的,但是他又始终被困在这个他所能活动的唯一的生活环境里。歌德总是面临着这种进退维谷的境地,而且愈到晚年,这个伟大的诗人愈是疲于斗争,愈是向平庸的魏玛大臣让步。我们并不像白尔尼和门采尔那样责备歌德不是自由主义者,我们是嫌他有时居然是个庸人;我们并不是责备他没有热心争取德国的自由,而是嫌他由于对当代一切伟大的历史浪潮所产生的庸人的恐惧心理而牺牲了自己有时从心底出现的较正确的美感。"① 如前所述,恩格斯在这里运用了"美学和史学的观点"。但从整个方法论上看,他不同样是在揭示歌德于文艺"公转"律和"自转"律上存在的矛盾吗?不是把"历史浪潮""生活环境""天性""气质""情绪""精神意向""天才""平庸""斗争""鄙俗气""自由""心理""美感"等极其复杂的元素都组织到对立统一的辩证批评中来了吗?

可见,马克思主义文艺批评的"美学观点"和"史学观点"是一个你中有我、我中有你的整体,是"审美"和"历史"相勾连的一种表达,是把"公转"和"自转"规律具体统一的一个陈述。

矛盾论就是辩证法,就是掌握系统思维和复杂思维、避免片面性和简单化的法宝。矛盾就是问题。马克思指出:"一个时代所提出的问题,和任何在内容上是正当的因而也是合理的问题,有着共同的命运:主要的困难不是答案,而是问题。因此,真正的批判要分析的不是答案,而是问题。……问题就是公开的、无畏的、左右一切个人的时代声音。问题就是时代的口号,是它表现自己精神状态的最实际的呼声。"② 文艺批评接触的往往是复杂的问题,因此,对于文艺批评来说,形而上学的方法在某些方面可能会产生一定效果,但要透彻,真正解决问题,关键还是要运用唯物辩证法。这是马克思主义经典作家批评方法给我们的最大启示。

复习思考题:

1. 简述马克思主义文艺学说的理性批判精神。

---

① 《马克思恩格斯全集》第 4 卷,北京:人民出版社 1958 年版,第 256—257 页。
② 《马克思恩格斯全集》第 40 卷,北京:人民出版社 1982 年版,第 289—290 页。

2. 谈谈作为经典作家文艺批评最高标准的"美学观点和史学观点"。
3. 试论"美学观点"与"史学观点"之间的关系。
4. 举例说明经典作家一些常用的批评方法有哪些。
5. 试论马克思主义文艺批评方法的本质特征。
6. 为什么说揭示文艺"公转"与"自转"统一律是文艺批评的最高境界?
7. 马克思主义经典作家对文艺辩证批评的理论依据。
8. 举例说明马克思主义辩证的文艺批评方法的意义。

第六章 艺术的历史演化规律

马克思主义经典作家关于艺术起源或发生、艺术发展规律的论述,为我们打开了一扇研究和探讨艺术历程与流变特征的窗子,而且具有方法论的意义。透过它,可以使人们更好地了解到艺术发生发展的历史真相。艺术演化的历史是充满启示性的。

第一节 文艺发生的根源

马克思看待艺术发生、发展有自己的特点,他比较注意谈论社会的和经济、文化的因素对艺术的影响,而较少谈论艺术怎样影响了其他的活动与存在领域。换句话说,他更关注艺术的"异体起源"——即各种不同的艺术怎样依赖于非艺术——的方面,而较少关注艺术的"本体起源"——即艺术怎样可以说有它自己的历史,一部作品怎样影响了另一部作品——的方面。严格地说,马克思是否认艺术有自己的独立的历史的,不赞成那种将国家和时代的社会和经济等因素排除在外的所谓"纯艺术史"。当然,马克思前期著作中也有对艺术"本体起源"方面的论述,这从他对古希腊艺术与神话的关系的论述中可以较为清楚地感觉到。

德国艺术史家格罗塞在《艺术的起源》中指出:"我们已把这些原始人的雕刻和绘画叫作艺术工作。然而这种名称实际上到底符合不符合,却尚待考虑;因为我们还没有弄清楚,这些绘画是不是由于美的要求产生的。"[1]"是不是由于美的要求产生的",即是说这些绘画是不是自觉地产生的自觉的艺术(或真正的艺术)。而事实也正如他在该书的"结论"中所说的:"原始民族

---

[1] [德]格罗塞:《艺术的起源》,北京:商务印书馆1984年版,第148页。

的大半艺术作品都不是纯粹从审美的动机出发,而常同时想使它在实际的目的上有用的,而且后者往往还是主要的动机,审美的要求只是满足次要的欲望而已。"① 所以,从本质上说当时是没有真正的艺术的。如果以今天的眼光来看,认定它们对于我们是艺术的话,那么,从艺术创作主体层面而言,它们也仅是"不自觉"的艺术。

1. "不自觉"艺术的实质

马克思在《〈政治经济学批判〉导言》中的一段关于古希腊艺术和神话关系的论述,深刻地揭示了这种"不自觉"的艺术的实质:

> 大家知道,希腊神话不只是希腊艺术的武库,而且是它的土壤。成为希腊人的幻想的基础、从而成为希腊(艺术)的基础的那种对自然的观点和对社会关系的观点,能够同走锭精纺机、铁道、机车和电报并存吗?在罗伯茨公司面前,武尔坎又在哪里?在避雷针面前,丘比特又在哪里?在动产信用公司面前,海尔梅斯又在哪里?任何神话都是用想像和借助想像以征服自然力,支配自然力,把自然力加以形象化;因而,随着这些自然力实际上被支配,神话也就消失了。在印刷所广场旁边,法玛还成什么?希腊艺术的前提是希腊神话,也就是已经通过人民的幻想用一种不自觉的艺术方式加工过的自然和社会形式本身。这是希腊艺术的素材。不是随便一种神话,就是说,不是对自然(这里指一切对象的东西,包括社会在内)的随便一种不自觉的艺术加工。埃及神话决不能成为希腊艺术的土壤或母胎。但是无论如何总得是一种神话。因此,决不是这样一种社会发展,这种发展排斥一切对自然的神话态度,一切把自然神话化的态度;因而要求艺术家具备一种与神话无关的幻想。②

这里,古希腊神话不是直接作为艺术,而是作为"一种不自觉的艺术方式加工过的自然和社会形式本身"而出现的。其原因在于:第一,在原始人的生活中,还远没有确立起人与物之间的独立的或基本独立的审美关系;神话的目的在于实践,在于现实地"征服自然力,支配自然力,把自然力加以形

---

① [德]格罗塞:《艺术的起源》,北京:商务印书馆1984年版,第234页。
② 《马克思恩格斯文集》第8卷,北京:人民出版社2009年版,第35页。

象化"。这是由于原始时代的社会生产条件决定的,那种条件要求或迫使人们对待自然的态度一定或必然是"神话的"。第二,在原始人的神话思维中,今天人们看来具有艺术成分的那种形式,其实就是他们的日常思维形式,是非自觉的(艺术思维)状态。马克思在写于1843年末－1844年1月的《黑格尔法哲学批判导言》里就指出,"古代各族是在幻想中、神话中经历了自己的史前时期"①。

所以,今天看来包含于原始神话的作为艺术的一个基本特质——联想,在原始人那里也是非自觉的。当时,原始人的观念还没有跟表象相分离,或者说自然表象没有和观念相分离,观念似乎就是作为表象的外物所固有的。那时,"自然现象(按我们给这个术语赋予的那种意义来理解的)是没有的。原始人根本不需要去寻找解释;这种解释已经包含在他们的集体表象的神秘因素中了","原始人的思维从来不是脱离开解释来看现象的"②。从而,这些原始思维与意识中充满的浓郁的艺术气息都处于一种没有被意识到的状态。与之相应,所谓的原始时代的艺术也就是一种"不自觉的"艺术。

2. 人与现实审美关系的确立

恩格斯在《家庭、私有制和国家的起源》中指出,史前的"文明时代是学会对天然产物进一步加工的时期,是真正的工业和艺术的时期"③。也就是说,真正的、自觉的艺术产生于文明时代。我们探讨艺术的发生应当从真正的、自觉的艺术发生出发,这样的探讨才有意义。正如人是由猿进化来的,但研究人的起源,虽然也研究猿,却不就是研究猿的起源。艺术发生期距离我们如此遥远,完整而确切地探知当时的情景是相当困难的,因此,我们只能探寻其产生的一些必要的条件,以此来推知艺术发生的大致状况。

首先,对于真正艺术来说,建立起人与所处现实世界的审美关系,是其发生的最基本条件。由于任何一个对象对人的意义都以人的感觉所及的程度为限,所以,要建立起人与现实的审美关系,就必须先有人对于美的事物感觉,即美感的发生。马克思说:

> 只是由于人的本质客观地展开的丰富性,主体的、人的感性的丰富

---

① 《马克思恩格斯全集》第1卷,北京:人民出版社1956年版,第458页。
② [法]列维－布留尔:《原始思维》,北京:商务印书馆1981年版,第36页。
③ 《马克思恩格斯选集》第4卷,北京:人民出版社1995年版,第24页。

性,如有音乐感的耳朵、能感受形式美的眼睛,总之,那些能成为人的享受的感觉,即确证自己是人的本质力量的感觉,才一部分发展起来,一部分产生出来。因为,不仅五官感觉,而且连所谓精神感觉、实践感觉(意志、爱等等),一句话,人的感觉、感觉的人性,都是由于它的对象的存在,由于人化的自然界,才产生出来的。

五官感觉的形成是迄今为止全部世界历史的产物。①

这表明马克思是从"同体"和"异体"两个方面来看待艺术所以发生的条件——美感的。他一方面认为,美感的发生是"由于它的对象的存在,由于人化的自然界"。他之所以说希腊神话不只是希腊艺术的武库,而且是它的土壤,就在于原始社会的"不自觉"艺术,不仅为后来真正的艺术提供了样式、技巧和素材,而且,更为基础和重要的是它培养了真正艺术创造主体的艺术审美感觉。他说过:"消费对于对象所感到的需要,是对于对象的知觉所创造的。艺术对象创造出懂得艺术和具有审美能力的大众,——任何其他产品也都是这样。"②这也是"不自觉"的艺术对于真正艺术的发生的最重要的意义所在。另一方面,马克思还认为,包括美感在内的那些"成为人的享受的感觉"的逐步发展,是在于"人的本质的客观地展开"——即本身是非艺术的因素:实践。马克思在《詹姆斯·穆勒〈政治经济学原理〉一书摘要》中进一步具体说明了这一观点:

假定我们作为人进行生产。在这种情况下,我们每个人在自己的生产过程中就双重地肯定了自己和另一个人:(1)我在我的生产中物化了我的个性和我的个性的特点,因此我既在活动时享受了个人的生命表现,又在对产品的直观中由于认识到我的个性是物质的、可以直观地感知的因而是毫无疑问的权力而感受到个人的乐趣。(2)在你享受或使用我的产品时,我直接享受到的是:既意识到我的劳动满足了人的需要,从而物化了人的本质,又创造了与另一个人的本质的需要相符合的物品。(3)对你来说,我是你与类之间的中介人,你自己意识到和感觉到我是你自己本质的补充,是你自己不可分割的一部分,从而我认识到

---

① 《马克思恩格斯文集》第1卷,北京:人民出版社2009年版,第191页。
② 《马克思恩格斯文集》第8卷,北京:人民出版社2009年版,第16页。

我自己被你的思想和你的爱所证实。(4)在我个人的生命表现中,我直接创造了你的生命表现,因而在我个人的活动中,我直接证实和实现了我的真正的本质,即我的人的本质,我的社会的本质。

我们的生产同样是反映我们本质的镜子。①

正是这种非异化状态的实践,尤其是非异化状态的自由自觉的生产实践,才使自然界表现为人的作品和人的现实,使人能够在他所创造的世界中直观自身,而这正是美感以及人与现实的审美关系得以产生和建立的基础。

这种含有自由自觉质素的生产实践的出现,也只能依赖于社会、经济的进步发展。这一发展使人最终摆脱了这样的生存阶段:"自然界起初是作为一种完全异己的、有无限威力的和不可制服的力量与人们对立的,人们同自然界的关系完全像动物同自然界的关系一样,人们就像牲畜一样慑服于自然界,因而,这是对自然界的一种纯粹动物式的意识(自然宗教)"②,并从而超越了对待现实的功利主义态度。那时,人才能相对自由地对待自己的产品,美感的发生、人与现实的审美关系的建立才是可能的。所以说,正是人的实践为审美关系的确立创造了必要的条件。以往的思想家在谈到艺术问题时总是以沉思开始,而马克思则始终强调生产因素的重要性,后者决定审美的需要,并且通过实践,把这种需要从其初期的粗糙阶段发展出来。这是马克思艺术思想杰出的地方。

3. 想象与实践能力的作用

在艺术发生的过程中,人的想象能力无疑也是一个不可或缺的重要条件。这种想象能力不是自发地产生的纯粹功利性目的的想象,比如神话想象,而是一种摆脱了自然界的纠缠、摆脱了动物性质的相对自由而纯粹的意识——真正的人的想象。马克思对原始时期人的意识的发生有过比较详尽的论述,这个过程其实也就是想象的发生过程。他说:

> ……意识到必须和周围的个人来往,也就是开始意识到人总是生活在社会中的。这个开始,同这个阶段上的社会生活本身一样,带有动物的性质;这是纯粹的畜群意识,这里,人和绵羊不同的地方只是在于:

---

① 《马克思恩格斯全集》第42卷,北京:人民出版社1979年版,第37页。
② 《马克思恩格斯文集》第1卷,北京:人民出版社2009年版,第534页。

他的意识代替了他的本能,或者说他的本能是被意识到了的本能。由于生产效率的提高、需要的增长以及作为二者基础的人口的增多,这种绵羊意识或部落意识获得了进一步的发展和提高。与此同时分工也发展起来。分工起初只是性行为方面的分工,后来是由于天赋(例如体力)、需要、偶然性等等而自发地或"自然地"形成的分工。分工只是从物质劳动和精神劳动分离的时候起才真正成为分工。从这时候起意识才能现实地想象:它是和现存实践的意识不同的某种东西;它不用想象某种现实的东西就能现实地想象某种东西。从这时候起,意识才能摆脱世界而去构造"纯粹的"理论、神学、哲学、道德等等。①

想象和人类的其他意识形式一样,起初只是一种意识到了的本能,后来社会生产的发展,尤其是物质劳动和精神劳动的逐步分离,才使想象进一步独立成自由的想象,而这正是艺术想象的实质所在。想象这种能力,对于艺术的发生有着举足轻重的作用。马克思在《路易斯·亨·摩尔根〈古代社会〉一书摘要》中指出:"在野蛮时代低级阶段,人类的较高的属性便已开始发展起来了。……对于人类的进步贡献极大的想象力这一伟大的才能,这时已经创造出神话、故事和传说等等口头文学,已经成为人类的强大的刺激力。"②这时的想象当然还不是自觉的艺术想象,但其对于艺术的推动力已经非常明显地显现出来。

毫无疑问,在艺术的发生方面只有意识的条件是不够的。艺术的创造还需要主体实际的与艺术创造相适宜的表现能力,这些能力体现为人手的能力和语言能力,只有它们才能完成、实现艺术表现的功能。它们的形成与成熟显然对艺术的真正出现有重大意义。恩格斯指出:

> 手不仅是劳动的器官,它还是劳动的产物。只是由于劳动,由于总是要去适应新的动作,由于这样所引起的肌肉、韧带以及经过更长的时间引起的骨骼的特殊发育遗传下来,而且由于这些遗传下来的灵巧性不断以新的方式应用于新的越来越复杂的动作,人的手才达到这样高度的完善,以致像施魔法一样产生了拉斐尔的绘画、托瓦森的雕刻和帕

---

① 《马克思恩格斯文集》第1卷,北京:人民出版社2009年版,第534页。
② 《马克思恩格斯全集》第45卷,北京:人民出版社1985年版,第384页。

格尼尼的音乐。①

显然,手作为绘画、雕刻、音乐的施动器官,是必须要达到相应的自由、灵巧程度的。即便不是像这些艺术上的奇迹,即便是原始时代最粗糙的艺术品,手的发展也都是一个必要的条件。对于文学的发生,语言能力更是十分关键。恩格斯在语言的产生方面也有相关的论述,他认为:

> 劳动的发展必然促使社会成员更紧密地互相结合起来,因为劳动的发展使互相支持和共同协作的场合增多了,并且使每个人都清楚地意识到这种共同协作的好处。一句话,这些正在生成中的人,已经达到彼此间不得不说些什么的地步了。需要也就造成了自己的器官:猿类的不发达的喉头,由于音调的抑扬顿挫的不断加多,缓慢地然而肯定无疑地得到改造,而口部的器官也逐渐学会发出一个接一个的清晰的音节。
>
> 语言是从劳动中并和劳动一起产生出来的……②

文学的产生是人类的语言能力发展到比较成熟阶段的产物,而语言能力的逐步完善则为更成熟的文学奠定了基础。优秀的文学往往代表了语言中的最优秀的部分,是语言中的典范与精华。马克思主义经典作家非常重视用语的明朗和准确,他们都阅读大量的文学作品,把文学家作为自己的语言教师。

无论是美感、联想,还是手的能力、语言的能力,都是艺术产生的较为直接的推动力量。然而,这些还不是艺术起源的内在的根本的因素。马克思说:"社会生活在本质上是实践的。凡是把理论诱入神秘主义的神秘东西,都能在人的实践中以及对这种实践的理解中得到合理的解决。"③恩格斯指出,马克思的学说是"在劳动发展史中找到了理解全部社会史的锁钥的新派别"④。因此,可以说马克思主义也是从劳动实践的观点出发来看待艺术的

---

① 《马克思恩格斯文集》第9卷,北京:人民出版社2009年版,第552页。
② 《马克思恩格斯文集》第9卷,北京:人民出版社2009年版,第553页。
③ 《马克思恩格斯文集》第1卷,北京:人民出版社2009年版,第505—506页。
④ 《马克思恩格斯选集》第4卷,北京:人民出版社2009年版,第313页。

起源问题的。

恩格斯在《自然辩证法》中有一个著名的论断:"劳动创造了人本身。"人的手、语言、脑都是在劳动实践中逐渐形成、产生的,艺术所必需的手的能力、语言能力和思维意识能力(包括美感、艺术想象等)都是在劳动过程中,在劳动的推动下不断发展起来的。马克思在《1844年经济学哲学手稿》中也有一个论断:"劳动生产了美。"①这里"美"是指美的产品,无论是自觉创造的美的产品,还是不自觉创造的美的产品,都离不开人的劳动。劳动不仅为艺术的发生准备了主体条件,而且也准备了客体条件。正如恩格斯所说:"由于手、说话器官和脑不仅在每个人身上,而且在社会中发生共同作用,人才有能力完成越来越复杂的动作,提出并达到越来越高的目的。劳动本身经过一代又一代变得更加不同、更加完善和更加多方面化了。除打猎和畜牧外,又有了农业,农业之后又有了纺纱、织布、冶金、制陶和航海。伴随着商业和手工业,最后出现了艺术和科学。"②所以,艺术发生的最基础、最根本、最本质意义上的条件是劳动实践。

关于艺术起源的观点当然有很多种,比如模仿说、游戏说、巫术说等等,这些观点和"劳动说"相比都显得直观而肤浅,没有深入到现象的底部,因而也都是不彻底的。模仿说是最古老的艺术起源理论,它起初的含意如德谟克利特认为的那样:艺术起源于对自然的模仿,"从蜘蛛我们学会了织布和缝补;从燕子学会了造房子;从天鹅和黄莺等歌唱的鸟学会了唱歌"③。后来人们又给它增加了对社会人生的模仿的方面,如亚里斯多德在《诗学》中指出艺术模仿"行动中的人","喜剧总是摹仿比我们今天的人坏的人,悲剧总是摹仿比我们今天好的人"。④ 显然,模仿说更侧重方法的层面,即艺术是怎样或通过什么方式产生的。而艺术起源要回答的问题则是,艺术是从哪里、由何处产生的。艺术起源要寻找艺术发生的条件,而模仿说显然已经是创作的过程了,甚至模仿本身就已然是艺术了。

游戏说认为艺术起源于人类摆脱了功利束缚的游戏本能,是一种过剩精力的发泄,这显然不能说明非自觉状态的原始艺术。普列汉诺夫认为:

---

① 《马克思恩格斯文集》第1卷,北京:人民出版社2009年版,第158—159页。
② 《马克思恩格斯文集》第9卷,北京:人民出版社2009年版,第557页。
③ 《古希腊罗马哲学》,北京:三联书店1957年版,第112页。
④ 《亚里斯多德〈诗学〉、贺拉斯〈诗艺〉》,北京:人民文学出版社1962年版,第8—9页。

"在人们那里,追求功利目的的活动,换句话说,维持单个人和整个社会的生活所必须的活动,先于游戏,而且决定着游戏的内容。"①鲁迅也指出过:"画在西班牙的亚勒泰米拉(Altamira)洞里的野牛,是有名的原始人的遗迹,许多艺术史家说,这正是'为艺术而艺术',原始人画着玩的。但这解释未免过于'摩登',因为原始人没有19世纪的文艺家那么有闲,他的画一只牛,是有缘故的,为的是关于野牛,或者是猎取野牛,禁咒野牛的事。"②由此可见,游戏并非艺术起源的条件,但因其无功利性的特点,却可能是促成真正的艺术发生的因素之一。

巫术说则认为艺术起源于原始人的巫术活动。英国文化人类学家弗雷泽在《金枝》中提出了原始部落的风俗、神话、仪式和信仰都起源于巫术的理论,他通过对原始人思维特征的分析,为巫术说提供了理论支持。他认为:"巫术所依据的思想原则基本可分解为两种。一是所谓同类相生,或谓结果可以影响原因。二是凡接触过的物体在接触以后仍然可以继续互相发生作用。前者称之为相似律;后者称之为接触或感染律。根据相似律,通过模仿,就可以产生巫术施行者所希望达到的任何效果。而根据接触律,巫术施行者可利用与某人接触过的任何一种东西对他施加影响。这种东西可以是他身体的一个组成部分,也可以不是他身体的一个组成部分。前一种巫术称之为模仿巫术,后一种巫术称之为交感巫术。"③在弗雷泽《金枝》的影响下,1905年,法国人类学家雷纳克又在《祭礼、神话和宗教》书中明确提出原始艺术家遗留在法国洞穴中的岩画和雕刻,目的不在于使人愉悦,而在于召唤或祈求精灵。这就表明巫术在原始人那里还是不自觉的艺术,或者说是非艺术,巫术说并未挖掘到艺术的真正起源所在。

第二节 文艺演变的社会条件

马克思主义经典作家是从两个视角来考察艺术的发展的:一是把艺术的发展看作是受物质生活的生产方式所决定和制约的一种意识形式的发展;二是将艺术作为人的一种生产实践方式、作为人艺术地掌握世界的方式

---

① [俄]普列汉诺夫:《论艺术(没有地址的信)》,北京:三联书店1964年版,第72页。
② 《鲁迅全集》第6卷,北京:人民文学出版社1996年版,第87页。
③ [英]弗雷泽:《金枝》,北京:中国民间文艺出版社1987年版,第19页。

来看待。这就意味着考察艺术发展时要注意如下几个方面：第一，艺术既然作为生产的一种特殊方式，就要受生产的普遍规律的支配，就要在生产力与生产关系的矛盾冲突中考察其发展。第二，艺术家作为艺术生产实践的主体，其时代特征的不同应是理解不同时代艺术形态发展变迁的重要依据。第三，生产当然离不开消费，艺术不能不受到它所处的社会流行的生产和消费方式的影响，因此，研究艺术的发展，也要考虑到艺术消费方式的时代变迁。马克思主义经典作家考察艺术发展的两个视角，都体现了唯物史观。

马克思在《剩余价值理论》中关于物质生产决定精神生产性质的论述，对我们研究和理解艺术发展有着方法论上的意义，他说：

> 从物质生产的一定形式产生：第一，一定的社会结构；第二，人对自然的一定关系。人们的国家制度和人们的精神方式由这两者决定，因而人们的精神生产的性质也由这两者决定。
>
> 要研究精神生产和物质生产之间的联系，首先必须把这种物质生产本身不是当作一般范畴来考察，而是从一定的历史的形式来考察。例如，与资本主义生产方式相适应的精神生产，就和与中世纪生产方式相适应的精神生产不同。①

这里的"精神生产"当然包含着艺术生产。马克思在《〈政治经济学批判〉导言》中关于希腊神话性质的论述，恩格斯在《诗歌和散文中的德国社会主义》中的"歌德在德国文学中的出现是由这个历史结构安排好了的"论断，都可以说是上述方法的体现。

1. 分工与艺术的发展

原始艺术是一种不自觉的艺术，包括艺术的萌芽在内的思想、观念、意识的生产，最初都是直接与人们的物质活动，与人们的物质交往、与现实生活的语言交织在一起的。人们的想象、思维、精神交往在这里还是人们物质行动的直接产物。也就是说，当时的艺术活动同物质生产还是浑然合一的，每个人既是艺术家也是生产者。艺术所表示的是氏族成员集体的思想和愿望，具有同物质生产相联系并促进物质生产的实用价值。其主要导因是极为低级的经济发展和极其简单的物质生产，以及与之相适应的人的状况。

---

① 《马克思恩格斯全集》第26卷第1册，北京：人民出版社1972年版，第296页。

马克思主义经典作家认为,在从不自觉的艺术向自觉的艺术发展过程中,社会分工起着举足轻重的作用。"第一次社会大分工(指游牧部落从其余的野蛮人群中分离出来——引者注),在使劳动生产率提高,从而使财富增加并且使生产领域扩大的同时,在既定的总的历史条件下,必然地带来了奴隶制。从第一次社会大分工中,也就产生了第一次社会大分裂,分裂为两个阶级:主人和奴隶、剥削者和被剥削者。"①而奴隶制带来的第二次社会大分工——农业和手工业的分离,在经典作家看来,则是"使古代世界的繁荣,使希腊文化成为可能。没有奴隶制,就没有希腊国家,就没有希腊的艺术和科学;没有奴隶制,就没有罗马帝国。没有希腊文化和罗马帝国所奠定的基础,也就没有现代的欧洲"②。社会分工为物质劳动和精神劳动的最终分离、从而为自觉的艺术的产生准备了积极的条件。分工不仅使物质活动和精神活动、享受和劳动、生产和消费由各种不同的人来分担这种情况成为可能,而且成为现实。另一方面,"当分工一出现之后,任何人都有自己一定的特殊的活动范围,这个范围是强加于他的,他不能超出这个范围:他是一个猎人、渔夫或牧人,或者是一个批判的批判者,只要他不想失去生活资料,他就始终应该是这样的人"③;这样,"由于分工,艺术天才完全集中在个别人身上,因而广大群众的艺术天才受到压抑"④的现象也就无可避免地随之出现了。从后来的发展可以看到,分工愈细,分工规模愈大,人的发展便愈片面。这也是物质生产方式制约艺术发展的一种体现。

与资本主义社会相比较,马克思认为,古代社会的艺术形态和艺术活动与生产劳动和创作主体的本质特性相对立的程度不仅不是严重的,甚至还常常体现出某种一致性来。马克思指出:

> 依据古代的观点,人在民族、宗教、政治方面不管怎样受到局限,却总是作为生产的目的出现的,至于在现代世界里,生产是作为人的目的出现的,而财富是作为生产的目的出现的。事实上,把被局限的资产阶级形式撇在一边,财富如果不是个人的需要、能力、消费资料、生产力等

---

① 《马克思恩格斯文集》第4卷,北京:人民出版社2009年版,第180页。
② 《马克思恩格斯文集》第9卷,北京:人民出版社2009年版,第188页。
③ 《马克思恩格斯选集》第1卷,北京:人民出版社1995年版,第85页。
④ 《马克思恩格斯全集》第3卷,北京:人民出版社1960年版,第460页。

等的由于普遍交换而造成的普遍性,那又是别的什么呢?财富如果不是人对自然力的支配的充分发展,即人对所谓自然的力量和人自己的本性的力量的支配的充分发展,那又是别的什么呢?财富如果不是人的创造才能的绝对表现,那又是什么呢?这种表现是没有其他任何前提的,除了先前的历史的发展,除了使这种完整性成为目的本身的发展,除了与已经建立的任何范围完全无关的人的一切力量本身的发展。什么时候人才不会在某一特定的方向下再生产自己,而是十分完整地生产自己,才不力求仍然成为一种彻底固定了的东西,而是处于绝对的生长的运动之中?在资产阶级经济学中——以及在它所适应的这个生产时代中——人的内在本质的这种充分的显露是表现为最充分的毁灭,这种普遍的物化过程(Vergegenstandlichung)是表现为充分的异化,而一切特定的片面的目的的消灭是表现为目的本身之牺牲于完全异己的目的。因此,幼稚的古代世界一方面是一种比现代世界更为高尚的东西,完全是在于力求找到完整的形象、形式和早已制定的局限性。它给予人处在被局限的观点上所能得到的满足,可是现代世界却不给予满足;凡是它出现为自我满足的地方,它就是庸俗的。①

为什么马克思这样说呢?因为古代社会的生产,包括文艺的生产在内,都与人的本质力量保持着某种程度的一致性。艺术生产者和手工业者的生产还处于一种有局限性的自由状态之中,那时,"量对质的支配"的现象还不明显,艺术家所追求的还是艺术品本身的整体的"质"。中世纪,"在城市中各行会之间的分工还是非常少的,而在行会内部,各劳动者之间则根本没有什么分工。每个劳动者都必须熟悉全部工序,凡是用他的工具能够做的一切,他必须都会做;各城市之间的有限交往和少量联系、居民稀少和需求有限,都妨碍了分工的进一步发展,因此,每一个想当师傅的人都必须全盘掌握本行手艺。正因为如此,中世纪的手工业者对于本行专业劳动和熟练技巧还是有兴趣的,这种兴趣可以升华为某种有限的艺术感。然而也是由于这个原因,中世纪的每一个手工业者对自己的工作都是兢兢业业,安于奴隶般的关系,因而他们对工作的屈从程度远远超过对本身工作漠不关心的现

---

① 《马克思恩格斯论艺术》第1卷,北京:中国社会科学出版社1982年版,第194—195页。也可参看《马克思恩格斯全集》第46卷上册,北京:人民出版社1979年版,第485—487页。

代工人"①。这表明当时的产品(包括艺术品)的生产还不是异化劳动,他们的产品还是他们的本质力量的表现;同时也说明那个社会对艺术的生产还不像资本主义社会那样不利,艺术也还有着自己作为艺术的尊严和荣誉。古代社会以自给自足的生产为基础的小农经济带给人们的依然是地方性发展和对自然的崇拜,人们和自然之间有着一种审美的、相互亲和的关系。这是形成古代社会艺术单纯、明朗、和谐风格的一个重要原因。

马克思认为,到了资本主义社会,与古代社会相比较,艺术活动、艺术和艺术家的存在状况发生了巨大的变化。经典作家对资本主义条件下的艺术发展作了全方位、多层次的思索与观察。他们的无产阶级革命家、经济学家和哲学家的身份不仅没有扭曲他们对文学艺术的思考,反而使他们的思考更加准确、睿智和深刻。

2. 资本主义时代的艺术状况

在马克思主义经典作家看来,资本最终改变了古代社会的一切,甚至改变了那些在有道德的人们看来根本不应改变的东西。"资产阶级在它已经取得了统治的地方把一切封建的、宗法的和田园诗般的关系都破坏了。它无情地斩断了把人们束缚于天然尊长的形形色色的封建羁绊,它使人和人之间除了赤裸裸的利害关系,除了冷酷无情的'现金交易',就再也没有任何别的联系了。它把宗教虔诚、骑士热忱、小市民伤感这些情感的神圣发作,淹没在利己主义打算的冰水之中。它把人的尊严变成了交换价值,用一种没有良心的贸易自由代替了无数特许的和自力挣得的自由。总而言之,它用公开的、无耻的、直接的、露骨的剥削代替了由宗教幻想和政治幻想掩盖着的剥削。资产阶级抹去了一切向来受人尊崇和令人敬畏的职业的神圣光环。它把医生、律师、教士、诗人和学者变成了它出钱招雇的雇佣劳动者。资产阶级撕下了罩在家庭关系上的温情脉脉的面纱,把这种关系变成了纯粹的金钱关系。"②在资产阶级社会中,"一切职能都是为资本家服务,都为了资本家'好';连最高的精神生产,也只是由于被描绘为、被错误地解释为物质财富的直接生产者,才得到承认,在资产者眼中才成为可以原谅的"③;"一

---

① 《马克思恩格斯文集》第 1 卷,北京:人民出版社 2009 年版,第 558—559 页。
② 《马克思恩格斯文集》第 2 卷,北京:人民出版社 2009 年版,第 33—34 页。
③ 《马克思恩格斯全集》第 33 卷,北京:人民出版社 2004 年版,第 348 页。

切所谓最高尚的劳动——脑力劳动、艺术劳动等都变成了交易的对象"①。巴尔扎克所说的"笔者所写的作品受到出版商的趣味及是否被看中的任意法则的支配"②,正表明了这一情形。艺术劳动和其他形式的劳动一样成了异化劳动。异化劳动把自我活动、自由活动贬低为手段,也就把人的实际生活变成了维持人的肉体生存的手段。而"诗一旦变成诗人的手段,诗人就不成其为诗人了"③。

马克思、恩格斯认为,对于要求创作者有充分的精神自由和个性化的艺术创造来说,异化劳动无疑是其健康发展的巨大障碍。这样,在资本主义社会,就出现一种实质上看来是畸形的美、对于生产者来说是异化的美;对于艺术家,他创造的美的产品非但不是对他自身、对自己的本质的肯定,反而成为对其自身及其本质的否定性力量——"劳动生产了美,但是使工人变成畸形";"劳动生产了智慧,但是给工人生产了愚钝和痴呆"④。以艺术产品作为中介,有产者的艺术鉴赏力的提高,是以艺术生产者的美感的磨灭为代价的。艺术生产的异化体现在艺术家与艺术产品的直接关系中,当然,也就只能由这个关系来说明。

马克思、恩格斯指出,资产阶级由于对财富的追求,并进而对生产的高效率的追求,使得资本主义时代成为分工最严格、最细密、规模也最大的时代。分工当然促进了生产,它创造了完全不同于埃及金字塔、罗马水道和哥特式教堂的奇迹,但社会愈发展,这种"非自愿"的分工对人的负面作用就愈明显。他们还指出,"分工还给我们提供了第一个例证,说明只要人们还处在自发地形成的社会中,也就是说,只要私人利益和公共利益之间还有分裂,也就是说,只要分工还不是出于自愿,而是自发的,那么人本身的活动对人说来就成为一种异己的、与他对立的力量,这种力量驱使着人,而不是人驾驭着这种力量"⑤。在资本主义时代,"就个人自身来考察个人,个人就是受分工支配的,分工使他变成片面的人,使他畸形发展,使他受到限制"⑥。马克思在《资本论》中写道:"生产上的智力在一个方面扩大了它的规模,正

---

① 《马克思恩格斯全集》第6卷,北京:人民出版社1961年版,第659页。
② 《巴尔扎克论文学》,北京:中国社会科学出版社1986年版,第133页。
③ 《马克思恩格斯全集》第1卷,北京:人民出版社1956年版,第87页。
④ 《马克思恩格斯文集》第1卷,北京:人民出版社2009年版,第158—159页。
⑤ 《马克思恩格斯全集》第3卷,北京:人民出版社1960年版,第37页。
⑥ 《马克思恩格斯全集》第3卷,北京:人民出版社1960年版,第514页。

是因为它在许多方面消失了。局部工人所失去的东西,都集中在和他们对立的资本上面了。工场手工业分工的一个产物,就是物质生产过程的智力作为他人的财产和统治工人的力量同工人相对立。这个分离过程在简单协作中开始,在工场手工业中得到发展,在大工业中完成。在简单协作中,资本家在单个工人面前代表社会劳动体的统一和意志,工场手工业使工人畸形发展,变成局部工人,大工业则把科学作为一种独立的生产能力与劳动分离开来,并迫使科学为资本服务。在工场手工业中,总体工人从而资本在社会生产力上的富有,是以工人在个人生产力上的贫乏为条件的。'无知是迷信之母,也是工业之母。思索和想象会产生错误,但是手足活动的习惯既不靠思索,也不靠想象。因此,在最少用脑筋的地方,工场手工业也就最繁荣,所以,可以把工场看成一部机器,而人是机器的各个部分。'事实上,在18世纪中叶,某些手工工场宁愿使用半白痴来从事某些简单的、然而构成工厂秘密的操作。"①这些论述即便在一个多世纪以后的被称为"知识经济时代"的今天,从根本上看,也同样没有失却其真理性。只要私有制还广泛地存在,只要资本主义的生产关系还在社会上占据着主导的地位,要彻底改变分工带给人们的严重的负面作用和异化现象,是根本不可能的。而这种状况就必然束缚着广大劳动人民的审美力和创造力,也就必然阻碍艺术的合乎人性的生产与消费、创造和欣赏。所以,马克思才有这样的断言:

  资本主义生产就同某些精神生产部门如艺术和诗歌相敌对。②

  任何硬币都有两面。在马克思主义经典作家看来,资本主义的私有制、异化劳动使肯定性艺术的发展受到阻碍的同时,却从另一方面发展了否定性的艺术。资本主义社会的优秀的文学艺术作品,大多具有这种否定性,它们通过对否定人的真实本质的社会的否定,来实现对人的真实本质的肯定。马克思称赞莎士比亚在《雅典的泰门》中对货币的本质的出色的描绘和揭露,称赞巴尔扎克"曾对各色各样的贪婪作过透彻的研究。那个开始以积累商品的方式来进行货币贮藏的老高利贷者高布赛克,在他笔下已经是一个

---

① 《马克思恩格斯文集》第5卷,北京:人民出版社2009年版,第418—419页。
② 《马克思恩格斯全集》第26卷第1册,北京:人民出版社1972年版,第296页。

老糊涂虫了"①。恩格斯也称赞巴尔扎克"是比过去、现在和未来的一切左拉都要伟大得多的现实主义大师"②。

马克思主义经典作家理论中的这一倾向,在后来的某些"西方马克思主义"者那里,得到了一定程度的强调和发挥,成了他们批判资本主义社会和文化的锐利武器。阿多尔诺和马尔库塞的"否定性美学"思想即是这方面的典型代表。马尔库塞认为,"艺术"一词内含着决定性的否定因素,他说"艺术将不是现存设备的女仆,美化它的事务和不幸,而是将成为摧毁这种事务和这种不幸的技术"③。阿多尔诺认为,艺术的真实来自于对异化的既存现实的否定,"真实内容在作品中只是一种否定性的东西"④,"审美经验就是那种既不是从世界中,也不是从自我本身中获得的精神本来的可能性,这个可能性是由艺术的非可能性所昭示的,艺术就是对被挤掉之幸福的展示"⑤。

在经典作家的论述中,资本主义时代的艺术发展将出现"世界的文学"的现象,也值得关注。

> 资产阶级,由于开拓了世界市场,使一切国家的生产和消费都成为世界性的了。……过去那种地方的和民族的自给自足和闭关自守状态,被各民族的各方面的互相往来和各方面的互相依赖所代替了。物质的生产是如此,精神的生产也是如此。各民族的精神产品成了公共的财产。民族的片面性和局限性日益成为不可能,于是由许多种民族的和地方的文学形成了一种世界的文学。⑥

这是《共产党宣言》里的一段话。这里的"文学"(德文是"Literatur")虽然是泛指(包括哲学、政治、艺术、科学等方面的著作),但毕竟也包含了艺术的方面。所以,"世界的文学"的形成也就意味着"世界的艺术"的形成。然

---

① 《马克思恩格斯文集》第5卷,北京:人民出版社2009年版,第680页注28a。
② 《马克思恩格斯文集》第10卷,北京:人民出版社2009年版,第570页。
③ [美]赫伯特·马尔库塞:《单向度的人——发达工业社会意识形态研究》,重庆:重庆出版社1988年版,第202页。
④ [德]阿多尔诺:《美学理论》(节选),见《现代美学新维度》,北京:北京大学出版社1990年版,第146页。
⑤ [德]阿多尔诺:《美学理论》(节选),见《现代美学新维度》,北京:北京大学出版社1990年版,第151页。
⑥ 《马克思恩格斯文集》第2卷,北京:人民出版社2009年版,第35页。

而,正如马克思、恩格斯接下来所说的,在这个资产阶级开拓的世界市场里,在各民族的各方面的互相往来和各方面的互相依赖中,并未遵循着人性的、和平的与平等的原则:

> 资产阶级,由于一切生产工具的迅速改进,由于交通的极其便利,把一切民族甚至最野蛮的民族都卷到文明中来了。它的商品的低廉价格,是它用来摧毁一切万里长城、征服野蛮人最顽强的仇外心理的重炮。它迫使一切民族——如果它们不想灭亡的话——采用资产阶级的生产方式;它迫使它们在自己那里推行所谓的文明,即变成资产者。一句话,它按照自己的面貌为自己创造出一个世界。
>
> 资产阶级使农村屈服于城市的统治。它创立了巨大的城市,使城市人口比农村人口大大增加起来,因而使很大一部分居民脱离了农村生活的愚昧状态。正像它使农村从属于城市一样,它使未开化和半开化的国家从属于文明的国家,使农民的民族从属于资产阶级的民族,使东方从属于西方。[①]

在物质和经济方面是如此,那么,在以物质和经济作为自己的基础、有时甚至直接把它们作为自己的书写和描绘对象的文艺方面当然也不例外。不管人们在主观上是否愿意承认这个事实,在资本主义条件下,任何"世界性",无论是物质、经济方面还是在文化、意识方面始终都是以"从属性"为其重要特征的。这些内容无疑为当代的"后殖民""文化殖民主义""东方主义"理论提供了理论资源和可再生的活性因子。同时,也为在当前的经济全球化语境中思考民族的文学、文化问题提供了重要参照。

马克思主义经典作家对未来的社会主义、共产主义时代艺术的预测和论述,我们将在下一章中加以说明。

第三节 物质生产与艺术发展的"不平衡关系"

经典作家并不怀疑文艺与社会发展是相互联系着的。但是,如何相互联系?有没有一种发展上的特殊的"不平衡"使文艺上的产品与经济上的物

[①] 《马克思恩格斯文集》第2卷,北京:人民出版社2009年版,第35—36页。

质产品之间的关系变得非常复杂呢？正是这些问题使马克思写下《〈政治经济学批判〉导言》结尾部分的那些不连续的札记。这一部分札记说明马克思并不赞同连续的、一致的进步这种粗浅的观点。他首先不赞同的是认为社会组织的进步必然直接影响艺术进步这种实证主义的观点。艺术生产与物质生产的"不平衡关系"，可以说是决定艺术发展变化形态的最基本的因素。

1. "不平衡关系"的规定

关于"物质生产的发展例如同艺术发展的不平衡关系"的命题，是研究艺术发展问题的最重要的命题之一。马克思在这个问题上的思考，不仅使我们能够比较正确地理解这一对关系，而且也为我们研究艺术发展问题提供着科学的方法论。马克思这样写道：

（6）物质生产的发展例如同艺术发展的不平衡关系。进步这个概念决不能在通常的抽象意义上去理解。就艺术等等而言，理解这种不平衡还不像理解实际社会关系本身内部的不平衡那样重要和那样困难。例如教育。美国同欧洲的关系。可是，这里要说明的真正困难之点是：生产关系作为法的关系怎样进入了不平衡的发展。例如罗马私法（在刑法和公法中这种情形较少）同现代生产的关系。

（7）这种见解表现为必然的发展。但承认偶然。怎样。（对自由等也是如此。）（交通工具的影响。世界史不是过去一直存在的；作为世界史的历史是结果。）

（8）出发点当然是自然规定性。主观地和客观地。部落、种族等。

关于艺术，大家知道，它的一定的繁盛时期决不是同社会的一般发展成比例的，因而也决不是同仿佛是社会组织的骨骼的物质基础的一般发展成比例的。例如，拿希腊人或莎士比亚同现代人相比。就某些艺术形式，例如史诗来说，甚至谁都承认：当艺术生产一旦作为艺术生产出现，它们就再不能以那种在世界史上划时代的、古典的形式创造出来；因此，在艺术本身的领域内，某些有重大意义的艺术形式只有在艺术发展的不发达阶段上才是可能的。如果说在艺术本身的领域内部的不同艺术种类的关系中有这种情形，那么，在整个艺术领域同社会一般发展的关系上有这种情形，就不足为奇了。困难只在于对这些矛盾作一般的表述。一旦它们的特殊性被确定了，它们也就被解释明白了。

我们例如先说希腊艺术同现代的关系，再说莎士比亚同现代的关系。……

但是,困难不在于理解希腊艺术和史诗同一定社会发展形式结合在一起。困难的是,它们何以仍然能够给我们以艺术享受,而且就某方面说还是一种规范和高不可及的范本。

一个成人不能再变成儿童,否则就变得稚气了。但是,儿童的天真不使成人感到愉快吗?他自己不该努力在一个更高的阶梯上把儿童的真实再现出来吗?在每一个时代,它固有的性格不是以其纯真性又活跃在儿童的天性中吗?为什么历史上的人类童年时代,在它发展得最完美的地方,不该作为永不复返的阶段而显示出永久的魅力呢?有粗野的儿童和早熟的儿童。古代民族中有许多是属于这一类的。希腊人是正常的儿童。他们的艺术对我们所产生的魅力,同这种艺术在其中生长的那个不发达的社会阶段并不矛盾。这种艺术倒是这个社会阶段的结果,并且是同这种艺术在其中产生而且只能在其中产生的那些未成熟的社会条件永远不能复返这一点分不开的。①

这段话起码告诉了我们如下几点:

一、物质生产的发展和艺术发展之间存在不平衡关系,这种不平衡关系是物质生产的发展与诸多意识形式的发展之间不平衡关系的一种,"例如"一词表明了这一点。当马克思开始思考艺术与物质生产之间的不平衡发展时,他发现这远不是他需要解决的一个最困难的问题,使他更伤脑筋的是社会和法律分析的一些更为棘手的问题等,他承认历史研究的复杂性。如果想研究艺术史,所有这些问题都必须考虑在内。

二、这一不平衡关系表明,对进步这个概念一定要从历史的、具体的意义上去理解。同样,看待物质生产的发展和艺术发展之间的关系也要从历史的、具体的意义上去考虑。正如马克思后来在《剩余价值理论》中指出的:"要研究精神生产和物质生产之间的联系,首先必须把这种物质生产本身不是当作一般范畴来考察,而是从一定的历史的形式来考察。"②只有这样,才能更好地理解不平衡关系。

三、物质生产和艺术之间不平衡地发展是一种关系性的发展,它表现为

---

① 《马克思恩格斯文集》第8卷,北京:人民出版社2009年版,第34—36页。
② 《马克思恩格斯全集》第26卷第1册,北京:人民出版社1972年版,第296页。

偶然。不平衡关系状态,是那些从实质的必然性上表现出的作为必然性的表现形式的偶然因素所形成的。"历史事件似乎总的说来同样是由偶然性支配着的。但是,在表面上是偶然性在起作用的地方,这种偶然性始终是受内部的隐蔽着的规律支配的。"① "不平衡关系"导源于自然规定性。马克思认为,人们的精神方式和精神生产的性质,是由从物质生产的一定形式产生的一定的社会结构和人对自然的一定关系所规定的,不平衡关系也是由这两方面所规定,前者是客观的,后者是主观的。马克思对不平衡关系的具体分析正是从这两方面进行的。

四、艺术的一定的繁盛时期决不是同社会的一般发展成比例的,因而也决不是同仿佛是社会组织的骨骼的物质基础的一般发展成比例的。这是对不平衡关系的具体说明。恩格斯在 1890 年 6 月致保·恩斯特的信中,谈及挪威出现的文学繁荣时认为:"他们创作的东西要比其他人所创作的多的多,而且他们还给包括德国文学在内的其他各国的文学打上了他们的印记。"② 这表明艺术的繁荣或繁盛的表现包括两个基本方面,即作品多、影响大。马克思并不满足于观察艺术的内部发展,总是把艺术放在社会的一般发展中进行研究。他对不平衡关系的揭示,就是这种研究的一个成果。

五、"不平衡关系"具体表现在两个层面上:其一,是"在艺术本身的领域内部的不同艺术种类的关系中有这种情形","某些有重大意义的艺术形式只有在艺术发展的不发达阶段上才是可能的"。比如希腊神话和史诗就是如此,它们和一定的社会发展形式(这种社会发展形式在后世永不复返)结合在一起,至今仍能给人以艺术享受,而且"就某方面说还是一种规范和高不可及的范本"。但随着那个不可重复的历史阶段的逝去,那种与之相适应的艺术形式在某些方面所达到的高度或所具有的魅力,就再也难以企及了。也正由于这种不可企及的特性,才出现了不平衡的现象。其二,是"在整个艺术领域同社会一般发展的关系上有这种情形",在这一层面马克思举出的例子是"莎士比亚同现代的关系",但他并没有像论述上一个层面那样对这一对关系作进一步的说明。莎士比亚显然不是指某种艺术形式,而是他那个时代(16 世纪中晚到 17 世纪早期,文艺复兴时期)的欧洲整个艺术领域的代指。和莎士比亚时代的欧洲相比,一般地说,马克思所处时代显然是社

---

① 《马克思恩格斯文集》第 4 卷,北京:人民出版社 2009 年版,第 302 页。
② 《马克思恩格斯文集》第 10 卷,北京:人民出版社 2009 年版,第 583—584 页。

会发展进步得多、物质基础强大得多了,可是在艺术方面却远不如莎士比亚时代繁盛,这样也就有了"不平衡"现象。

对于后一层面,恩格斯也曾论及。他说,文艺复兴时期,"中世纪的幽灵消逝了;意大利出现了出人意料的艺术繁荣,这种艺术繁荣好像是古典古代的反照,以后就再也不曾达到过"①。恩格斯还在《德国状况》中揭示了18世纪中晚期德国的艺术繁荣与社会和经济发展的不平衡关系:"一切都烂透了,动摇了,眼看就要坍塌了,简直没有一线好转的希望,因为这个民族连清除已经死亡了的制度的腐烂尸骸的力量都没有。只有在我国的文学中才能看出美好的未来。这个时代在政治和社会方面是可耻的,但是在德国文学方面却是伟大的。"②除了这种纵向的考察外,恩格斯还横向考察了艺术发展与物质生产发展的不平衡关系,指出"挪威在最近20年中所出现的文学繁荣,在这一时期除了俄国以外没有一个国家能与之媲美";而这时在物质生产方面,"只是直到最近,这个国家才零散地出现了一点点大工业"③。"最近20年"应指19世纪的70至80年代,那时,英法等国已经成为先进、强大的资本主义国家,物质生产相当发达,有着雄厚的经济实力,可在艺术生产方面却远不如挪威和俄国;俄国虽然在1861年废除了农奴制,但这种"自上而下"地由农奴主实行的资产阶级的改革是很不彻底的,当时"俄国整个经济生活(特别是农村经济生活)和整个政治生活中处处可见农奴制的痕迹和它的直接残余"④。俄国资本主义发展依然缓慢,经济基础极为薄弱,远远落后于英法等国,但其艺术上却出现了繁荣的景象,活动在那一时期的著名作家灿若群星,比如冈察洛夫、屠格涅夫、车尔尼雪夫斯基、陀思妥耶夫斯基、托尔斯泰、谢德林、奥斯特罗夫斯基、涅克拉索夫等等。恩格斯在1890年10月27日给康·施米特的信中说:"经济上落后的国家在哲学上仍然能够演奏第一小提琴。"⑤对于文学艺术来说,似乎也是如此。这样从历史横的方面看,"不平衡关系"也是广泛存在的。

六、艺术发展虽然和社会或物质基础的一般发展不成比例、不平衡,但这并不影响艺术发展和社会发展之间有密切联系这一看法。事实证明,不

---

① 《马克思恩格斯文集》第9卷,北京:人民出版社2009年版,第408—409页。
② 《马克思恩格斯全集》第2卷,北京:人民出版社1957年版,第634页。
③ 《马克思恩格斯文集》第10卷,北京:人民出版社2009年版,第583—584页。
④ 《列宁全集》第20卷,北京:人民出版社1989年版,第39页。
⑤ 《马克思恩格斯文集》第10卷,北京:人民出版社2009年版,第599页。

平衡现象也只有放进这一对关系中才可能得到彻底的解释和说明。马克思是通过对古希腊艺术的"永久的魅力"的分析来告诉我们这一点的。他认为,古希腊艺术的永久魅力,非但同那个不发达的社会阶段并不矛盾,而且还正是那个社会阶段的产物与结果,是同这种艺术在其中而且只能在其中产生的那些未成熟的社会条件永远不能复返这一点分不开的。

2."不平衡关系"的理论意义

不平衡关系不是否定存在决定意识,而是恰恰证明着这一点,证明着在存在与意识这一对关系上,不管表现形态多么的复杂多样,实质上都是对经济基础决定上层建筑这一历史唯物主义原理的肯定与证实。恩格斯在以18世纪的法国对英国以及后来的德国对英法两国的比较为例说明"不平衡关系"之后,接着指出:

> 但是,不论在法国或是在德国,哲学和那个时代的普遍的学术繁荣一样,也是经济高涨的结果。经济发展对这些领域也具有最终的至上权力,这在我看来是确定无疑的……①

在挪威也是如此,"旧有的停滞状态毕竟开始运动了,这种运动也表现在文学的繁荣上"②。这就是说,虽然18世纪法国、德国、挪威的经济或物质生产的发展水平远不如当时的英国,但它们也都正处在由封建所有制向资本主义所有制过渡的历史转变时期,物质生产方面,相对而言程度不同地出现了较前高涨的情况。这就表明一个国家的某时期或某阶段的艺术繁盛,都应该而且可以从彼时彼地的经济发展中找到导因。

但是,这里绝不能搞简单化,绝不能犯机械唯物主义错误,在分析艺术发展的问题时,必须把社会、历史、文化等其他上层建筑和意识形态的因素也考虑进去,必须坚持复杂性原理,坚持唯物辩证法。一个混乱的社会当然不利于经济的快速发展,但它却可能有利于艺术主体的成长;一时的经济发展也可能使艺术进步处于不利的境地。所以,可以说马克思的关于艺术生产同物质生产发展的不平衡理论,辩证地强调了两种生产间存在的内在联系和相互作用的两个方面,揭示了特殊关系掩饰下的社会生产方式决定艺

---

① 《马克思恩格斯文集》第10卷,北京:人民出版社2009年版,第599—600页。
② 《马克思恩格斯文集》第10卷,北京:人民出版社2009年版,第585页。

术生产状况的普遍性,同时证明了正是艺术生产求得与自己时代社会生产方式和生产力发展的相适应,才造成了它的一定繁盛期同生产和社会一般发展不成比例的现象。这种不平衡,正是物质生活的生产方式制约着整个精神生产(包括艺术生产)规律的一种个别表现形态。把"不平衡"说成是"不适应",是不妥当的。马克思的"不平衡"理论,不是说两种生产总是有着规律性的"不适应"现象,而是强调两种生产在历史的跑道上,并不是任何时期都是手拉手地齐头并进,对这两种生产的"进步"的理解,要具体问题作具体分析。

恩格斯在致瓦·博尔吉乌斯的信中进一步证明了这一点:

> 人们自己创造自己的历史,但是到现在为止,他们并不是按照共同的意志,根据一个共同的计划,甚至不是在一个明确界限的既定社会内来创造自己的历史。他们的意向是相互交错的,正因为如此,在所有这样的社会里,都是那种以偶然性为其补充和表现形式的必然性占统治地位。在这里通过各种偶然性来为自己开辟道路的必然性,归根到底仍然是经济的必然性。……
>
> 历史上所有其他的偶然现象和表面的偶然现象都是如此。我们所研究的领域越是远离经济,越是接近于纯粹抽象的意识形态,我们就越是发现它在自己的发展中表现为偶然现象,它的曲线就越是曲折。如果您画出曲线的中轴线,您就会发现,所考察的时期越长,所考察的范围越广,这个轴线就越是接近经济发展的轴线,就越是同后者平行而进。[①]

文艺既然是远离经济的情感、思想和意识领域,影响它的发展的偶然因素也就会更多一些,这就使其发展历程的曲线变得更加曲折,与经济发展之间也就显得更加不平衡。但是,"通过各种偶然性而得到实现的必然性"终归是"经济的必然性",这从"考察的时期越长""范围越广",文艺发展曲线的中轴线就越和经济发展的轴线接近、平行即可得到证明。

列宁曾经指出:"马克思和恩格斯在他们的著作中特别强调的是辩证唯物主义,而不是辩证唯物主义,特别坚持的是历史唯物主义,而不是历史唯

---

① 《马克思恩格斯文集》第10卷,北京:人民出版社2009年版,第669页。

物主义。"①经典作家所以要谈及艺术发展与物质生产、经济发展的不平衡关系，就是在强调辩证唯物主义和历史唯物主义，避免庸俗唯物主义的"庸俗的见解"。他们是以辩证的、历史的唯物主义的方法和立场得出"不平衡"的结论的。在考察、研究这一著名论断时，我们必须以此种方法和立场才可能获取较为准确、深刻的理解和把握。只有这样，我们才会真正明白，承认不平衡关系，不是意味着艺术发展与经济发展无关，也不是意味着它们具有某种反比例关系，即不是说物质生产落后，艺术就必然繁荣，或者物质生产越落后，艺术生产就越发展，而是要我们知道、理解物质生产与艺术生产之间的辩证的运动过程。

复习思考题：

1. 为什么说原始艺术是"不自觉的"艺术？
2. 影响或推动艺术起源的重要因素有哪些？
3. 结合马克思的相关论述谈谈人的美感发生的条件。
4. 谈谈你对艺术起源"劳动说"的理解。
5. 经典作家是从哪两个视角来考察艺术的发展的？
6. 谈谈你对资本主义生产同某些精神生产部门如艺术和诗歌相敌对的理解。
7. 试述分工对艺术起源和发展的影响。
8. 谈谈你对物质生产发展与艺术发展不平衡关系的理解。

---

① 《列宁专题文集(论辩证唯物主义和历史唯物主义)》，北京：人民出版社2009年版，第115—116页。

第七章　人的解放与艺术理想

人的解放是马克思主义经典作家所致力追求的终极目标。把握他们的关于人性和人道主义的基本观念与看法,则是理解其人的解放命题的关键所在。马克思主义的艺术理想与人的解放观念紧密相关,这一方面体现于人是艺术表现的核心,人道主义和人性内涵是艺术有效、合理地表现人的不可或缺的意义层面;另一方面,人是艺术创造的主体,人的解放就是艺术创造主体的解放,而这无疑是马克思主义艺术理想的一个重要内涵。

以艺术为出发点来看,文艺应该表现什么样的人,怎样表现人,人的解放于艺术的发展意义何在,艺术理想如何才能得以实现,它对于人有何意义,所有这些,都是文艺理论所必须认真面对并科学加以回答的问题。马克思主义经典作家的相关论述,显然对人们思考这些问题具有重要的指导和启示作用。

第一节　文艺与人性、人道主义

文艺作品是人创作的,是以表现人和人的社会生活图景为中心的。艺术要表现人性和人道主义倾向,而且在某种意义上可以说,艺术本身就是人性和人道主义倾向的一种重要而真切的体现。因此,对人、人性、人道主义的正确而深刻的理解与把握,就成了能否在文艺作品中正确而深刻地表现人、人性和人道主义的关键所在。

1. 对人和人性的理解

马克思在《关于费尔巴哈的提纲》一文中,通过对费尔巴哈的抽象的人的理论的批判,提出了一个关于人的本质的著名论断:

> ……人的本质不是单个人所固有的抽象物,在其现实性上,它是一切社会关系的总和。①

这一论断表明,理解人的本质要注意两点:其一,人的本质是现实的,具有现实性,理解人要从现实出发;其二,人的本质是各种社会关系的总和,它具有社会性,理解人要以对社会关系的理解为前提和底蕴。这两点都显示出马克思是把彻底唯物主义作为了他理解"人的本质"的哲学基础的。

"现实性"是其出发点,意味着人就是人实际上呈现出来的那个样子。这就要求研究人要从唯物主义出发,从"以一定的方式进行生产活动的一定的个人"或"一定的个人的生活过程"出发。马克思、恩格斯指出:

> ……这里所说的个人不是他们自己或别人想象中的那种个人,而是现实中的个人,也就是说,这些个人是从事活动的,进行物质生产的,因而是在一定的物质的、不受他们任意支配的界限、前提和条件下活动着的。②

正是这些界限、前提和条件规定着人的本质的现实性。一切社会关系的总和是人的本质的内容,人的本质归根结底是由人所处的诸种社会关系促成的,并且也就是这诸种社会关系本身。马克思曾说:"'特殊的人格'的本质不是人的胡子、血液、抽象的肉体的本性,而是人的社会特质,而国家的职能等等只不过是人的存在和活动的方式。因此很明显,个人既然是国家职能和权力的承担者,那就应该按照他们的社会特质,而不应该按照他们的私人特质来考察他们。"③正是在这个意义上,他断言:"人是最名副其实的政治动物,不仅是一种合群的动物,而且是只有在社会中才能独立的动物。"④"因为人的本质是人的真正的社会联系,所以人在积极实现自己本质的过程中创造、生产人的社会联系、社会本质,而社会本质不是一种同单个人相对立的抽象的一般的力量,而是每一一个单个人的本质,是他自己的活动,他

---

① 《马克思恩格斯文集》第1卷,北京:人民出版社2009年版,第501页。
② 《马克思恩格斯文集》第1卷,北京:人民出版社2009年版,第524页。
③ 《马克思恩格斯全集》第1卷,北京:人民出版社1956年版,第270页。
④ 《马克思恩格斯全集》第46卷上册,北京:人民出版1979年版,第21页。

自己的生活,他自己的享受,他自己的财富。因此,上面提到的真正的社会联系并不是由反思产生的,它是由于有了个人的需要和利己主义才出现的,也就是个人在积极实现其存在时的直接产物。"①这里的人的本质(或本性)显然不是游离于现实的、个体的人之外的。

马克思、恩格斯还认为,人们"是什么样的,这同他们的生产是一致的——既和他们生产什么一致,又和他们怎样生产一致。因而,个人是什么样的,这取决于他们进行生产的物质条件"②。这就意味着,在诸种社会关系中,对人的本质的形成起着决定性作用的是生产关系。恩格斯在1875年11月致彼·拉·拉甫罗夫的信中还说道:

> 人类社会和动物界的本质区别在于,动物最多是采集,而人则从事生产。仅仅由于这个唯一的然而是基本的区别,就不可能把动物界的规律直接搬到人类社会中来。③

既然能否从事生产是人与动物在本质上的基本区别,那么,生产关系也就应当构成人的本质的基本的方面,其他关系的确立,则是生产关系的结果或依赖于生产关系的。此外,"凡是有关人与人的相互关系问题都是社会问题"④,生产关系也自然是社会的、公共的关系。

诚然,人也是有自然机能、自然属性的。然而,人的自然机能或自然属性的存在方式,不同于动物的自然机能或自然属性的存在方式。马克思认为:

> 吃、喝、生殖等等,固然也是真正的人的机能,但是,如果加以抽象,使这些机能脱离人的其他活动领域并成为最后的和惟一的终极目的,那它们就是动物的机能。⑤

人的自然属性不是也不能孤立地存在,而是依附于社会属性、社会关系

---

① 《马克思恩格斯全集》第42卷,北京:人民出版社1979年版,第24页。
② 《马克思恩格斯全集》第3卷,北京:人民出版社1960年版,第24页。
③ 《马克思恩格斯文集》第10卷,北京:人民出版社2009年版,第412页。
④ 《马克思恩格斯全集》第4卷,北京:人民出版社1958年版,第334页。
⑤ 《马克思恩格斯文集》第1卷,北京:人民出版社2009年版,第160页。

的。只有这样的自然属性才是人的自然属性——它才跟动物的自然属性不同。马克思在《1844年经济学哲学手稿》中,将动物与人的生命活动特征相比照,充分地阐明了这一点:"动物和自己的生命活动是直接同一的。动物不把自己同自己的生命活动区别开来。它就是自己的生命活动。人则使自己的生命活动本身变成自己意志的和自己意识的对象。他具有有意识的生命活动。这不是人与之直接融为一体的那种规定性。有意识的生命活动把人同动物的生命活动直接区别开来。正是由于这一点,人才是类存在物。或者说,正因为人是类存在物,他才是有意识的存在物,就是说,他自己的生活对他来说是对象。仅仅由于这一点,他的活动才是自由的活动。"①而"把自己同自己的生命活动区别开来"的"有意识的生命活动",正是人的自然属性依附社会属性、自然属性社会化的最基本的体现。

人性的社会属性使之成为现实的、具体的、有条件的人性。马克思主义经典作家认为:在有阶级的社会里,人的个性、人性"是受非常具体的阶级关系所制约和决定的"②。"同他人交往时表现纯粹人类感情的可能性,今天已经被我们不得不生活于其中的、以阶级对立和阶级统治为基础的社会破坏得差不多了"③。因此,恩格斯指出,费尔巴哈把这种感情尊崇为宗教并从而确立起来的"不分性别、不分等级"的爱是极其荒谬的。以私有制为基础的时代,根本不可能存在所有人都有的同样的良心、幸福和尊严。这也正如鲁迅所说的:"穷人决无开交易所折本的懊恼,煤油大王哪会知道北京捡煤渣老婆子身受的酸辛,饥区的灾民,大约总不去种兰花,像阔人的老太爷一样,贾府上的焦大,也不爱林妹妹的。"④在阶级社会,阶级性必然会是人性的最为重要的内容,也是有条件的人性的重要体现。

马克思主义经典作家对良心和婚姻、性爱的论述,也都体现了现实人性的有条件性的特征。马克思在写于1848年12月的《对哥特沙克及其同志们的审判》一文中说:

  ……良心是由人的知识和全部生活方式来决定的。

---

① 《马克思恩格斯文集》第1卷,北京:人民出版社2009年版,第162页。
② 《马克思恩格斯全集》第3卷,北京:人民出版社1960年版,第86页。
③ 《马克思恩格斯文集》第4卷,北京:人民出版社2009年版,第289页。
④ 《鲁迅全集》第4卷,北京:人民文学出版社2005年版,第208页。

> 共和党人的良心不同于保皇党人的良心,有产者的良心不同于无产者的良心,有思想的人的良心不同于没有思想的人的良心。一个除了资格以外没有别的本事的陪审员,他的良心也是受资格的限制的。
>
> 特权者的"良心"也就是特权化了的良心。①

恩格斯在《家庭、私有制和国家的起源》里写道:

> 根据我们对古代最文明、最发达的民族所能作的考察,专偶制的起源就是如此。它决不是个人性爱的结果,它同个人性爱绝对没有关系,因为婚姻和以前一样仍然是权衡利害的婚姻。专偶制是不以自然条件为基础,而以经济条件为基础,即以私有制对原始的自然产生的公有制的胜利为基础的第一个家庭形式。②

恩格斯指出,即使在承认婚姻缔结自由的资产阶级社会里,"婚姻仍然是阶级的婚姻"。那种充分自由的婚姻,那种"除了相互的爱慕以外,就再也不会有别的动机"的婚姻,"只有在消灭了资本主义生产和它所造成的财产关系,从而把今日对选择配偶还有巨大影响的一切附加的经济考虑消除以后,才能普遍实现"③。

良心、婚姻、性爱可以说是体现人性的核心方面,在阶级社会中,它们实现的非自由性和有条件性,是人性社会性、现实性的重要体现。同时,这也表明,人性只有到了真正充分人性的社会——共产主义社会才会是充分自由的、无条件的人性。当然,正像列宁反对性爱上"杯水主义"时所指出的那样"说在共产主义社会,满足性欲和爱情的需要,将像喝一杯水那样简单和平常"的观念,不仅完全是非马克思主义的,而且还是反社会的。列宁认为,在性生活方面,不仅应考虑到单纯生理上的要求,还应考虑到文化的特征,看它们究竟是高等的还是低等的。作为人,应该把一般的性的冲动发展和提炼成为个别的性爱。两性间的关系,最重要的还是社会的方面,因为"恋爱牵涉到两个人的生活,并且会产生第三个生命,一个新的生命。这一情况

---

① 《马克思恩格斯全集》第6卷,北京:人民出版社1961年版,第152页。
② 《马克思恩格斯文集》第4卷,北京:人民出版社2009年版,第77—78页。
③ 《马克思恩格斯文集》第4卷,北京:人民出版社2009年版,第95页。

使恋爱具有社会关系,并产生对社会的责任"①。因此,说共产主义社会的人性是"充分自由的""无条件的"只是表明:那时的社会性与人性达到了高度的、自觉的一致或统一,是消解了社会性和人性之间的根本分歧与矛盾的社会性的人性,而并非是说人性的社会性趋于消失、消亡了。

马克思认为,整个所谓世界历史不外是人通过人的劳动而诞生的过程,是自然界对人说来的生成过程。如果说人、人性都是在社会中历史地形成的,并且作为人的本质内涵的社会关系也是不断变化发展的,那么人性自然也就是不断地改变着、发展着的。因此,考察人性要有历史的观点,应以社会历史的发展作为重要前提。在这方面,马克思做过重要阐述。他说:

> 在社会中进行生产的个人,——因而,这些个人的一定社会性质的生产,当然是出发点。被斯密和李嘉图当作出发点的单个的孤立的猎人和渔夫,属于18世纪的缺乏想象力的虚构,这是鲁滨逊一类的故事,这类故事决不像文化史家想象的那样,不过表示对极度文明的反动和要回到被误解了的自然生活中去。这同卢梭的通过契约来建立天生独立的主体之间的相互关系和联系的社会契约论一样,也不是以这种自然主义为基础。这是假象,只是大大小小的鲁滨逊一类故事所造成的美学上的假象。实际上,这是对于16世纪以来就作了准备、而在18世纪大踏步走向成熟的"市民社会"的预感。在这个自由竞争的社会里,单个的人表现为摆脱了自然联系等等,而在过去的历史时代,自然联系等等使他成为一定的狭隘人群的附属物。这种18世纪的个人,一方面是封建社会形式解体的产物,另一方面是16世纪以来新兴生产力的产物。而在18世纪的预言家看来,这种个人是在过去就已存在的理想;在他们看来,这种个人不是历史的结果,而是历史的起点。因为按照他们关于人性的观念,这种合乎自然的个人并不是从历史中产生的,而是由自然造成的。这样的错觉是到现在为止的每个新时代所具有的。②

从"一定的狭隘人群的附属物"的不独立的人到独立的"孤立个人",展示了人与人性的历史发展轨迹的重要方面,"不管是人们的'内在本性',或

---

① 《列宁论文学与艺术》,北京:人民文学出版社1983年版,第440—441页。
② 《马克思恩格斯全集》第46卷上册,北京:人民出版社1979年版,第20—21页。

者是人们的对这种本性的'意识',即他们的'理性',向来都是历史的产物;甚至当人们的社会在他看来是以'外界的强制'为基础的时候,他们的'内在本性'也是与这种'外界的强制'相适应的"①。也正是在这个意义上,马克思断言:"整个历史也无非是人类本性的不断改变而已。"②在批评奥地利剧作家海尔曼·巴尔从生物学观点看待妇女问题时,恩格斯甚至认为,即便是人的皮肤、头发,也都是历史发展的产物。他说:"把妇女身上的一切历史形成的东西同皮肤和头发一起统统去掉,'在我们面前呈现的原来的妇女',还剩下什么呢?干脆地说,这是雌的类人猿。"③毫无疑问,人、人性都无不是历史地生成和演化着的,对于某个时代的群体的人是如此,对于个体的人的发展来说也是如此。因此,所谓的永恒不变的人性是没有也根本不可能有的。

2. 人道主义的逻辑基础

马克思主义创始人在他们的著作《神圣家族》中以赞赏的口吻评论法国共产主义思想家们时,明确地指出:

> ……成熟的共产主义也是直接起源于法国唯物主义的。……比较有科学根据的法国共产主义者德萨米、盖伊等人,像欧文一样,也把唯物主义学说当作现实的人道主义学说和共产主义的逻辑基础加以发展。④

把唯物主义视为人道主义的逻辑基础是理解马克思主义的人道主义的关键所在。这种人道主义才是真正地建立于现实的人、社会的人之上的人道主义,才是马克思、恩格斯所说的真正的人道主义。在《1844年经济学哲学手稿》里,马克思这样写道:

> ……彻底的自然主义或人道主义,既不同于唯心主义,也不同于唯物主义,同时又是把这二者结合的真理。我们同时也看到,只有自然主义能够理解世界历史的行动。⑤

---

① 《马克思恩格斯全集》第3卷,北京:人民出版社1960年版,第568页。
② 《马克思恩格斯全集》第4卷,北京:人民出版社1958年版,第174页。
③ 《马克思恩格斯全集》第37卷,北京:人民出版社1971年版,第412页。
④ 《马克思恩格斯全集》第2卷,北京:人民出版社1957年版,第167-168页。
⑤ 《马克思恩格斯文集》第1卷,北京:人民出版社2009年版,第209页。

马克思在这里提及的唯物主义指的是费尔巴哈以前的旧唯物主义,他所要肯定的是费尔巴哈确立的新唯物主义哲学观,即自然主义和人道主义。正是把这种唯物主义作为人道主义的逻辑基础,马克思、恩格斯才说:"在德国,对真正的人道主义说来,没有比唯灵论即思辨唯心主义更危险的敌人了。"①人道主义的人不是思辨的人,也不是幻想的人,而是现实的、肉体的、活生生的人,一句话,是从事实际活动的人。以这样的人为前提,是马克思主义人道主义的重要特征。卢卡契说过:马克思主义的"人道主义——与平庸的资产阶级偏见相对立——正是建立在唯物主义世界观的基础上的。许多唯心主义思想家和马克思、恩格斯一样,也曾捍卫过部分地类似人道主义的原则;许多唯心主义思想家也曾以人道主义的名义反对过某些政治的、社会和道德的潮流,马克思和恩格斯在斗争中也曾和他们站在一起过。可是只有唯物主义的历史观才能够认识到对人性原则真正的和最深的破坏、对人的完整性的肢解和歪曲正是社会物质经济结构的必然后果。阶级社会中的分工,城乡和体力脑力劳动的分离,人压迫人、人剥削人,资本主义生产秩序肢解人的分工:这一切都是物质经济的过程"②。由此,引申出使人获得全面解放的作为人道主义的共产主义,就是顺理成章的事了。

这样,马克思主义的人道主义摆脱了以往时代的把人道主义抽象化、人道原则与实践相脱离的倾向,将它与人的解放的实践密切地联系起来,并从而赋予了它以崭新的时代内涵。马克思指出:

> 共产主义是私有财产即人的自我异化的积极的扬弃,因而是通过人并且为了人而对人的本质的真正占有;因此,它是人向自身、也就是向社会的即合乎人性的人的复归,这种复归是完全的复归,是自觉实现并在以往发展的全部财富的范围内实现的复归。这种共产主义,作为完成了的自然主义,等于人道主义,而作为完成了的人道主义,等于自然主义,它是人和自然界之间、人和人之间的矛盾的真正解决,是存在和本质、对象化和自我确证、自由和必然、个体和类之间的斗争的真正解决。它是历史之谜的解答,而且知道自己就是这种解答。③

---

① 《马克思恩格斯全集》第2卷,北京:人民出版社1957年版,第7页。
② 《国外学者论人和人道主义》第3辑,北京:社会科学文献出版社1991年版,第200页。
③ 《马克思恩格斯文集》第1卷,北京:人民出版社2009年版,第185—186页。

人道主义，在这里可以说就是现实地、实践地对人的本质的真正占有，是从异化状态中彻底解放出来的人的实现，也即是共产主义。如果从生产的角度理解，人道主义就是人不再是"在某一种规定性上再生产自己，而是生产出他的全面性"①。上面引文中的自然主义和人道主义的统一，既强调了以人为中心的人道主义，又强调了以自然为基础的自然主义的唯物论；既表明了唯物主义应以人为中心，又表明了人道主义应以唯物论为出发点，其基础是人的物质的感性的活动。这里正是以唯物主义为逻辑基础，才使人道主义内涵具有了明确的现实性与实践性，亦使人道主义本身具有了现实的和实践的意义维度。同时，也是在这个前提下，马克思说："正像无神论作为神的扬弃就是理论的人道主义的生成，而共产主义作为私有财产的扬弃就是要求归还真正人的生命即人的财产，就是实践的人道主义的生成一样；或者说，无神论是以扬弃宗教作为自己的中介的人道主义，共产主义则是以扬弃私有财产作为自己的中介的人道主义。只有通过对这种中介的扬弃——但这种中介是一个必要的前提，——积极的从自身开始的即积极的人道主义才能产生。"②无疑，惟有这样的实践的人道主义才能够有着积极的品质，并对人发生积极的影响。

值得注意的是，经典作家所说的人道主义并非像有些人们通常理解的那样，仅是伦理意义上的人道主义。它在马克思早期著作里其实是一个描述性的哲学范畴，和自然主义一样，人道主义也是马克思借来描述共产主义形态的术语，是对先前和当时的哲学领域中的人本主义观念的扬弃——它不是以抽象的人为中心的道德的、观念的人道主义，而是以现实的人为中心的现实的、实践的人道主义。对这样的人道主义而言，"任何道德说教在这里都不能有所帮助"③。这也进一步表明，马克思主义的人道主义是唯物主义的结果，唯物主义则是它的基础与原因。也正由此，可以说马克思主义的人道主义是彻底的人道主义，是科学的人道主义。

3. 文艺表现怎样的人性

马克思主义经典作家在文艺作品中表现怎样的人性观念，是与他们对人和人性的认识相一致的。比如，他们认为"人的性格是由环境造成的"，在

---

① 《马克思恩格斯全集》第46卷上册，北京：人民出版社1979年版，第486页。
② 《马克思恩格斯文集》第1卷，北京：人民出版社2009年版，第216页。
③ 《马克思恩格斯全集》第3卷，北京：人民出版社1960年版，第296页。

文艺上他们就主张描写"典型环境中的典型人物"。因此,既然他们认为人和人性在本质上是现实的、社会的,那么,文艺显然就应该表现现实的、社会的人和人性。这一规定,主要导因于经典作家对异化人的资本主义社会及其意识形态的否定与批判。所以,揭露资本主义国家、私有制或意识形态的异化人的实质,就必须把人看作现实的单个、具体的人,把人看作合乎人性的人。文艺要表现的人性,也应该是这样的人性。马克思在《神圣家族》一书中对小说《巴黎的秘密》主要人物玛丽花的评论,就突出地体现了这一点。

玛丽花在小说里虽然一度是一个非常纤弱的卖淫妇形象,处于极端屈辱的境遇中,但她仍然保持着"人类的高尚心灵、人性的落拓不羁和人性的优美"。她朝气蓬勃,精力充沛,愉快活泼,生性灵活,在非人的境遇中依然"得以合乎人性地成长"。她还有着勇敢而坚强的品质——敢于拿起剪刀抵抗用拳头打她的"刺客",面对自己的苦难也"决不哭鼻子",决不怨天尤人。在马克思看来,玛丽花"所理解的善与恶不是善与恶的抽象道德概念。她之所以善良,是因为她不曾害过任何人,她总是合乎人性地对待非人的环境。她之所以善良,是因为太阳和花给她揭示了她自己的像太阳和花一样纯洁无瑕的天性。最后,她之所以善良,是因为她还年轻,还充满着希望和朝气。她的境遇是不善的,因为它给她一种反常的强制,因为它不是她的人的本能的表露,不是她的人的愿望的实现,因为它令人痛苦和毫无乐趣。她用来衡量自己的生活境遇的量度不是善的理想,而是她固有的个性、她天赋的本质"。①

正是由于这样,当玛丽花被鲁道夫解救,暂时摆脱了资产阶级生活的锁链、获得自由之后,他们第一次一起散步时,在大自然的怀抱里,她终于自由地得以表露"自己固有的天性",并流露出"蓬勃的生趣","丰富的感受"和对大自然美的"合乎人性的欣喜若狂"。所有这一切都证明,她在社会中的境遇只不过伤害了她的本质的表皮,这种境遇大不了是一种厄运,而她本人则既不善,也不恶,就只是有人性。马克思认为,直到这里,作者对玛丽花的描写都是合乎其个性发展的,作者暂时超越了自己的狭隘的世界观的局限,呈现给读者的是玛丽花本来的形象。其后的玛丽花,则是经过鲁道夫和教士拉波特"批判地改造"过的玛丽花。教士成功地把玛丽对于大自然美的纯真的喜爱变成了宗教崇拜。在这时的玛丽花看来,对生活的境遇抱有如实的、

---

① 《马克思恩格斯全集》第2卷,北京:人民出版社1957年版,第216—217页。

自然的、人性的态度是亵渎神灵的、不可饶恕的。她已经为宗教的伪善所支配,这种伪善把自己对别人的感恩拿过来归之于上帝,把人身上一切合乎人性的东西一概看作与人相左的东西,而把人身上一切违反人性的东西一概看作人的真正的所有。在教士这个"宗教的老奴"的教诲下,玛丽花完全被上帝所掌握,她成了"自己有罪这种意识的奴隶"——"如果说,以前她在最不幸的环境中还知道在自己身上培养可爱的人类个性,在外表极端屈辱的条件下还能意识到自己的人的本质是自己的真正本质,那么现在,却是从外面损伤了她的现代社会的污浊在她眼中成了她的内在本质,而因此经常不断忧郁自责就成了她的义务,成了上帝亲自为她预定的生活任务,成了她存在的目的本身。"① 玛丽花最终入了修道院,完全皈依了上帝。这时的玛丽花已经变态了,完全丧失了本来的形象。

马克思最后指出:

  修道院的生活不适合于玛丽花的个性,结果她死了。基督教的信仰只能在想象中给她慰藉,或者说,她的基督教的慰藉正是她的现实生活和现实本质的消灭,即她的死。

  鲁道夫就这样先把玛丽花变为悔悟的罪女,再把她由悔悟的罪女变为修女,最后把她由修女变为死尸。……②

显然,经典作家所肯定的是未经教士改造过的玛丽花,即如实的、自然的、人性的玛丽花,他们主张文艺应该表现如实的、自然的人性。这与他们所坚持倡导的现实主义文艺观念是一致的。因为人性的现实是有条件的,而文艺作品就应该描绘这样的有条件的现实的人性,也即具体的人性。只有这样的人性才是真实的,才符合文艺作品的真实性的要求。

这里,我们再看恩格斯在《格奥尔格·维尔特的〈帮工之歌〉》一文中的一段话:

  维尔特所擅长的地方,他超过海涅(因为他更健康和真诚),并且在德国文学中仅仅被歌德超过的地方,就在于表现自然的、健康的肉感和

---

① 《马克思恩格斯全集》第2卷,北京:人民出版社1957年版,第223页。
② 《马克思恩格斯全集》第2卷,北京:人民出版社1957年版,第224—225页。

肉欲。假如我把《新莱茵报》的某些小品文转载在《社会民主党人报》上面,那末读者中定有很多人会大惊失色。但是我不打算这样做。然而我不能不指出,德国社会主义者也应当有一天公开地扔掉德国市侩的这种偏见,小市民的虚伪的羞怯心,其实这种羞怯心不过是用来掩盖秘密的猥亵言谈而已。例如,一读弗莱里格拉特的诗,的确就会想到,人们是完全没有生殖器官的。但是,再也没有谁像这位在诗中道貌岸然的弗莱里格拉特那样喜欢偷听猥亵的小故事了。最后终有一天,至少德国工人们会习惯于从容地谈论他们自己白天或夜间所做的事情,谈论那些自然的、必需的和非常惬意的事情,就像罗曼语族那样,就像荷马和柏拉图,贺雷西和尤维纳利斯那样,就像旧约全书和《新莱茵报》那样。①

这段话可以让我们体会出经典作家对于文艺作品表现人性、人道主义相当完整的思想。

从经典作家关于宗教教诲对玛丽花人性所进行的孤立、抽象的彻底改造的批判中,从恩格斯对"德国无产阶级第一个和最重要诗人"维尔特的评价中,不难看出,马克思主义的人性观是要求文学艺术要从现实的社会联系中来表现人和人性,因为这样的人性也才是真实的和健康的。马克思和恩格斯在批判费尔巴哈的人性观时还指出:

> 诚然,费尔巴哈与"纯粹的"唯物主义者相比有很大的优点:他承认人也是"感性对象"。但是,他把人只看做是"感性对象",而不是"感性活动",因为他在这里也仍然停留在理论领域,没有从人们现有的社会联系,从那些使人们成为现在这种样子的周围生活条件来观察人们——这一点且不说,他还从来没有看到现实存在着的、活动的人,而是停留于抽象的"人",并且仅仅限于在感情范围内承认"现实的、单个的、肉体的人",也就是说,除了爱与友情,而且是理想化了的爱与友情以外,他不知道"人与人之间"还有什么其他的"人的关系"。他没有批判现在的爱的关系。可见,他从来没有把感性世界理解为构成这一世

---

① 《马克思恩格斯全集》第21卷,北京:人民出版社1965年版,第9页。

界的个人的全部活生生的感性活动……①

费尔巴哈的这种人性观倾向,在文学艺术领域中并不少见。克服这种倾向,一方面要做到从"现有的社会联系"来观察人、描写人,另一方面,就是要从整体的社会联系,尤其是那些基本的社会联系——比如生产关系、阶级关系等——来观察、描写人。任何与整体社会联系、与基本的社会联系相割裂的孤立的人性都是不真实的,也是不可能的。这样看来,艺术表现人性就必须把它放入整体的社会联系中来描绘,把人不仅当作感性对象,而且当作感性活动来描绘,才合于马克思主义人性观的要求。

马克思、恩格斯认为:

>既然人天生就是社会的生物,那他就只有在社会中才能发展自己的真正的天性,而对于他的天性的力量的判断,也不应当以单个个人的力量为准绳,而应当以整个社会的力量为准绳。②

这段话,也可视为经典作家对文艺正确表现人和人性的一个重要诉求。

第二节　文艺的审美和社会理想

未来的艺术会怎样?理想社会的艺术会是什么样子?马克思主义经典作家认为这并不主要取决于艺术本身的发展,而取决于那时的历史和社会条件所决定的人的存在状况。艺术理想需要有能力的自由的创作主体,需要艺术的合目的性与合规律性的双重实现,而未来理想社会无疑将会为主体的这种能力和自由的形成与发挥提供无限的空间,提供可能与保障。

1. 文艺理想及其实现条件

前面我们说过,马克思主义经典作家从来不是以艺术为中心来考察艺术的,所以,他们的艺术理想也是包含于他们的哲学的、社会的或经济的理论论述之中的。在他们看来,在阶级社会里,由于人的局限性、人的自我实现的有限性和程度不同的异化状况,对自由王国的向往、对人的自我全面实

---

① 《马克思恩格斯文集》第1卷,北京:人民出版社2009年版,第530页。
② 《马克思恩格斯全集》第2卷,北京:人民出版社1957年版,第167页。

现与消解异化的渴望,成了人们的终极价值追求。这种追求,作为一种社会理想渗透于经典作家理论思考所涉及的方方面面,对艺术的思考当然也不例外。

马克思认为劳动的理想状态是"真正自由的劳动",它是"吸引人的劳动",是"个人的自我实现"。

> 物质生产的劳动只有在下列情况下才能获得这种性质:(1)劳动具有社会性;(2)劳动具有科学性,同时又是一般的劳动,是这样的人的紧张活动。这种人不是用一定方式刻板训练出来的自然力,而是一个主体,这种主体不是以纯粹自然的、自然形成的形式出现在生产过程中,而是作为支配一切自然力的那种活动出现在生产过程中。①

马克思习惯将艺术创作视为一种劳动,虽然是精神生产的劳动,但要获得"真正自由的劳动"的理想性质,也必须具备上述的两个条件。"劳动具有社会性"是指人的劳动或劳动着的人与其社会性是同一的,在这里主体与劳动的异化状态或性质完全被解除。显然,这种状况只有在共产主义的社会形态中才能成为事实。即是说,只有当人与社会完全处于一种和谐状态,完全消除了社会和人的敌对的方面,"人认识到自己的'原有力量'并把这种力量组织成为社会力量因而不再把社会力量当作政治力量跟自己分开"②,这时,上述情形即艺术性劳动的实现才是可能的,而这样的社会就是未来的共产主义社会。

在经典作家看来,共产主义社会将最终"把人的世界和人的关系还给人自己",彻底消解资本制度带给人的束缚和压抑以及由此产生的人的片面性发展,彻底、全面地解放艺术的主体,从而,也就解放了艺术,为艺术的健康发展奠定了基础。按照马克思的想法,私有财产的扬弃,是人的一切感觉和特性的彻底解放。对艺术来说,艺术创造能力的解放,人能够自由地对待自己的产品和自然界,就为真正自由自觉的艺术创造开辟了最宽广的天地和前景。

前面引文中所谓"劳动具有科学性",从经典作家的相关论述来看,它体

---

① 《马克思恩格斯全集》第46卷下册,北京:人民出版社1980年版,第113页。
② 《马克思恩格斯全集》第1卷,北京:人民出版社1956年版,第443页。

现在艺术创造上,一方面要求创造者要对艺术客体有正确、科学的把握;另一方面则是要求创造者在创作过程中要对艺术形式问题有高度自觉的认识。而所谓"劳动具有社会性"则是侧重于劳动的合目的性方面。可以说,劳动具有社会性和劳动具有科学性是艺术理想得以实现的不可或缺的两翼,是艺术发展到理想境界的必要条件和必由之路。

2. 未来时代艺术设想

众所周知,马克思主义创始人不经常推测在他们所希望出现的比较美好的未来文艺发展会采取什么具体的形式。他们始终意识到一定的历史环境有许多无法估计的具体条件,不可能做出确切的预言。经典作家对未来时代艺术状况大致的推测与设想,是附着于他们对未来时代的描述之上的。

> 在共产主义的社会组织中,完全由分工造成的艺术家屈从于地方局限性和民族局限性的现象无论如何会消失掉,个人局限于某一艺术领域,仅仅当一个画家、雕刻家等等,因而只用他的活动的一种称呼就足以表明他的职业发展的局限性和他对分工的依赖这一现象,也会消失掉。在共产主义社会里,没有单纯的画家,只有把绘画作为自己多种活动中的一项活动的人们。①

在这个未来的理想时代,阶级差别已经消失,"全部生产集中在联合起来的个人的手里",公共权力失去了政治性质,"每个人的自由发展是一切人的自由发展的条件"②;那时,社会物质条件极大丰富,由必需和外在目的规定要做的劳动终止了,社会必要劳动时间减少到最低限度,这"给所有的人腾出了时间和创造了手段",每个个人也才得以"在艺术、科学等等方面得到发展"③,才得以"使每个人都有充分的闲暇时间去获得历史上遗留下来的文化——科学、艺术、社交方式等等——中一切真正有价值的东西;并且不仅是去获得,而且还要把这一切从统治阶级的独占品变成全社会的共同财富并加以进一步发展"④。

---

① 《马克思恩格斯全集》第3卷,北京:人民出版社1960年版,第460页。
② 《马克思恩格斯选集》第1卷,北京:人民出版社1995年版,第294页。
③ 《马克思恩格斯全集》第46卷下册,北京:人民出版社1980年版,第219页。
④ 《马克思恩格斯选集》第3卷,北京:人民出版社1995年版,第150页。

在共产主义社会里，人们的生活将会是无比美好的：

> 任何人都没有特定的活动范围，每个人都可以在任何部门内发展，社会调节着整个生产，因而使我有可能随我自己的心愿今天干这事，明天干那事，上午打猎，下午捕鱼，傍晚从事畜牧，晚饭后从事批判，但并不因此就使我成为一个猎人、渔夫、牧人或批判者。①

到那时，劳动将是艺术性的，人将是审美性的，人最终成为被解放了的人、全面发展的人，所有的人都可以而且能够自由自觉地从事艺术创造。"当你能够感觉你愿意感觉的东西，能够说出你所感觉到的东西的时候，这是非常幸福的时候。"②这一非常幸福的时刻，在理想社会中将会成为真正的现实，而这一现实也正是理想的艺术创造的前提。

经典作家对理想时代文艺的形态和性质的大致推测或看法，体现于他们对阶级社会尤其是资本主义社会文艺现象进行批评时所流露出来的预想或向往中，也体现在无产阶级政权初期领导社会主义文艺运动的经验教训中。根据这些相关论述，并加以合理推测，可以看到，在经典作家的观念中，理想时代的艺术应该具有如下几个特点或性质：其一，共产主义时代的艺术将是完全弃却了外在的功利目的艺术，它不再是人们达到功利目的的手段——一切的商品属性、工具属性将被彻底汰除，艺术本身真正成为艺术的目的；不仅艺术家是被解放的、自由的，而且艺术也成为被解放的、自由的、完全按照美的规律被创造的艺术。其二，由于在理想社会中，阶级的消灭、公共权力政治性质的丧失，文学艺术也将会失去其阶级性等属性及功能。而随着阶级性的丧失，文学艺术自身的审美性质与功能却会得以凸显和释放。其三，因为社会不再是对人的异化与奴役，艺术真正地表现为人的"天性的自然流露"，同时，文学艺术在阶级社会里的对社会的否定、批判性质及功能，也会大大减弱。其四，在理想时代，每个人的艺术才能都能够得以充分发挥，人民群众将会成为艺术的主体。他们不仅是具有创作文艺作品才能的作者，而且还是具有丰厚的艺术修养和欣赏文艺作品能力的读者。因

---

① 《马克思恩格斯全集》第3卷，北京：人民出版社1960年版，第37页。
② 《马克思恩格斯全集》第1卷，北京：人民出版社1956年版，第31页。

而,那个时代将真正是"艺术属于人民"①的时代,那时的艺术也将真正成为人民的艺术、群众的艺术。而通往这样的艺术的重要途径就是艺术"必须深深地扎根于广大劳动群众中间。它必须为群众所了解和爱好。它必须从群众的感情、思想和愿望方面把他们团结起来并使他们得到提高。它必须唤醒群众中的艺术家并使之发展"②。

在苏维埃政权初期指导社会主义文艺工作时,列宁对社会主义艺术和共产主义艺术所做的论述与展望,创造性地勾画出了理想时代艺术状况的蓝图:

> 在一个以私有制为基础的社会里,艺术家为市场而生产商品,他需要买主。我们的革命已从艺术家方面铲除这种最无聊的事态的压力。革命已使苏维埃国家成为艺术家的保护人和赞助人。每一个艺术家和每一个希望成为艺术家的人,都能够有权利按照他的理想来自由创作……③

在经典作家看来,理想时代应该是艺术生产主体和艺术生产力普遍得到彻底解放的时代。列宁曾明确指出,苏维埃政权要大力"提高教育和文化的一般水平","使艺术可以接近人民,人民可以接近艺术"④,使我们的工人和农民确实能够"享受比马戏更好的东西"——"他们有权利享受真正的、伟大的艺术"。⑤ 列宁预言:人民群众"是文化的土壤——假定面包有了保证——在那上面,将成长起一种按照内容而规定其形式的、真正新兴的、伟大的艺术,一种共产主义的艺术"!⑥

这是马克思主义经典作家的无比豪迈的艺术理想。

要实现这个思想,就要首先搞好社会主义文艺建设。因为,社会主义文艺属于共产主义初级阶段的文艺。社会主义文艺按性质来说是朝着共产主义文艺方向前进的。诚然,从社会主义文艺过渡到共产主义文艺,将是一个

---

① 《列宁论文学与艺术》,北京:人民文学出版社1983年版,第435页。
② 《列宁论文学与艺术》,北京:人民文学出版社1983年版,第435页。
③ 《列宁论文学与艺术》,北京:人民文学出版社1983年版,第433—434页。
④ 《列宁论文学与艺术》,北京:人民文学出版社1983年版,第435页。
⑤ 《列宁论文学与艺术》,北京:人民文学出版社1983年版,第438页。
⑥ 《列宁论文学与艺术》,北京:人民文学出版社1983年版,第438页。

相当长的过程。马克思主义文艺理论的现实的基本使命,就是推动社会主义文艺的发生、发展和成长壮大。为此,"作家艺术家应该成为时代风气的先觉者、先倡者,通过更多有筋骨、有道德、有温度的文艺作品,书写和记录人民的伟大实践、时代的进步要求,彰显信仰之美、崇高之美。文艺工作者要自觉坚守艺术理想,不断提高学养、涵养、修养,加强思想积累、知识储备、文化修养、艺术训练,认真严肃地考虑作品的社会效果,讲品位,重艺德,为历史存正气,为世人弘美德,努力以高尚的职业操守、良好的社会形象、文质兼美的优秀作品赢得人民喜爱和欢迎"①。这就是涉及马克思主义文艺理论的"内核"问题。

第三节　文艺学说的核心与实质

马克思主义文艺理论的"内核",不是经典作家自己规定的,而是我们通过分析从他们的论述中归纳和开掘出来的。这里的所谓"内核",也就是其最本质、最核心的东西,或者说是区别于其他学说的最根本。了解了马克思主义文艺理论的"内核",实际上也就知道了区分什么是马克思主义文艺理论、什么不是马克思主义文艺理论的基本界限。

马克思主义文艺理论的"内核"是什么呢?如果用一句话来概括,那就是为无产阶级和劳动群众赢得历史上应有的文艺地位和美学权力。换一种说法,也可以说马克思主义文艺理论是为最广大的人民群众提供文艺和审美上自由与解放的思想武器。正因为如此,马克思主义文艺理论才能跟以往一切的文艺理论在本质上划清界限,才能把文艺学说的根本性变革落到实处。如果从这个"内核"的判断出发,那么一切排斥、反对或敌视无产阶级和劳动群众争得历史上应有的文艺地位和美学权力的文艺观,可以说都不是马克思主义的;一切令马克思主义文艺理论变质变味,人为地将它同各种形式主义、抽象"人性论"、人本主义、审美乌托邦、唯心史观结合起来的文艺观,也都丧失了划入马克思主义文艺学说范畴的权利。

这种马克思主义文艺理论"内核"的概括,主要是以下列的思想资源为依据的:一则,从哲学的基础来看,马克思主义文艺理论无疑是以马克思主义哲学为其根基和学理支撑的,它是唯物史观在文艺问题上的展开;从政治

---

① 习近平:《在文艺工作座谈会上的讲话》见 2014 年 10 月 16 日《人民日报》第 1 版。

经济学角度来说,马克思主义文艺理论是透视和解剖资本主义艺术生产法则、设计未来社会主义—共产主义艺术图景的一套方案;从美学的视角讲,经典作家的有关论述是打开劳动美学、生活美学、人民美学的无限广阔空间的一把钥匙;从社会学领域观察,马克思主义文艺理论实际是引领人类走向未来新社会形态的灯火和指针。而这一切,归根结蒂就是马克思主义创始人在揭示人类社会客观发展规律的同时,也揭示了人类文艺运动的发展规律,特别是为无产阶级和劳动群众赢得文艺的翻身和自由地位给予了突出的关注。这样的文艺学说,在人类文艺思想史上是头一次出现,其理论立场、观点和方法也是前无古人的。这是马克思主义文艺理论"内核"的真实本质,其丰富、原创的文艺思想都是围绕这个"内核"旋转的。

1. 理论"内核"的思想脉络

从具体文献中我们可以有说服力地考察出马克思主义文艺理论"内核"的判断依据,理出一条鲜明的思想脉络。

在马克思向马克思主义者转变时期,他就把文学艺术和新闻出版同样看作是属于"自由的系统"。因此,马克思一开始就为文艺的"自由"而战。他在1842年一篇文章中说:"行业自由、财产自由、信仰自由、新闻出版自由、审判自由,这一切都是同一个类即没有特定名称的一般自由的不同种。但是,由于相同而忘了差异,以至把一定的种用作衡量其他一切种的尺度、标准、领域,那岂不是完全错了?"①马克思在这里不是专门谈论文艺问题,但不难发现他是反对用先前的"一定的种"的"尺度"和"标准"来评价新产生的一些观念的,力图打破以往的文艺理论被旧传统俘虏、变成附庸的可悲命运。这一观念,为马克思主义文艺理论的出现提供了精神性的准备和文化性的前提。

很快,恩格斯在1844年的《大陆上的运动》一文中,通过对乔治·桑、欧仁·苏、狄更斯等人的评论,称赞他们的作品主人公变成"穷人"和"被歧视的阶级",欣赏其"构成小说主题"的是这些"下层等级"的人的"遭遇和命运、欢乐和痛苦",并认为这是"一类新的小说著作家",他们"确实是时代的标志"②。恩格斯从小说主人公和新内容的出现来肯定文艺性质和风格的转变,为我们考察其后的马克思主义文艺思想的"内核",留下了具有延续性的

---

① 《马克思恩格斯全集》第1卷,北京:人民出版社1995年版,第190页。
② 《马克思恩格斯全集》第3卷,北京:人民出版社2002年版,第556页。

线索。

在《1844年经济学哲学手稿》中,"异化劳动"是马克思立论的基础。但不难发现,正是这种"异化"理论,让马克思认识到被"变成了畸形"的工人才是通过劳动创造了美的事物的主体,认识到只有克服"异化",工人才能真正有权享受美的成果。马克思说:"劳动的现实化竟如此表现为非现实化,以致工人非现实化到饿死的地步。对象化竟如此表现为对象的丧失,以致工人被剥夺了最必要的对象——不仅是生活的必要对象,而且是劳动的必要对象。甚至连劳动本身也成为工人只有通过最大的努力和极不规则的间歇才能加以占有的对象。"①工人成为了自己的对象的奴隶。"他首先是作为工人,其次是作为肉体的主体,才能够生存。""动物的东西成为人的东西,而人的东西成为动物的东西。""劳动生产了美,但是使工人变成畸形。"因此,马克思才说:"对私有财产的积极的扬弃,作为对人的生命的占有,是对一切异化的积极的扬弃,从而是人从宗教、家庭、国家等等向自己的合乎人性的存在即社会的存在的复归。"②在文艺领域,也是同样的问题,如果脱离这个主题,变成对纯人性的呼唤,那就与该《手稿》的内在精神不相符合了。《手稿》美学精神的核心,主要就是探讨工人阶级如何获得感性的、审美的自由与解放。譬如,马克思说:"共产主义是对私有财产即人的自我异化的积极的扬弃,因而是通过人并且为了人而对人的本质的真正占有;因此,它是人向自身、也就是向社会的即合乎人性的人的复归,这种复归是完全的复归,是自觉实现并在以往发展的全部财富的范围内实现的复归。……它是历史之谜的解答,而且知道自己就是这种解答。"③这跟抽象人性论和人本主义是有截然区别的。这里的"人"和"人的本质",严格说来是指"积极扬弃"了"私有财产"即"自我异化"的无产阶级的。这才堪称是"历史之谜的解答"。如果把马克思的论述理解为是对抽象、普遍人性的呼唤,那就同先前的人文主义者和空想主义者没有什么区别了。马克思说得好:"共产主义的博爱则径直是现实的和直接追求实效的。""对私有财产的扬弃,是人的一切感觉和特性的彻底解放;但这种扬弃之所以是这种解放,正是因为这些感觉和特性无论在

---

① 《马克思恩格斯文集》第1卷,北京:人民出版社2009年版,第157页。
② 《马克思恩格斯文集》第1卷,北京:人民出版社2009年版,第158—160页。
③ 《马克思恩格斯文集》第1卷,北京:人民出版社2009年版,第185—186页。

主体上还是在客体上都成为人的。"①这里就把"人"的属性解释得很清楚了。细读《1844年经济学哲学手稿》文本,可以得出它的内在实质是为无产阶级争得感性解放和审美权力这个初步结论。

到马克思、恩格斯首次合作写《神圣家族》时,我们发现,他们根据战斗的唯物主义原理,对黑格尔的唯心论哲学,尤其是对以鲍威尔兄弟、施里加等人为代表的"青年黑格尔"派主观唯心主义哲学及其轻视人民群众作用、鼓吹少数杰出人物是历史创造者的唯心史观给予了彻底的批判。马克思在书中执笔写的对欧仁·苏长篇小说《巴黎的秘密》和施里加的评论的分析,表明他们是反感通过所谓"道德感化"来进行社会改造的方案的。小说《巴黎的秘密》中的鲁道夫"先把玛丽花变为悔悟的罪女,再把她由悔悟的罪女变成修女,最后把她由修女变成死尸",玛丽花的"基督教的慰藉正是她的现实生活和现实本质的消灭,即她的死"②。我们从这里依然可以看到,经典作家对资本主义畅销书的伪善和庸俗以及对穷人命运廉价怜悯的无情嘲讽和辛辣鞭挞。

马克思、恩格斯希望看到的是进步的文学艺术冲破前进道路上的重重障碍,"站到社会主义方面来",努力表现社会主义的观念和倾向。恩格斯对德国画家许布纳尔《西里西亚织工》画作的介绍,特别是对画面中厂主和工人间阶级矛盾和尖锐冲突的描绘,强调的是"从宣传社会主义这个角度来看,这幅画所起的作用要比一百本小册子大得多"。恩格斯说得很明确:"我们希望很快就在工人阶级中找到支柱;显然不论何时何地工人阶级都应当是社会主义政党所依靠的堡垒和力量,而且工人阶级已经被穷困、压迫、失业以及西里西亚和波希米亚工业区的起义所惊醒,他们不再那样昏睡不醒了。"③表现工人阶级和社会主义运动应该提上文艺的日程,因为在文艺上,作家和批评家同样不只是要用不同的方式解释世界,重要的是用文艺参与对世界的改造。

在马克思、恩格斯看来,既然"统治阶级的思想在每一时代都是占统治地位的思想",是"占统治地位的物质关系在观念上的表现"④,那么,在争取

---

① 《马克思恩格斯文集》第1卷,北京:人民出版社2009年版,第187页、第190页。
② 《马克思恩格斯全集》第2卷,北京:人民出版社1957年版,第225页、第224页。
③ 《马克思恩格斯全集》第2卷,北京:人民出版社1957年版,第589页。
④ 《马克思恩格斯文集》第1卷,北京:人民出版社2009年版,第550页。

无产阶级占有社会统治地位的学说中,要求无产阶级的生活、观念、形象、情感和语言等也占据统治的地位也就势所必至、理所当然了。这是马克思主义文艺变革的根本目的和目标。在其后的《资本论》和《剩余价值理论》等著作中,经典作家对"艺术生产"规律的揭示更证明了马克思主义文艺思想"内核"的稳定性。

2. 批评实践中的"内核"凝聚

马克思主义经典作家通过对资产阶级文艺的批判,透露出其文艺观"内核"的主要成分。恩格斯在批评奥地利小资产阶级诗人卡尔·倍克的《穷人之歌》时,认为作品歌颂的是"各种各样的'小人物',然而并不歌颂倔强的、叱咤风云的和革命的无产者"。"怯懦和愚蠢、妇人般的多情善感、可鄙的小资产阶级的庸俗气,这就是拨动诗人心弦的缪斯。"[1]在批评卡尔·格律恩《从人的观点论歌德》时,恩格斯尖锐地指出了他的"人"的概念的空洞性,把歌德说成是"人的诗人"是不正确的,深刻分析了歌德在精神和态度上的"两重性"。谁能比歌德更好地在历史浪潮中勇往直前并产生正确的美感?显然只有正在兴起的无产阶级。

在写作《共产党宣言》之前,马克思曾经集中而尖锐地批评过德国的"粗俗文学",认为这种"粗俗文学"重新出现在德国人面前并不奇怪;指出如果人们对历史发展发生兴趣,是不难克服这类作品所引起的美学上的反感的。这里令人受启发的是,马克思一方面说这位猛烈攻击过恩格斯的海因岑是"复活这种粗俗文学的功臣之一",另一方面又说"他是象征着各国人民的春天即将来临的一只德国燕子"[2]。这似乎表明:冬天来了,春天还会远吗?"各国人民的春天"包括文艺上"春天"降临的日子已经为期不远。

在《共产党宣言》中,经典作家表达了这样彻底的思想:"资产阶级抹去了一切向来受人尊重和令人敬畏的职业的神圣光环。它把医生、律师、教士、诗人和学者变成了它出钱招雇的雇佣劳动者。"[3]同时,在马克思、恩格斯看来,"在旧社会内部已经形成了新社会的因素,旧思想的瓦解是同旧生活条件的瓦解步调一致的"。"毫不奇怪,各个世纪的社会意识,尽管形形色色、千差万别,总是在某些共同的形式中运动的,这些形式,这些意识形式,

---

[1] 《马克思恩格斯全集》第4卷,北京:人民出版社1958年版,第224页。
[2] 《马克思恩格斯全集》第4卷,北京:人民出版社1958年版,第323页。
[3] 《马克思恩格斯文集》第2卷,北京:人民出版社2009年版,第34页。

只有当阶级对立完全消失的时候才会完全消失。"①因之,此处的估计和预见,完全可以理解为是在为消灭阶级、解放文艺而呐喊,是在论证无产阶级和劳动人民争得文艺权力和美学地位的努力。马克思说过,19世纪的社会革命即无产阶级革命"不能从过去,而只能从未来汲取自己的诗情"。"从前是词藻胜于内容,现在是内容胜于词藻。"②即是说,未来的无产阶级文学艺术是根植于历史前行的沃土之中的,它将发生从形象到主题、从形式到精神的深刻的革命。

通过经典作家对文艺"倾向"的论述,我们也能看出他们文艺思想"内核"的灵魂。恩格斯不满1830年后德国文坛"在诗歌、小说、评论、戏剧中,在一切文学作品中"盛行的"反政府情绪的羞羞答答的流露"的"所谓的倾向"。为了使这种思想混乱达到顶点,当时"这些政治反对派的因素便同大学里没有经过很好消化的对德国哲学的记忆以及法国社会主义,尤其是圣西门主义的被曲解了的只言片语掺混在一起;这一群散布这些杂乱思想的作家,傲慢不逊地自称为青年德意志或现代派。后来他们曾追悔自己青年时代的罪过,但并没有改进自己的文风"。这些人喜欢"用一些定能引起公众注意的政治暗喻来弥补自己作品中才华的不足",认为这是"低等文人的习惯"③。这段一百六十多年前的话,拿到如今,依然有着现实的针对性。

在评论明娜·考茨基的小说《旧与新》时,恩格斯一方面肯定了作者对盐场工人、奥地利农民和维也纳"社交界"的透彻了解和出色生动的描写,认为许多人物是有个性的,都是典型,又是一定的"单个人",但另方面又不赞成作者把"新人"和"旧人"之间的斗争归结为两种抽象原则——无神论和宗教——的斗争,不是正确地理解和描写为阶级斗争,从而使作品对同情革命的小资产阶级女青年爱莎和男友、无神论科学家阿尔诺德的描写都"被理想化""太完美无缺了"。产生这个缺欠的原因,就是作者过分鲜明地在书中公开表明自己的立场,在全世界面前证明自己的信念。恩格斯诚恳地说:"我决不反对倾向诗本身。……现代的那些写出优秀小说的俄国人和挪威人全是有倾向的作家。可是我认为,倾向应当从场面和情节中自然而然地流露出来,而无须特别把它指点出来;同时我认为,作者不必把他所描写的社会

---

① 《马克思恩格斯文集》第2卷,北京:人民出版社2009年版,第51—52页。
② 《马克思恩格斯文集》第2卷,北京:人民出版社2009年版,第473页。
③ 《马克思恩格斯文集》第2卷,北京:人民出版社2009年版,第361页。

冲突的历史的未来的解决办法硬塞给读者。"①这里,当然可以从文学创作的现实主义手法上来理解其意思。但换一个角度,如果从无产阶级在文艺上的命运和地位的状况来看,那恰好说明明娜·考茨基还停留在社会民主主义的阶段,她的作品主要还是"面向资产阶级圈子里的读者",蕴含的思想倾向也没有达到唯物史观的水平。正因为如此,恩格斯才会说:"如果一部具有社会主义倾向的小说,通过对现实关系的真实描写,来打破关于这些关系的流行的传统幻想,动摇资产阶级世界的乐观主义,不可避免地引起对于现存事物的永恒性的怀疑,那么,即使作者没有直接提出任何解决办法,甚至有时并没有明确表明自己的立场,我认为这部小说也完全完成了自己的使命。"②正是由于作者没有把握好"现实关系",才会出现某种"概念化"因素的倾向。而这里所谓的"通过对现实关系的真实描写",就是要正视工人、农民、劳动群众在历史进步和同资产阶级斗争中的作用。

　　上述思想,到恩格斯《致哈克奈斯》的信中就表述得更清楚了。恩格斯认为小说《城市姑娘》"还不够现实主义",不是手法问题,不是艺术性问题,也不是细节问题,而是对时代与工人阶级的认识缺乏真正现实主义精神。恩格斯说:"据我看来,现实主义的意思是,除细节的真实外,还要真实地再现典型环境中的典型人物。"③对这里的"典型环境"和"典型人物",当然可以做一般性的文艺学解释,但其内在指向,则是就无产阶级登上历史舞台后的时代环境和人物特征而言的。这里所谓的"还不够现实主义",其实是指表现这样的时代和任务还不够吻合实际。这是恩格斯的核心思想,否则他也不会接着说:"您的任务,就他们本身而言,是够典型的;但是环绕着这些人物并促使他们行动的环境,也许就不是那么典型了。在《城市姑娘》里,工人阶级是以消极群众的形象出现的,他们无力自助,甚至没有试图作出自助的努力。想使他们摆脱其贫困而麻木处境的一切企图都来自外面,来自上面。如果说这种描写在 1800 年前后或 1810 年前后,即在圣西门和罗伯特·欧文时代是恰如其分的,那么,在 1887 年,在一个有幸参加了无产阶级的大部分斗争差不多 50 年之久的人看来,就不可能是恰如其分的了。工人阶级对压迫他们的周围环境所进行的叛逆的反抗,他们为了恢复自己做人的地位

---

① 《马克思恩格斯文集》第 10 卷,北京:人民出版社 2009 年版,第 545 页。
② 《马克思恩格斯文集》第 10 卷,北京:人民出版社 2009 年版,第 545 页。
③ 《马克思恩格斯文集》第 10 卷,北京:人民出版社 2009 年版,第 570 页。

所作的令人震撼的努力,不管是半自觉的或是自觉的,都属于历史,因而也应当在现实主义领域内占有一席之地。"①让真实的、战斗的、自觉的无产阶级成为艺术形象中的主人公,真正能让表现无产阶级的艺术"在现实主义领域内占有一席之地",这是马克思主义文艺理论"内核"中分量最重的部分,是马克思主义文艺理论"内核"的真谛。恩格斯以巴尔扎克为例说明,他"所指的现实主义甚至可以不顾作者的见解而表露出来",就是为了强调真正忠于生活、忠于时代的作家是可以"违背自己的阶级同情和政治偏见"的。有鉴于此,恩格斯才会委婉而亲切地对哈克奈斯说:"为了替您辩护,我必须承认,在文明世界里,任何地方的工人群众都不像伦敦东头的工人群众那样不积极地反抗,那样消极地屈服于命运,那样迟钝。而且我怎么能知道:您是否有非常充分的理由这一次先描写工人阶级生活的消极面,而在另一本书中再描写积极面呢?"②经典作家内心的期盼和憧憬的愿景,在这里和盘托出。

恩格斯在致保尔·恩斯特这位党内小资产阶级、半无政府主义反对派——"青年派"的首领和思想家——的信中,也表达了类似的意见。他承认德国的小市民阶层具有胆怯、狭隘、束手无策、毫无首创能力这样一些畸形发展的特殊性格,并且认为这种性格十分顽强,在德国的工人阶级最后打破这种狭窄的框框之前,它作为一种普遍的德国典型也给德国的所有其他社会阶级或多或少地打上了它的烙印。但是,恩格斯引述《共产党宣言》中的话来描述当时的德国工人阶级,说"德国工人'没有祖国',这一点正是最强烈地表现在他们已经完全摆脱了德国小市民阶层的狭隘性"③。这种对德国无产阶级的赞美,同样是在为无产阶级争得文艺和美学上的地位而呐喊。

在马克思、恩格斯分别给拉萨尔的两封信中,也能看到类似的精神。他们都对剧本《济金根》的艺术性给予了不少的首肯,但不满意剧中"贵族代表""占去全部注意力",而"农民和城市革命分子的代表"却没能"构成十分重要的积极的背景","没有给予应有的注意",所以,没有"把最现代的思想表现出来",没有使贵族的国民运动"本身显出本来的面目",其观点是"非常

---

① 《马克思恩格斯文集》第 10 卷,北京:人民出版社 2009 年版,第 570 页。
② 《马克思恩格斯文集》第 10 卷,北京:人民出版社 2009 年版,第 571 页。
③ 《马克思恩格斯文集》第 10 卷,北京:人民出版社 2009 年版,第 584—585 页。

抽象而又不够现实"的①。他们对所分析的"悲剧性"冲突,也从现实关系和阶级矛盾的角度进行了阐释。

3. "内核"思想的理论延伸

在马克思主义文艺理论发展的长河中,为无产阶级和劳动群众赢得历史上应有的文艺地位和美学权力,始终是一条不断的红线。从马克思、恩格斯到梅林、拉法格、普列汉诺夫,从列宁到卢那察尔斯基、斯大林、高尔基,从葛兰西到欧洲的左翼批评家,从李大钊、鲁迅到毛泽东,从西方到东方的多位马克思主义文论学者,不难发现这条红线不断延伸的痕迹。

马克思主义经典作家是重视批判继承一切优秀文化遗产的,他们曾多次劝导青年作家们要"越快掌握资产阶级的散文技巧越好"②。但与此同时,他们也谆谆告诫参加无产阶级运动的作家、文艺家"要无条件地掌握无产阶级世界观"③。这两者结合乃是马克思主义文艺观的本来面貌。因为在他们看来,有些作家缺乏创作的本领和叙述故事的才能,只会"枯燥无味地记录个别的不幸事件和社会现象","这是由于他们的整个世界观模糊不定的缘故"④。重视世界观,就是重视历史观,重视人生观和价值观,重视社会发展的辩证法,这恰是经典作家文艺思想"内核"的一个特点。

如果从这个思路梳理,那么,列宁关于列夫·托尔斯泰的遗产里"有着没有成为过去而是属于未来的东西"⑤的思想,关于文学事业是"党的工作的一个组成部分"、"创作自由"与"党性原则"统一、文学要"为千千万万劳动人民,为这些国家的精华、国家的力量、国家的未来服务"⑥的思想,以及中国共产党人坚持的文艺为人民服务、为社会主义服务的思想,都可以说是在为无产阶级和劳动群众赢得文艺地位和美学权力而奋斗。

复习思考题:

1. 试说明阶级社会里的人性特点?
2. 试分析马克思主义人道主义的逻辑基础。

---

① 《马克思恩格斯文集》第 10 卷,北京:人民出版社 2009 年版,第 171 页、第 176 页。
② 《马克思恩格斯全集》第 29 卷,北京:人民出版社 1972 年版,第 578 页。
③ 《马克思恩格斯选集》第 3 卷,北京:人民出版社 1972 年版,第 374 页。
④ 《马克思恩格斯全集》第 4 卷,北京:人民出版社 1958 年版,第 237 页。
⑤ 《列宁全集》第 20 卷,北京:人民出版社 1989 年版,第 25 页。
⑥ 《列宁全集》第 12 卷,北京:人民出版社 1987 年版,第 93—97 页。

3. 文艺怎样才能正确表现人和人性?
4. 经典作家如何看待未来理想社会的文艺特点?
5. 试述艺术理想与人的解放的关系。
6. 你认为什么是经典作家文艺理论的"内核"? 试加以阐述。